JN494668

영문학예술사

| 김명복 |

SEJIN

머리말

정확히 20년 전인 1997년『예술과 문학 - 고딕에서 로코코까지』이라는 제목의 책을 냈다. 출판당시 출판사 잘못으로 ISBN이 책에 명기되지 않아, 서점에서 구할 수 없이 몇몇 도서관에 있거나, 아니면 몇몇 지인들이 소장하고 있는 책이 되고 말았다. 그리고 이제 20년이 지나 2017년 다시 책의 형태를 갖추게 되었다. 처음에는 조금만 손을 보면 되겠지 했는데, 책을 검토하다보니 20년 전의 책의 내용이 지금의 나의 생각과 너무나 달라, 장(Chapter)의 제목과 역사적 사실을 제외하고 책 내용을 전부 다시 써야했다. 같은 책이 아니라, 다른 책이 되었다. 그래서 책 제목도 바꾸어,『영문학 예술사』라 했다.

20년전 이 책을 쓸 때 나의 의도는, 예술사에서 사용되는 용어들, 고딕, 르네상스, 매너리즘, 바로크, 로코코 등과 같은 어휘들을 접두어로 문학용어가 만들어져, 예를 들자면 고딕문체 등과 같이 사용되는 이유를 설명하고자 하는데 있었다. 다시 말해, 낯선 문학작품을 읽을 때, 그 작품의 연대를 추정할 수 있는 기준을 마련하고자 하였다. 그리고 20년이 지나 다시 이 책을 쓰면서도, 나의 의도는 그때와 크게 다르지 않았다. 다른 것이 있다면, 그때보다 책의 내용이 더 풍부해지고, 몇 가지 점에 있어서는 그때와는 다른 사고를 가지고 예술과 문학에 대하여 접근하였다. 그러다보니 책의 두께가 두꺼워져, 1997년 당시 부록으로 첨부하였던 20세기 비평이론들의 글들을 모두 삭제해야했다.

책을 이전 책의 내용과 다르게 써야겠다는 생각을 한 계기가 있었다. 꽤나 오래전 지금은 대학교수가 되어 강의하고 있는 제자 한 명이 나를 찾아와 재미있는 이야기를 나에게 들려주었다. 똑같은 과목으로 영문학개관 강의를 3번 수강하였는데, 나의 강의에 두번 F가 나왔다고 했다. 두 번째 수강할 때는 나의 강의를 전에 수강한 친구의 책을 빌려, 친구가 책에 써놓은 내용을 공부하였는데도 점수가 F가 나왔다고 했다. 그리고 그 이유를 나에게 물었다. 당연하다고 했다. 문학이란 읽을 때마다 다르게 해석하는 것이 가능하다. 내가 공부를 하지 않았다면, 같은 책을 같게 읽었을 가능성이 있다. 그러나 내가 끊임없이 공부하였다면, 나는 다른 사람이 되어, 같은 텍스트의 내용을 매학기 다르게 읽었을 가능성이 있다고 말했다. 영국낭만주의 시인 블레이크도, 현자와 바보는 같은 대상을 다르게 바라본다고 했다.

그렇기는 하여도 20년 전이나 지금이나 생각에 변함이 없는 몇 가지가 있다. 하나는 어둠과 빛의 논리이다. 너무 밝은 곳에는 어둠을 넣어야 대상이 잘 보이고, 너무 어두우면 밝음을 넣어야 대상이 잘 보인다. 문학 그 자체만을 논의하기보다는 예술과 함께 문학을 논의하면, 문학이나 예술이 더 잘 드러나 보인다. 그리고 다른 하나는 같음과 다름의 논리이다. 시대를 구분할 때, 연대가 아닌 사조로 구분하는 경우에, 같음과 다름의 논리가 적용된다. 서양사조의 경우를 보자. 중세가 있고 르네상스가 있었다. 르네상스는 중세 이전의 고전주의를 새롭게 해석한 것이다. 그래서 르네상스란 이름이 붙었다. 중세와 르네상스가 다르다면, 중세 이전에 고전주의가 중세와 달랐을 것이다. 그렇게 중세와 다르기 위해 르네상스는, 중세와 달랐던 고전주의와 손을 잡는다. 같음과 다름의 논리가 갖는 숙명적인 이분법이다. 이러한 논리로 고전주의는 중세와 다르고, 중세와 다르기 위해 르네상스는 고전주의와 손잡고, 바로크는 르네상스와 다르기 위해 중세와 손잡고, 로코코는 바로크와 다르기 위해 르네상스와 손잡고 자신을 신고전주의라고 하였다. 앞의 것과 다르려면, 앞에 있었던 이전 것과 손잡아야, 앞의 것과 다르다. 그러나 책에서는 르네상스와 바로크 사이에 매너리즘을 첨가하였다. 매너리즘은 차이를 드러내 보여주는 사조라기보다는 르네상스를 해체하는 양식이다. 통합된 양식이 아니라, 유보의 양식이다.

우리가 어떻게 살아왔는지를 알아야, 우리가 앞으로 어떻게 살아갈지를 알 수 있다. 2016년은 참과 거짓이 구별 없이 혼탁하게, 우리의 삶을 쓰레기처럼 끌고 갔던 혼란의 한 해였다. 홍수에 쓸려 쓰레기와 함께 2017년을 맞았다. 홍수에 진흙탕이 되어버린 누런빛 호수도, 그 어디선가 작은 맑은 샘물 하나 졸졸 흘러 호수를 맑게 한다. 깊은 산속, 사람이 갈 수도 살 수도 없이 깊고 깊은 곳에 있는 작은 옹달샘에서 맑게 옹알대며 흘러나오는 물소리와 같은, 그렇게 깨끗한 영혼의 소리를 들 수 있다면, 우리는 그나마 희망이 있다. 누구를 기다릴 것도 없이, 우리 모두 그런 작은 옹달샘 하나씩 가지고 있다면, 그때 우리에게도 희망은 있다.

목차

중세 영문학(1066-1500)과 고딕(Gothic)

중세의 의미 _ 3
고딕 예술(Gothic Art) _ 6
12세기 이전 고대 영문학 : 『베오울프』(Beowulf) _ 18
로망스(Romance) _ 24
알레고리(Allegory) _ 28
평면적 이야기 구성(flat narrative) _ 35
낭만주의시대와 중세 _ 40

르네상스 영문학(16세기)과 르네상스 예술

르네상스의 탄생 _ 55
르네상스의 정치와 종교개혁 _ 58
르네상스 예술 _ 64
르네상스 영문학과 원근법의 미학 _ 76
르네상스의 문제성 _ 90

17세기 초 형이상학파 시와 매너리즘(Mannerism)

매너리즘의 정의 _ 99
매너리즘의 미학 _ 104
매너리즘과 17세기 영국형이상학파 시 _ 110

17세기 영문학과 바로크(Baroque)

바로크, 그리고 매너리즘 _ 135
구교 바로크 시인 크래쇼(Crashaw) _ 147
신교 바로크 시인 밀턴(Milton) _ 163

18세기 영문학과 로코코(Rococo)

절대왕정시대와 계몽주의 _ 184
로코코 예술 _ 188
로코코와 계몽주의 _ 197
18세기 영국 시 _ 202
18세기 영국소설 _ 216

중세 영문학(1066-1500)과 고딕(Gothic)

- 정신의 미학 -

"고스 족(Goth)이 시작했고 수도사들이 완성했다" [1]

(the monks finished what the Goths begun.)

1) Alexander Pope, "An Essay on Criticism," Part 3, 692.

중세의 의미

중세를 뜻하는 영어표현 "the Middle Ages"에서 "Age"는 단수를 쓰지 않고 복수를 쓴다. 이는 중세를 하나의 시기로 고려하기가 어려울 만큼, 중세가 오랫동안 지속되었기 때문이다. 이 단어를 처음 사용하였던 사람들은 15세기 인문주의자들이었다. 그들에게 있어서 중세란 서기 476년 서로마제국이 멸망하고, 소위 르네상스가 시작된 1500년까지 천년 동안의 기간이다. "The Middle Ages"와 똑같이 중세를 의미하는 "mediaeval(medieval)"이라는 단어는 19세기 후반, 중세를 기사와 전설의 황금시기로 찬양하였던 낭만주의자들에 의하여 사용되었다. 보통 중세문학을 "medieval(mediaeval) literature"라고 하는데, 이는 낭만주의의 산물이다. "mediaeval"이라는 단어는 라틴어 "medius(middle)+aevum(age)"에서 유래한 말로서 "the Middle Ages"를 라틴어로 번역한 말이다. 사실 서양의 중세문학은 라틴어문학이었다. 르네상스가 자국어로 문학작품을 쓰기 시작하였다고 하는 말도 중세문학이 주로 라틴어로 쓰인 문학작품들이기 때문이다.

르네상스는 "the Middle Ages"란 단어를 사용하여 중세를 비하하였고, 19세기 낭만주의는 "mediaeval"이란 라틴어를 사용하여 중세를 칭송과 존경으로 대했다. 그렇다면 왜, 시대를 구분하면서 "가운데"의 의미를 지닌 낱말을 사용하게 되었을까? 아리스토텔레스(Aristoteles)는 그의 「시학」(Poetics)에서 이야기의 구성(plot)을 정의할 때, 이야기는 처음과 중간과 끝이 있다고 했다: "처음이란 그 뒤에 그 밖의 다른 것이 존재하거나 발생하기는 하나, 그 밖의 다른 것 뒤에 반드시 오는 것은 아니다. 반대로 마지막이란 필수적으로, 또는 자연스런 결과로 자연스럽게 그 밖의 다른 것 뒤에 따라

온 것이다. 그리고 그것은 자신의 뒤에 그 어떤 것도 끌고 오지 않는다. 중간이란 앞에 있는 것에 이끌리고, 그 자체도 그것의 뒤에 다른 어떤 것을 끌고 온다."[2] 아리스토텔레스의 관점에서 보면 중세란 앞과 뒤를 연결하여 주는 중간의 고리 역할을 한 시기이다. 그러나 역사나 문화사의 관점에서 말하는 중세(the Middle Ages)라는 개념은 아리스토텔레스가 정의하고 있는 처음과 가운데와 끝이라는 유기적인 의미를 갖지 않는다.

서양의 학자들은 서양문명의 초기에 해당되는 시기를 고전시기(Classical Age), 희랍-로마시대(Greco-Roman Period), 또는 황금시기라고 규정하였다. 말하자면 중세 이전의 시기가 고전시기이고 황금시기이다.[3] 서양의 역사에서 서양인들은 늘 이 고전시기로 돌아가고자 하는 욕망에 사로잡혀 있다. 그리고 그 시기가 유토피아(utopia)의 시기로 인식되고 있다는 점에서, 그 시기는 신화의 시기이기도 하다. 또한, 기독교의 역사에서의 황금 시기는 아담이 타락하기 이전의 에덴동산의 시기이다. 따라서 지금은 타락의 시기이고, 미래는 타락 이전의 시기로 되돌아가기로 되어 있는 예정된 시기이다. 처음과 끝은 가운데의 시기가 아무리 길게 연장되더라도 하나로 묶여져 동일한 의미를 띠게 되는 그러한 시간의 개념 속에서 서양

---

2) Aristotle, "On the Art of Poetry," *Aristotle Horace Longinus: Classical Literary Criticism,* tr. T.S. Dorsch (Penguin Books, 1965, 1975), p.41.

3) 이 글에서 황금시대란 신화시대의 의미가 아니라, 상징적인 의미의 시대를 말한다. 오비드(Ovid)의 「변신 이야기」(Metamorphoses)를 보면, 황금시대는 새턴(Saturn)이 지배하였던 시대로 젖과 꿀의 강이 흐르던 시대이다. 그리고 다음으로 은의 시대가 온다. 새턴의 아들 주피터(Jupiter) 또는 조브(Jove)가 아버지 새턴을 죽이고 권력을 잡게 되면서 황금시대는 종말을 맞는다. 이때 시간의 변화가 생기며 4계절이 만들어지고, 인간들은 노동을 하여야 먹고 살 수 있는 시대가 된다. 은의 시대가 가고 다음으로 청동기 시대가 되자, 사람들은 사악하지는 않더라도, 무기를 만들고 호전적인 성격을 띠게 된다. 그리고 마지막으로 철의 시대가 되자, 인간은 비천한 근성과 함께 사악함으로 타인을 지배하려는 약탈의 역사가 시작된다. 『오비드 신화집: 변신이야기』, 김명복 옮김(서울: 솔, 1993), 25-28쪽.

인들은 살아오고 있다. 그들에게 있어서, 가장 알 수 없이 신비에 싸인 처음과 끝은 분명하였고, 그들이 살고 있는 현재, 즉 가운데는 늘 불분명했다.

개신교의 시각으로 중세를 바라볼 때, 중세는 서양사에서 타락의 시기로 정의되어 왔다. 황금시대인 고대 그리스-로마의 고전시기가 끝나고, 이후 시작된 중세는 타락의 시기로 규정되어, 역사에 없었어도 되는, 아니 없어야 했을 시대로 생각되었다. 15세기경 유럽에서는 그리스-로마의 황금시기에 대한 새로운 이해가 이루어지기 시작했는데, 이른바 르네상스(Renaissance)의 시기가 시작되며, 자신의 이전 시대를 중세로 구분하였다. 중세의 시작은 게르만족들 가운데 한 민족인 고스(Goth) 민족이 서기 476년 서로마제국을 멸망시키고 그리스-로마 문명이 연속성을 잃으면서 시작되었다. 여기에서 중세를 뜻하는 고딕(gothic)이라는 말이 유래하였다. 그래서 르네상스란 중세이전의 황금시대인 그리스-로마의 고전적 가치들을 당대에 부활시켜, 소위 황금시대를 재현하는 것을 의미하였다. 르네상스의 의미를 고려해 볼 때, 고전시대는 인간이 영원히 회귀하려는 하나의 상징적 낙원이다. 이처럼 중세란 가장 이상적인 고전시기와 그 고전시기의 영광을 재현하려는 르네상스 시기 사이에 잠시 가운데 끼어서 잊혀 진다해도 서러울 것이 없는 시기였다. 서양사에서 르네상스를 높이 평가하는 기본적인 태도는 희랍-로마의 고전시기를 황금의 시기로 생각하는 사고에서 비롯된 것이었다. 중세의 비하가 고전주의 시대를 황금시대라는 신화의 시대로 만들었다.

고딕 예술(Gothic Art)[4]

『옥스퍼드 영어사전』(OED)에서 낱말 "Gothic"의 어원은 불어 "gothique"이거나, 후기 라틴어 "Gothicus"에서 유래한 것으로 되어 있다. 두 낱말 모두 북방 게르만족들 중의 하나인 고스(Goth)에서 파생된 낱말들이다. 고스 족은 기원후 4-6세기경에 로마제국을 침입하여 여러 다른 게르만족들과 함께 로마제국을 멸망시키고 중세를 열어갔던 민족이다. 르네상스 시인 필립 시드니(Philip Sidney: 1554-1599)는 그의 「시를 옹호함」(An Apology for Poetry: 1580)이란 에세이에서 고스족의 야만성을 다음과 같이 이야기하고 있다.

4) 19세기 후반 예술사 쪽에서 중세를 세 시기로 구분하는 일이 생겼다. 즉, 서로마제국이 멸망한 서기 476년부터 1100년까지, 600여 년의 기간이 있었다. 이 기간에 유럽은 고전주의적인 관점에서 문화라고 불릴 만한 축적이 이루어지지 않았던 시기이다. 그러한 의미에서 이 시기를 "암흑의 시대"(Dark Ages)로 부르게 된다. 그리고 1100년경에 이르러 고전주의 문화 부흥의 싹이 태동하기 시작하는데, 1100년부터 1250년까지를 로마네스크(Romanesque)라고 부른다. "로마네스크"(Romanesque)라는 말이 암시하고 있듯이, 그 시기는 바로 로마가 멸망하기 이전의 로마의 역사가 다시 부활하였다는 의미를 지닌다. 그리고 로마네스크가 끝나고 르네상스가 시작되기 이전의 시기가 바로 고딕의 시기(Gothic: 1250-1500)이다. 그러나 영문학사에서는 예술사와 같이 중세 후반을 로마네스크와 고딕으로 세분하지 않고, 5세기부터 12세기 이전까지를 고대영문학, 12세기부터 15세까지를 중세영문학 또는 고딕 영문학이라고 부른다.

> 고스(Goth)족들에 관하여 다음과 같은 이야기가 전해지고 있다. 그들은 유명한 도시 하나를 약탈하는 과정에서 훌륭한 도서관 하나를 취하게 되었고, 많은 사람들도 살해하였다. 그들 중에 고스족의 문화를 대표할 만한 병사 한 사람이 그 도시의 도서관에 불을 지르려고 하자, 같이 있던 다른 한 병사가 엄숙하게 말했다. "아니, 그러지 말자. 그들이 책들을 가지고 유희하기 바쁠 때, 우리는 여유 있게 이들 나라를 정복할 수가 있을 거야."5)

위의 글은 학문보다는 행동을 중요시하여, 상상력을 근간으로 하는 시를 반대하는 사람들의 무지를 보여주기 위하여, 시드니가 고스 족을 비유적으로 비꼬아 표현한 것이다. 르네상스가 한창 꽃피웠던 16세기 말의 글에서, 우리는 시드니가 야만성의 상징으로 고딕이라는 낱말을 사용하고 있음을 보게 된다. 그렇게 고딕이라는 낱말에는 그리스-로마의 고전시기를 단절시킨 민족에 대한 악의가 서려있었다.

중세를 비하하고 르네상스를 높이 평가하는 데는 정치적인 의미가 다분히 있다. 중세의 역사는 세속의 권리를 두고 정치권과 종교권의 싸움으로 점철된 시기로, 교황권이 왕권보다 우세하였던 때였다. 르네상스에 들어오면서 점차 왕권이 강화되고 교황의 권력이 약화되기 시작하자, 역사는 이제 교황의 역사가 아니라 황제의 역사로 써지게 된다. 소위 르네상스를 일러 인문주의(Humanism)의 시기로 정의하는 것도, 사실은, 인간의 역사를 종교적인 의미로 개념화하려는 중세의 역사를, 종교와는 구별된 개인적인 차원에서 인간을 개념화하려는 황제권의 정치적인 역사로 바꾸기 위해 만든 개념이다. 그러나 본격적으로 중세와 르네상스를 구분하여 새롭게 역사를 쓰기 시작한 것은 근세인 19세기 후반의 일이다.

---

5) Philip Sidney, "An Apology for Poetry," *English Critical Texts*, ed. D. J. Enright & E. D. Chickera(Oxford University Press, 1962), p.33.

예술사에서 고딕 양식이라고 하면 고딕 성당을 연상하게 된다. 사실상 고딕이라는 단어는 회화나 문학보다는 건축용어로 더욱 빈번히 사용되어왔다. 성당 정문의 양쪽에 두 개의 첨탑이 서있고, 뾰족한 아치(pointed arch)와 두 벽 사이에 아치(arch)로 가로지른 지주(flying buttress)와 격자형 궁륭(ribbed vault)을 가진 것이 건축에 있어서 고딕 양식의 특징이다. 이제, 성당의 외부로부터 성당 내부의 세부적인 면들을 보기로 하자. 성당의 창문의 유리들은 색유리들로 되어 있어서 성당의 내부로 들어가는 순간, 우리는 막 떠나온 세속의 세계를 모두 잊고, 천상의 빛의 세계에 함몰되는 착각을 일으키게 된다. 성당의 내부는 천국의 이미지들로 가득하다. 서쪽 출입구에 있는 최후의 심판의 그림 속에는 그리스도를 포함한 사도들과 천사들과 악마들이 그려져 있고, 그들을 조각한 조각품들도 가득 들어차 있다. 성당 밖으로 나오면 성당의 외부에는 지상에서는 찾아 볼 수 없는 초자연적인 동물들이 지붕에서 흘러 내려오는 물을 받아내는 물통의 기능(gargoyle)을 하고 있다. 더구나 하늘을 찌르는 뾰족한 첨탑이나 지붕들은 인간들의 영혼을 하늘나라로 옮겨가는 듯하다.

고딕 성당의 건축 양식 중에서 가장 특징적이라고 할 수 있는 것은 뾰족하게 수직으로 하늘을 향하고 있는 첨탑들이다. 이들 첨탑들이 중세 사람들에게는 어떠한 의미를 지니고 있었을까? 종교적인 의미를 배제하고라도 고딕 성당은 고딕 정신 바로 그 자체였다.

> 우리가 고딕 성당을 쳐다보게 되면, 중력의 법칙이 완전히 제거되기나 한 듯이 화석화된 수직 운동을 보게 된다. 자연스럽게 아래로 향하게 되는 돌의 무게와는 정반대로 강력하게 위쪽으로 운동하고 있는 기운들을 보게 된다. 그곳에서 우리는 고정된 물질의 존재를 확인할 벽도 질감도 감지할 수 없다. 단지 수천 개의 다양한 기운들이 우리에게 말하고 있을 뿐이다. 우리는 그곳에서 실질적인 질감을 거의 의식할 수 없다. 벽들과 몸체들은,

> 통제가 불가능할 정도로 위로 향하는 운동을 하는 매개물들과 같이, 비-물질적인 표현의 매개자들로만 단지 작용할 뿐이다. 우리는 우리의 감정들이 요구하는 무게와 기운들 사이의 관계를 찾아보려 하지만, 그것은 헛된 일이 될 것이다. 그곳에 무게는 존재하지 않는 듯하다. 우리는 단지 무한한 활기를 띠고 하늘을 향하여 치솟는 통제 불가능한 자유로운 기운들을 볼 뿐이다. 돌은 물리적인 무게에서 완전히 풀려나, 비감각적이고 비물질적인 표현의 수단이 된다. 다시 말하여 돌은 그곳에서 비-물질화의 과정을 겪고 있다.[6)]

위의 인용문에서 볼 수 있듯이, 중세 예술은 중세 사람들의 정신의 표현이요, 상징이었다. 기하학적인 선은 물질세계를 추상화하여 정신의 세계로 형식화하는 수단으로 가장 적합하였을 것이다. 추상화한다는 것은, 바로 중세가 육체적이고 물질적인 모든 것을 정신화하는 지름길이었다. 후에 언급되겠으나, 고딕의 선들은 물질적인 대상을 형상화하는 것이 아니라, 선들 그 자체가 생명력을 가지고 기이하고 신비로운 세계로 몰아치는 운동, 그 자체에 도취하는 환상적인 선들이 된다. 물론, 이러한 선의 움직임들은 무질서하게 순간적으로 방향을 바꾸거나, 유기적인 하나의 전체성이나 완전성을 상실한 채 공허함이나 운동 그 자체 속에서 방향을 잃을 경우가 없지 않다. 그리고 이러한 징후는 중세의 스콜라 철학과 맞닿는 점이기도 하다. 중세의 스콜라 철학의 사고들은 현실에 얽매이지 않고 자유롭게 환상의 세계를 여행하며 마치 미로를 지나가고 있는 듯하다. 스콜라 철학은 고딕의 선들이, 자신의 생명력을 가지고 선 자체가 유희적으로 운동을 하듯, 사고 그 자체가 하나의 생명을 가지고 유희적으로 논리를 전개하고 있다.

중세 사람들은 현실 세계가 무질서하고 혼탁한 세계라고 생각했다. 이 무질서한 세계에 대하여, 고딕 예술품들은 작품 그 자체가

---

6) Wilhelm Worringer, *Form in Gothic*, tr. Herbert Read (London: Alec Tiranti Ltd., 1957), p.106.

세계를 이해하는 하나의 형식이 되었다. 고딕 예술을 감상하는 과정에서 우리가 지적인 독해의 즐거움을 맛보게 되는 것은 바로 이러한 고딕 예술의 특징 때문이다. 에밀 말(Emile Mâle)은 중세 예술의 특징을 다음과 같이 세 가지로 들고 있다.[7] 첫째, 중세예술작품은 "하나님의 이야기를 담은 하나의 책"(a sacred writing)이었다. 작품에 나타난 모든 그림의 형상들은 성경과 관련하여 하나의 상징으로서의 의미를 지니게 된다. 둘째, 중세 예술작품은 "신성한 수학과 관련된 규칙들"(rules of a kind of sacred mathematics)을 갖고 있다. 셋째, 중세예술작품은 "하나의 상징적 규범"(a symbolic code)을 지니고 있다. 예를 하나 들어보자.

> 샤르뜨르 성당의 팀파늄(tympanum: 건축에서 박공 따위의 삼각형 벽)에 새겨진 부조들에서 예수를 둘러싸고 있는 네 마리의 창조물들, 사람, 독수리, 사자, 그리고 황소는, 각각 신약에 나오는 네 명의 사도들인 마태(Matthew), 요한(John), 마가(Mark) 그리고 누가(Luke)를 상징하고 있다. 마태가 사람을 상징하는 것은 그가 복음서의 첫 머리를 시작하며 예수의 선조들의 가계를 말하고 있기 때문이며, 마가가 사자를 상징하는 것은 복음서를 시작하며 그가 광야에서 외치는 목소리에 대하여 말하였기 때문이고, 희생의 동물인 황소가 누가를 상징하는 것은 복음서를 시작하며 자카리아스(Zacarias)가 드리는 희생에 관한 이야기를 하였기 때문이다. 그리고 요한이 독수리를 상징하는 것은 창조물 중에서 태양의 빛을 대담하게 정면으로 쳐다볼 수 있는 동물은 독수리뿐인데, 요한은 처음부터 사람들을 신이 있는 바로 그곳으로 데려가겠다는 말을 하고 있기 때문이다.[8]

---

7) Emile Mâle, *The Gothic Image: Religious Art in France of the Thirteenth Century*, tr. Dora Nussey (New York: Icon Editions, 1972), pp. 1-22.

8) 윗글, 36쪽.

그리고 예수의 오른쪽과 왼쪽에 그려진 사람들은 신약 성서에 근거하여 각각 선택된 자와 버림받은 자를 상징하고 있다. 그렇다면, 위에서 언급된 중세 예술의 세 가지 특징들은 무엇을 말하는가? 존재하는 모든 것은 그 물질성의 배후에 정신에 해당되는 상징적 요소를 지니고 있다는 것이다. 물리적인 세계를 정신화 하여 예술로 승화시킨 것이 바로 고딕 예술이었다.

그리고 고딕예술 작품들은 기독교의 신성한 언어로 읽혀지기를 요구하는 상형문자(hieroglyph)와 같았다. 예술 작품이 읽혀지기를 요구하는 언어이기를 갈구하였다는 것은 예술이 알레고리(allegory)이기를 자처하였다는 것과 같은 의미이다. 중세의 학문이 그러하듯이, 예술 역시 수도원을 중심으로 이루어졌다. 수도원에 조각된 조각품들은 조각품의 미적인 추구 대신에 하나의 읽혀져야 할 알레고리였다. 샤르뜨르(Chartres) 성당의 정면에 세워진 조각품들에 대한 다음의 알레고리의 해석은 바로 고딕 예술이 가지는 의미를 분명하게 보여주는 내용이다.

> 샤르뜨르 성당에 세워진 조각품들은 모두 예수 그리스도의 탄생을 알리는 상징물들을 하나씩 가지고 있다. 그 상징물들은 그 자체가 바로 예수 그리스도를 의미하고 있다. 멜리세덱은 성배를 지녔고, 아브라함은 이삭의 머리에 손을 얹고 있으며, 모세는 놋쇠로 만든 뱀을 쥐고 있다. 사무엘은 희생된 양을, 다윗은 가시 면류관을, 이사야는 다윗의 아버지 이새의 막대기를, 예레미아는 십자가를, 야곱과 레아의 아들 시미언은 성스러운 아기를, 세례요한은 양을, 그리고 마지막으로 베드로는 성배를 들고 있다.[9)]

인용한 글에 나타나는 인물들, 멜리세덱, 아브라함, 모세, 사무엘, 다윗, 이사야, 예레미아, 야곱과 시미언, 세례 요한, 베드로 등은 모

---

9) Emily Mâle, *Religious Art; From the Twelfth to the Eighteenth Century*(Princeton university Press,1977), p. 77.

두 자신들의 인물됨을 구성하는 상징물들을 하나씩 가지고, 예수 그리스도를 상징하는 알레고리들로 읽혀지고 있다. 그들은 예수 그리스도의 삶과 관련이 있든지, 아니면 그가 지니고 있는 상징적인 의미와 관련을 맺고 있다. 예를 들면, 구약의 인물들 가운데, 멜리세덱이 지니고 있는 성배는 예수가 최후의 만찬에서 사용하였던 포도주 잔을 연상시키고, 이삭은 인간의 죄를 구속하기 위하여 희생양이 된 예수를 상징하게 된다. 이와 같이 중세의 조각품들 모두 읽혀져야 할 상형문자의 기호를 지닌 하나의 텍스트였다.

그렇다면, 왜 중세의 예술품들이 눈에 보이는 그 자체의 의미를 부정하고 다른 것을 지칭하는 알레고리이기를 요구하였을까? 기독교는 그 원리에 있어 우상숭배를 부정하고 있다. 말씀이 형상화를 부정하고 있다. 보이는 것보다는 보이지 않는 것이, 만질 수 있는 것보다는 만질 수 없는 것이 더 큰 의미를 지녔다. 구체적으로 보이는 육체보다는 보이지 않는 영혼이 높이 평가되었다. 그러다보니 자연히 시각적이고 조형적인 예술은 하나의 대상을 형상화함에 있어서, 엄밀하게 최소한의 의미만을 전달하여 주는 것 이상의 의미를 지녀서는 안 되었다. 눈으로 볼 수 있는 형상들을 숭배하는 기존의 여타의 종교들과 차별화를 두기 위하여서라도, 기독교는 형상들을 거부하게 되었다. 이와 같은 중세의 예술관은 단지 조각품에 관하여서만 한정되었던 것이 아니었다. 중세의 풍경화를 보더라도 자연의 풍경은 사실성을 결핍하고 장식적인 의미의 상징성을 띄게 된다. 다음의 글에서 우리는 중세의 사고와 풍경화의 관계의 한 단면을 볼 수 있다.

> 만일 우리가 사는 이 지상의 삶이 짧고 비참한 막간극에 지나지 않는다면, 그러한 삶이 이루어지는 우리 주위의 환경들은 우리의 주의를 끌어서는 안 된다. 우리의 사고가 신과 같고, 우리의 감각이 비하되어야 할 것이라면, 외적인 모습들을 표현하는 일은 가능한 한 상징성을 띄어야 할 것이다. 그리고 우리가 우리

> 의 감각을 통하여 인식하게 되는 자연은 온전히 죄악으로 가득한 것이다. 12세기 초에 살면서 글을 쓴 성 안젤름은 주장하기를, 사람들이 즐기는 감각의 수에 비례하여 사물들은 우리에게 해악을 미친다고 했다. 그리고 시각과 후각을 만족하게 하는 장미들이 있는 정원에 앉아 있거나 귀를 즐겁게 하는 노래와 이야기들은 위험스러운 것으로 간주했다. 이것은 분명 가장 엄격한 수도사의 관점을 말하는 것이었다.10)

중세 예술가가 신을 모방하는 의미에서 사물을 있는 그대로 묘사하였다면, 그의 예술 행위는 신을 모독하는 일이다. 그의 행위는 하나님의 세계인 천국의 세계보다, 사람들이 사는 세속의 세계를 더욱 사랑하는 일이 된다. 예술품은 묘사된 대상의 사실성을 배제하고 우리의 눈을 즐겁게 하지 않는 범위 안에서 만들어져야 한다. 단지 하나의 상징으로 이해되는 범위 안에서 예술성을 지녀야 한다. 비잔틴 예술품의 모자이크가 그러하듯, 중세 예술은 장식적인 언어 이상의 의미를 지녀서는 안 된다. 이것은 왜 중세 예술품들이 형식화의 길을 걷게 되었는가 하는 이유이다. 기독교에서 형상들은 바로 우상이고, 이는 파괴되어야 할 대상들이었기 때문이다. 물리적인 형체를 지녔다는 것 자체가 타락을 의미하는 것이었다. 그렇게 수도원의 창설자들은 하나같이 금욕 생활을 강조하면서 감각적인 쾌락을 부정하는 윤리관을 세우게 되었다.

중세의 인물화들 역시 형상화를 거부하는 전통을 따랐다. 인물화가 형상화를 거부하였다는 것은, 회화가 항상 언어이기를 갈구하였다는 것을 의미한다. 특히 중세의 누드화를 보면 인간의 육체는 아름다움을 표현한 것이 아니라 악마의 거처로서 악마적인 연상이 덧붙여져 있다. 케네스 클라크는 드 랭부르(De Limbourg)의 「Tres Riches Heure」에 나오는 작품 <타락>을 논하는 글에서 중세의 누드의 특징을 다음과 같이 이야기 하고 있다:

---

10) Kenneth Clark, *Landscape into Art* (Penguin Books Ltd., 1949, 1956), p.18.

> 그녀의 골반은 한층 넓고, 가슴은 한결 좁으며, 허리는 한층 높다. 무엇보다도 복부가 크게 튀어나와 있다. 이것이야말로 고딕 여체의 이상적인 모습을 특징짓는 것이다. 고대의 나체에 두드러진 리듬은 엉덩이의 곡선이다. 그러나 바뀐 전통에서는 복부의 곡선이다.[11)]

여자의 몸통은 다리와 같은 굵기로 마치 식물의 줄기처럼 길어서 콩나물의 줄기들을 보는 듯하고, 여체의 복부는 눈에 띄게 볼록하다. 마치 식물의 성장과 인간의 육체를 같은 선상에서 보려고 하는 면을 보이고 있어, 미적인 요소보다는 생산성 그 자체에만 관심을 가지고 있는 듯하다. 고딕 회화에서 흉측한 육체는, 곧 정신의 이상화를 의미하는 것이라고, 중세 사람들은 생각했다.

형상화에 대한 짐에서 벗어나기 위하여, 중세의 예술가들은 그들의 작품들이 알레고리이기를 자처하는 면 이외에, 기하학적이기를 갈구하였다. 그들에게 있어서 수학적인 명징성은 육체적이고 세속적인 면을 거부하는 징표가 되었기 때문이다. 이와 같이 물체의 정신화 작업은 고딕 성당의 건축에 나타나는 특징들과 무관하지 않다.

> 강박관념에 사로잡혀 있기나 한 듯이, (고딕의 선이 보여주는) 활력들이 생명력이 없는 선들의 홍수를 이룰 때, (고딕의 선은) 이상하고 놀라운 방법으로 선 그 자체를 끌고 가, 운동의 환희 속으로 상승된다. 그것은 유기적인 운동의 어떤 가능성들을 훨씬 능가하고 있다. 이러한 기하학적인 생명력을 지닌 움직임의 감각은 -고딕 건축의 활기찬 수학적인 면을 서곡처럼 보여주는 것으로 - 우리의 감수성을 그러한 쪽으로 과도하게 나아가게 한다. 유기적인 움직임으로 나아가는 동안 자연스럽게 마주치게 되는 장벽들이 일단 무너지게 되자, 더 이상 저지할 그 무엇도 없게 된다. 계속해서 선은 잘려 나아가고, 평화스럽게 선의 방향을 끝맺는 순

---

11) Ibid., p.310.

> 간들이 강력하게 거듭 저지되며, 되풀이하여 거듭 새롭게 시작되는 표현이 복잡하게 방향을 틀어간다. 모든 제약에서 벗어나자, 고딕의 선은 극단을 향하여 활기를 찾아가게 된다. 마침내 자연스럽게 안정의 평화를 유지할 가능성들이 배제되자, 선은 혼란스럽고 발작적인 운동들로 끝을 맺으며, 기운을 다 쓰지 못한 기운을 빈 공간 속에서 끝내거나, 아니면 아무런 의미도 없이 선 그 자체의 운동을 다시 시작하게 된다.[12)]

비잔틴 미술이 보여주고 있는 기하학적인 무늬의 배열이 형상화에 대한 거부에서 비롯되었듯이, 중세가 수학적이고 기하학적인 선을 중시하였던 이유는 바로 형상 그 자체를 표현하면 우상을 숭배한다는 의심을 배제하려는 극단적인 예술상의 노력이었다. 자주 우리는 20세기의 입체파 화가 피카소(Picasso)가 고딕 선을 부활했다고 한다. 그것은 무슨 말인가? 낭만주의가 개인주의의 숭배와 더불어 인간의 위대성을 보여주기 위하여 모든 형상들에 끈적끈적하게 인간의 냄새를 덧붙였다면, 입체파를 비롯한 일단의 현대 추상파 화가들은 그들의 회화나 조각품에서 그 시큼한 인간들의 냄새를 정화하기 위하여 고딕의 추상성을 다시 부활하게 되었다. 아니면, 초현실주의자들이 그러했듯이 일그러진 모습의 형상들을 통하여 형상들이 초자연적인 모습을 띠게 하였다. 고딕 성당에서 우리는 현세에서 볼 수 없는 괴상한 동물들의 초자연적인 조각품들을 보게 된다. 현대예술의 관점과는 다르게, 중세예술은 우상의 숭배를 배척하여 형상화를 거부하는 또 다른 증후군이 바로 그 초자연적인 작품들을 탄생하게 했다. 그것들은 사실상, 하나의 형상이기보다는 알레고리의 의미, 바로 그것을 지향하는 것들이었다. 형상이기를 거부하는 것이 바로 일종의 괴물들이라고 부르는 초자연적 형상들이었다.

중세가 예술 작품 속에서 추상화와 정신화의 작업을 했다면, 중

---

12) Wilhelm Worringer, *Form in Gothic*, p.42. 괄호 안의 내용은 필자가 쓴 것이다.

세 이후의 르네상스는 예술 작품을 구체화하고 감각적이게 했다. 사물들에 물질성을 돌려주고, 사물을 그 자체로 보고자 했다. 자연스럽게 르네상스는 사물들을 구체화하는 작업에서 원근법(perspective)을 발견하게 되었다. 예술에서 원근법의 발견이 지니는 의미는 무엇인가? 원근법에 근거하여 그려진 피사체는 공간 감각이 분명하게 드러난다. 그곳에서 피사체의 윤곽을 드러내는 것은 선이 그려내는 윤곽이 아니라, 빛이 드러내 보여주는 밝음과 그림자의 대비이다. 그러나 중세에는 피사체가 하나의 상징으로 이해되어야 하는 상형문자였다. 그려진 대상은 그 미적인 가치를 창조하기 이전에 이미 그 무엇인가를 상징적으로 재현하여야 했다. 그곳에는 시간이나 공간 감각은 전혀 부재한 가운데 의미화를 지향하는 알레고리만이 존재했다.

중세 기독교의 기본적인 원리들은 이성이라는 후광을 입고 체계를 잡아가고 있었다. 기독교는 종교적 기반을 확고히 하는 자리매김을 위하여 온갖 기독교의 교리들 사이에 갈등과 타협이 서로 어우러지며 하나의 기독교 교리의 완성을 이루어갔다. 지금 우리가 기독교의 원리로 믿고 있는 체제는 모두 중세에 완성되었다. 삼위일체의 강령이 그러하고, 사제에게 결혼을 금한 것도 12세기에 와서 결정된 일이다. 기독교 체제의 정비가 이루어지는 과정에서 예술 또한 그 기독교 원리의 정비의 소용돌이 속에 맞물려 있었다. 중세 예술의 후원자들로 나선 것은 개인이 아닌 수도원이었다. 그러하니, 중세의 예술은 기독교 예술이라는 한계를 벗어나지 못하였다. 예술 작품들은 개인의 기호나 취미에 맞추어 제작된 것이 아니라, 그 후원자들의 뜻에 따라 제작된 것이어서 기독교적일 수밖에 없었다. 예술품은 기독교의 원리를 이성적으로 해석하는 스콜라 철학의 지적인 욕구를 충족시켜 줄 수 있는 웅변적인 요소만을 갖추면 그 자체로 예술적인 가치를 인정받았다.

성경 속에서 하나님은 말씀으로 전할 뿐, 그 자신의 모습을 드러내어 나타내지를 않았다. 이처럼 언어에 대하여 높이 평가하고, 형상화를 비하하는 것은, 중세의 학문의 7가지 "자유문예"(Liberal Arts)의 분류에서도 볼 수 있다: 문법, 수사학, 변증법, 대수학, 기하학, 음악 그리고 천문학이 그들이다. 현재 우리가 예술로 분류하는 것들 중에 단지 음악만이 이곳에 들어있다. 당시에 음악은 예술분야 중에서 가장 수학적인 학문이었다. 또한 음악은 물리적으로 형상화될 수도 없다는 바로 그 점이 자유문예에 들어갈 면허장이 되었다. 르네상스에 조각가들과 미술가들이 수학적인 것에 관심을 표명한 것도 이러한 중세 예술 관념에 기인하여 중세전통을 이어받은 것이다.

12세기 이전 고대 영문학: 『베오울프』(Beowulf)

세계사의 시대구분을 떠나, 중세 영문학은 1066년 노르만(Norman)에 의하여 앵글로-색슨 민족의 영국이 정복되는 시기를 기점으로 시작으로, 그 이전을 고대 영문학이라고 하고, 그 이후를 중세영문학 또는 고딕 영문학이라고 부른다. 노르만 정복이 이루어지기 이전인 1066년 까지 앵글로-색슨 영문학은 라틴어로 써진 문학이 주를 이루고 있어서, 8세기나 혹은 11세기에 써진 작품으로 알려진 『베오울프』(Beowulf)를 제외하고는 영문학 작품으로 주목할 작품이 없다. 그래서 보통 영문학은 『베오울프』(Beowulf)부터 시작한다고 할 수 있다.

중세문학연구자 커(W. P. Ker)는 중세를 다음과 같이 암흑시대(Dark Ages)와 중세(Middle Ages)로 구분하고 있다.

> 과거에 중세는 단수형 중세(the Middle Age), 암흑시대(the Dark Ages), 그리고 복수형 중세시대(the Midle Ages)의 세 표현들이 같은 의미로 사용되었다. 그러나 이제는 두 번째와 세 번째 표현만이 구별되어 사용되고 있다. 암흑시대는 중세의 전반부 의미로 사용되고, 중세후반은 중세의 다른 표현 "mediaeval"이 사용되고 있다. 즉, 중세라는 또 다른 말 "mediaeval"은 그 시기가 1100-1500년까지를 이르는 말로 제1차 십자군 원정으로부터 르네상스가 시작되는 시기까지, 기사의 시대(the age of chivalry)를 이르는 말이다.[13]

---

13) W. P. Ker, *The Dark Ages*, (New York: A Mentor Book, 1958), p.11.

커(W. P. Ker)는 같은 책에서 중세문학을 이야기하며, 라틴어로 써진 작품들의 작가들과 게르만어로 써진 작품들을 소개하고 있다. 그는 1066년 이전의 유럽문학을 라틴문학 아니면 북유럽언어(teutonic languages)의 문학이라는 말로 사용하고 있다. 그리고 그들 문학 작품들에 나타나는 주인공들이 자신들의 국가나 민족성에 특별한 차별성을 부여받지 못하였다고 말한다. 그는 또한 그 당시 가장 많이 작품들에 등장하는 인물들 중에 세 사람들을 소개하고 있다. 기원후 4세기경에 살았다고 전해지는 아서(Arthur)왕, 샤를마뉴(Charlemagne:742~814)대제, 그리고 알렉산더 대왕(Alexander the Great:356~323 BC)이 그들이다. 이들 인물들은 모험을 다루는 유럽의 모든 나라들의 모든 문학 작품들 속에 등장한다. 그들은 모든 곳에서 영웅으로 추앙받으며, 어느 한 나라를 대표하는 인물들로 생각되지 않았다.

유럽중세 문학의 기본 텍스트로는, 성경이라는 책(The Book) 이외에 권위서(authorities)들이 있었다. 그리고 이들 권위서들을 쓴 사람들은 "저자들"(auctores)이라고 불리었다. 대표적인 두 인물들로는 버질(Publius Vergilius Maro: 70-19 B.C.)과 키케로(Marcus Tullius Cicero:106~43 BC)가 있었다. 유럽중세문학의 작가들은 "원근법적인 감각을 지니지 못하고, 계속성의 감각을 강하게 지닌" 까닭에, "버질과 키케로는 그들의 문을 지나쳐 흐르는 강의 상류이었다."14) 작품들에는 반드시 등장하는 이들 두 사람 이외에도 중세의 작가들이 즐겨 그들의 작품의 원천으로 생각하였던 작가들로, 이솝(Aesop: 기원전 6세기), 오비디우스(Publius Ovidius Azso:43 BC~AD 18), 주브날리스(Decimus Junius Juvenalis: ?AD 60~?136), 루카누스(Marcus Annaeus Lucanus: AD 39~65), 호라티우스(Quintus Horatius Flaccus:65~8 BC), 그리고 호머(Homer) 등이 있었다. 유럽중세 문학에서 창작(creation)이라는

---

14) Helen Waddell, *The Wandering Scholars* (London: Constable and Company Ltd,1927,1987),xi쪽

단어는 부재했다. 현재 우리가 문학 작품을 칭하여 사용하는 창작품이라고 말하는 것은 모두 낭만주의가 만들어낸 용어이다. 중세의 작가들은 작품들을 쓸 때 자신의 작품은 "권위를 갖춘 저자"(auctore)의 정통성을 계승하고 있다는 계속성의 의미를 강하게 느끼며 글을 썼다. 즉, 그들은 "고전 작품을 알레고리로 변형"(allegoressis)하며 이야기를 만들었다.

영문학의 최초의 서사시로 알려진 서기 8세기와 11세기 사이에 써진 것으로 추정되는 앵글로-색슨 영문학의 가장 오래된 작품으로 평가되고 있는 『베오울프』(Beowulf)의 주인공 베오울프 역시 한 나라의 영웅이라기보다는 북유럽 모든 나라에서 그 이름을 드높인 영웅으로 묘사되어 있다. 북부 유럽을 소재로 써진 이 서사시는 앵글로-색슨어로 씌어졌다는 의미를 지니는 것 말고 영국과는 무관하다. 『베오울프』가 고대영문학을 이해하는 데 중요한 점은, 그 작품이 12세기 고딕 시대에 꽃을 피웠던 로망스 문학과 다르게 이야기를 구성하고 있다는 점이다. 『베오울프』에서 주인공 베오울프는 개인적으로 초자연적인 모험들을 경험한다. 그는 괴물 그렌델(Grendel)과 그렌델의 어머니와 싸우고, 고국에 돌아와서는 용과의 마지막 싸움을 하다 죽는다. 그 모험들은 모두 실제 역사적인 배경들과의 관련 속에서 이루어진다. 즉, 저자는 베오울프 전설을 이야기하며, 그 이야기 속에 북유럽의 역사를 이야기하고 있다. 그러나 이후 로망스의 작품들은 현실과는 무관하게 주인공 자신의 모험들만을 취급하고 있다. 물론 『베오울프』가 이야기 구성 면에서 주인공 베오울프의 이야기를 벗어나, 이야기 중간에 이야기의 주된 내용과는 무관한 역사적인 사실들을 이야기함으로써 우리의 주의를 분산시키는 결점을 안고 있기는 하지만, 그 작품은 북유럽의 역사뿐 아니라, 앵글로-색슨 시기의 영국인의 삶을 보여주는 귀중한 자료임에는 틀림없다.

고대영문학 작품으로 고대영시로 분류되는 『베오울프』는 현대시와는 다르게, 1) 두운(alliteration)의 운율을 지키는 정형시로, 2) 행의 첫 반행과 같은 행의 두 번째 반행의 첫 소리를 모두 유사한 소리로 시작하고 있다. 3) 그리고 모든 행은 중간에 휴지(pause)를 가지고 있는데, 이 휴지를 중간휴지(caesura)라 부른다. 그리고 모든 행마다 중간 휴지를 중심으로, 강세가 없는 음절들과는 상관없이, 반드시 두 개의 강세(accent) 음절들을 갖는 운율을 갖는다. 좀 더 구체적으로 고대영어 시의 운율 구조를 보자.

> 고대 영어의 강한 게르만 어투는 어느 추상적인 운율요소보다 의미 리듬이 운율을 갖는 묵직한 강세 운율을 기본으로 한다. 고대영어의 기본 시행은, 강세가 없는 음절의 수와 상관없이, 4개의 강한 강세 음절을 갖는다. 하나의 시행을 반으로 나누어 양쪽에 두 개의 강세를 갖는 음절이 놓여있다. 강세 음절은 자주 두운의 운율을 갖고, 두운은 강세를 더욱 더 강화하는 경향이 있다. 시행의 전반적인 의미구조는 하나의 연을 유기적으로 조직하기보다는 구절 중심적이다. 즉, 시행들이 연들(stanzas)의 의미를 유기적으로 강화하기보다는, 시행들의 의미가 점차 축적되는 의미구조를 지닌다. 하나의 시행은 중간 휴지(caesura)로 두 개의 짧은 구절들로 나누어진다. 이따금 하나의 시행을 중간 휴지로 나뉜 시행 양쪽의 두 개의 짧은 구절들은 대조와 대립의 효과를 갖고, 4개의 강세 음절들 가운데 하나가, 두 번째 짧은 구절에서 생략되는 경우가 있다.[15]

그리고 현대의 은유에 해당되는 수사기법으로 "중세방식 은유"(kenning)가 있다. 예로, 바다(sea)를 "백조의 길"(swan-road) 또는 "고래의 길"(whale-road)이라 하였고, 왕(king)을 "보물을 나눠주는 자"(ring-giver)라고 불렀다. 여기에서 『베오울프』의 첫 11행을 현대영어로 번역한 히니(Seamus Heaney)의 작품을 통해 작품을 분석해보자.

---

15) Paul Fussell, *Poetic Meter and Poetic Form* (New York: McGraw-Hill, Inc., 1965, 1979), p.63.

그렇다. 아주 옛날 투창이란 별명을 지닌 데인족들(Spear-Danes)과 그들을 통치하였던 왕들은 용기와 위대함을 겸비하였다. 이들 왕들의 영웅다운 전투이야기를 우린 들어서 알고 있다.

많은 부족들을 괴롭혔던 쉴드 시프슨(Shield Sheafson)이 있었으니, 그들 사이를 누비고 다니며 전사들의 술좌석을 박살냈다. 술잔치 벌이는 무리들에게 공포의 대상인 이 사람은 먼 곳에서 왔다. 버려진 아이로 시작하여, 그의 힘이 세어지고, 그의 능력이 뚜렷이 드러나자, 후에 그는 큰 사람이 되었다. 고래길 바다 건너 외딴 해안가 살고 있는 모든 종족이 마침내 그에게 굴복하여 조공 바치기 시작했다. 그 사람은 훌륭한 왕이었다.

So. The Spear-Danes in days gone by
and the kings who ruled them had courage and greatness.
We have heard of those princes' heroic campaigns.

There was Shield Sheafson, scourage of many tribes,
a wrecker of mead-benches, rampaging among foes.
This terror of hall-troops had come far.
A foundling to start with, he would flourish later on
as his powers waxed and his worth was proved.
In the end each clan on the outlying coasts
beyond the whale-road had to yield to him
and begin to pay tribute, That was one good king.

『베오울프』는 북유럽의 신화가 된 영웅들의 이야기를 기독교의 틀 속에 집어넣어 새롭게 써낸 이야기이다. 베오울프가 싸우는 괴물들은 카인의 후예들이라고 화자는 말한다. 어떻게든지 북부유럽 신화를 기독교의 신화로 바꾸려하는 어설픈 시도이다. 그렇기는 하여도 북유럽에 살았던 게르만 족속들의 왕과 전사들 사이에 존재했던 이상적인 관계(German Ideals)를 이야기하고 있다.

화자는 『베오울프』에서 두 부류의 청자를 갖고 있다. 하나는 왕이고, 다른 하나는 전사들이다. 화자는 왕이란 전사들에게 왕다운 품격(Royalty)으로 전투에서 포획한 보물들을 나누어주는 자(ring-giver)로 관용(greatness)을 베푸는 인물이어야 한다고 말하고, 전사들은 전투에서 용기(courage)를 갖고 왕을 위해 싸워 왕에게 충성심(Loyalty)을 보여주는 인물이어야 한다고 말한다. 위의 인용된 시에서 우리의 흥미를 끄는 것은 왕의 탄생 신화이다. 그는 버려진 아이였다. 보통 신화에서, 왕은 신의 자손이거나 귀족계급이거나, 아니면 왕의 자손이다. 그러나 이 시에서 그렇지 않다. 화자는 왕의 위대함은 신분이 아니라, 개인적인 품격과 품위에서 비롯된다고 말하고 있다. 『베오울프』는 신화의 시대를 이야기하지만, 고대의 신화가 아니라, 기독교 시대의 신화에 대하여 이야기하고 있다.

1066년 노르만 정복 이후의 중세영문학은 처음에 라틴어와 불어로 써진 문학이 앵글로 색슨어로 써진 문학과 함께 공존했다. 노르만의 정복으로 영국은 대륙과의 문화적인 교류를 활발하게 하였다. 상류 사회에서는 불어를 사용하였고, 문학가들은 불어로 된 작품들을 번역하면서 작품 활동을 시작하거나, 아니면 불어로 작품을 썼다. 대륙, 특히 프랑스로부터의 새로운 문학적인 언어를 수용하면서, 앵글로-색슨의 영어는 풍요롭고 풍성하고 역동적인 지적 풍토를 마련하였다. 그러나 초기 중세 영문학은 프랑스 문학을 번역하였거나, 아니면 모방하는 단계의 수준에 머물렀다. 중세영어가 불어나 라틴어보다 우세를 보이며, 문학의 언어로 잡기 시작한 것은 14세기말 초서(Geoffrey Chaucer:?1343-1400)가 활동했던 시기의 전후이다. 엄격한 의미에서 영문학은 초서부터 시작하였다. 그래서 초서를 속칭 영문학의 아버지라고도 부른다.

로망스(Romance)

1066년 노르만의 앵글로-색슨 정복을 기점으로, 정복이전의 앵글로-색슨 고대 영문학과 정복 이후의 앵글로-색슨 영문학은 뚜렷한 차이를 보여주고 있다. 노르만 정복 이후 중세영문학은 앵글로-색슨 고대영문학이 지녔던 그 고유한 이념들과 문체를 지니지 못하게 된다. 예를 들어, 앵글로-색슨 고대 영문학의 특징 중에 가장 자주 언급되는 것은 시들에서 정형으로 취급되는 두운법칙(alliteration)과, 시행의 중간 휴지를 중심으로 양쪽 구절들이 2개의 강세 음절을 가진 낱말들로 시행을 구성하는 것이었다. 그러나 1200년경에 이르러 앵글로-색슨의 고유한 시형인 두운을 지닌 운율의 시들은 사라져버린다. 그리고 14세기 중엽의 작품들 가운데 작가미상의 『가웨인 경과 녹색기사』(Sir Gawain and the Green Knight), 맬러리(Thomas Malory)의 『아서왕의 죽음』 그리고 『농부 피어스』(Piers Plowman) 등의 작품들에 와서야 다시 두운법칙의 시형식이 회복된다. 그렇다면, 노르만의 정복과 함께 앵글로-색슨 고대 영문학이 쇠퇴의 길을 걸었던 이유는 무엇이었을까? 그것은 프랑스 시의 영향 때문이었다.

12세기의 유럽은 프랑스의 시대였다. 남불 프로방스의 시인들의 독특한 로망스 장르(romance)가 유럽의 모든 시인들을 매혹시켰다. 프랑스 시인들은 알렉산더 대왕의 이야기와 트로이의 이야기를 로망스로 만들어 이웃 나라들에게 전파했고, 자신의 나라를 소재로는 샤를마뉴와 그의 부하들의 영웅적인 서사시를 만들어 "영웅담"(chansons de geste)이라는 문학 장르를 만들어 냈다. 더구나 프랑스 시인들은 아서 왕의 이야기를 근거로, 사랑하는 연인들의 감정들을 로망스의 장르에 담았다. 흥미로운 것은 이들 프랑스의 시인들이 자신의 나라를 소재로 한 로망스들은 행동적인 면을 소재로 하고, 영국이 소재인 아서 왕 로망스를 쓸 때는 사랑을 주제로 했다는 점이다. 물론, 프랑스의 로망스 작가들이 단지 사랑의 감정만을 시로 쓴 것은 아니다. 그들의 로망스에서 나타나는 사랑의 감정들은 모험과 신비, 그리고 마술의 구성 속에서 모두 우아함의 모습을 드러냈다.

중세의 유럽문학 작품에서 가장 대표적인 문학 장르는 로망스(romance)이다. 프랑스에서 씌어진 『장미와의 사랑이야기』(Roman de la Rose:1237)[16], 12세기에 씌어진 『아서 왕의 이야기』등의 작품들이 이 장르에 속한다. 위에서도 언급하였듯이, 로망스 장르에 속하는 작품들의 구성은 모험이 주요한 구성적 요소가 되며, 이 모험은 초자연적인 사건들, 즉 신비와 마술등과 함께 단편적이고 삽화적으로 일어난다. 로망스는 단지 탐색(quest)이라는 주제를 통하여 구성의 통일성을 이루고 있을 뿐이다. 그렇기는 해도 그 구성에 모티브(motif)를 주는 것은 역시 사랑이었다. 편력기사(chevalier errant)는 자기가 신봉하는 여인을 위하여 자신에게 명예를 가져다 줄만한 일이라면 서슴지 않고 그 모험에 뛰어든다. 그러나 이야기가 전개되면서 사랑의 이야기는 뒷전으로 물러나고, 모험 그 자체에 빠져든 기사는 모험들을 통하여 삶의 지혜와 우주적인 질문들에 대한 해답을 얻게 된다. 따라서 로망스에서 사용되는 언어들은 상당히 고양된 언어들이었다.

프랑스에서 영국을 소재로 한 로망스는 아서 왕과 관련된 원탁기사들의 이야기들이다. 트리스트람(Tristram), 가웨인(Gawain), 퍼시발(Perceval), 그리고 랜슬럿(Lancelot) 등, 이들을 소재로 한 로망스들은 모두 사랑과 관련하여 감정의 문제를 취급하고 있다. 특

16) 이 책의 처음 4,058행을 1230년경 기욤 드 로리스가 썼고, 나머지 17,622행을 1275년 경 장 드 맹이 완성하였다. 텍스트로 기욤 드 로리스, 『장미와의 사랑이야기』, 김명복 옮김(서울: 솔, 1994)을 참고할 수 있다.

히 웨일즈의 왕인 아서(Arthur)는 기독교적인 문맥에서 알레고리적인 의미를 지닌 인물이다. 그는 기원후 5세기 색슨족들의 침입에 대항하여 싸우다 죽은 용감한 영웅으로, 그가 다시 살아서 돌아올 때 혼란과 무질서에 처한 현재의 모든 것들이 제자리를 찾게 된다는 신화적 인물이다. 그는 마치 예수의 재림을 상기케 하는 영웅이다. 프랑스가 십자군 전쟁 때 사라센인들과 싸운 샤를마뉴라는 영웅을 가졌듯이, 아서 왕은 색슨족들과 대항하여 싸운 영국이 자랑하는 국가적인 영웅이다. 그러나 사실상 아서가 주인공으로 나타나는 로망스는 거의 없으며, 단지 그 이름만 언급될 뿐 그가 등장하는 장면들조차 희귀하다.

12세기 초· 중반에 제프리(Geoffrey of Monmouth:?~1155)는 『브리튼 왕들의 역사』(Histories of the Kings of Britain)을 쓰면서 아서 왕의 역사를 기록하였고, 로먼(Lawman)은 그의 『브럿』(Brut)에서, 프랑스에서 번역된 제프리의 작품을 영어로 다시 번안하는 과정에서, 직접 웨일즈 지방의 이야기들을 수집하여 라틴어나 프랑스어로 써진 작품에는 없는 새로운 것들을 첨가하였다. 후에 맬로리(Sir Thomas Malory: ?-1471)는 『아서왕의 죽음』(Morte D'Arthur)을 쓸 때, 로먼의 작품으로부터 아서왕의 이야기를 가져다 사용하였다.

중세 영문학을 이야기하면서 우리는 자주 "궁정"(court)이라는 단어와 마주하게 된다. 중세의 왕들과 귀족들은 세속인들과 차별성을 부여하는 교육을 위하여 자신들의 고유한 교육 형식을 지칭하기 위하여 특별히 이 단어를 사용하였다. 그리고 시인들이 이들 상층계급에 관한 이야기를 쓸 때, 이 단어는 이상적인 태도나 행실과 깊이 관련된 의미를 지닌다. 영국에서는 14세기의 초서(Chaucer)와 가워(John Gower: ?1330~1408)가 그들의 작품에서 이 단어의 의미를 분명히 했다. 그들 두 사람은 궁정의 문체를 사용하여 영어를 만들어 갔던 시인들로, 영어의 지방색이 짙은 다양하고 조잡한 많은 방언들을 순수한 영어로 만들었던 사람들이다. 특히 이들 두 사람은 프로방스 시인들의 영향을 받은 프랑스 시들을 모방하여 "궁정식 사랑"(courtly love)의 철학을 그의 시에서 구현하였다.[17)] 초서가 프랑스의 궁정식 사랑의 원본인 「장미와 사랑이야기」를 영어로 번역하면서, 시인으로서의 삶을 시작하였다는 것은 그의 시에 대한 그의 태도와 관련하여 기억할 만한 일이다.

"궁정식 사랑"(불어로는 amour courtois)이란 12세기 프랑스 궁정에서 귀족 여인들이 사랑의 문제를 가지고 토론하여 그 문제에 해답을 내린 것에서 유래하여 생겨났다. 세르반테스(Miguel De Cervantes:1547~1616)의 『돈키호테』(Don Quixote)에서 돈키호테가 자신의 여인 둘시네아(Dulcinea)에게 하였듯이, 연인은 탐색을 통하여 얻은 명예를 여인에게 돌리는 예법이 바로 이 장르에서 유래한 것이다. 기독교에서 기독교인들이 자신의 선행의 근원을 신에게 돌리듯이, 그렇게 기사들은 신처럼 여인을 찬양하며 그들의 공덕을 그들의 여인들에게 돌렸다. 여인으로부터 찬양을 받기 위하여 기사는 덕행(virtues)을 하게 되고, 그 덕행을 통하여 기사는 구원을 받게 된다. 단테(Dante Alighieri:1265~1321)의 『새로운 삶』(Vita nuova)에서 단테는 베아트리체(Beatrice)를 통하여 천상의 기쁨을 맛보게 된다. 그리고 『신곡』(La Divine Comedia)에서 베아트리체는 버질(Publius Vergilius Maro:70~19 BC)이 머물고 있는 림보(Limbo)의 세계로 직접 내려와 버질에게 안내자로 단테를 지옥과 연옥의 여행에 동행할 것을 부탁하고, 자신은 천국의 안내자 역할을 맡는다. 단테는 자신이 이러한 여행을 하게 된 것은 모두 베아트리체가 그를 사랑으로 감싸고 있기 때문이었다고 말한다. 그렇게 단테는 베아트리체를 사랑하여 종교적인 의미의 구원의 역사를 성취하였다.

---

17) '궁정식 사랑'에 영향을 가장 많이 행사한 책은 다음의 책이다: 앙드레 카펠라누스, 『궁정식 사랑기법』, 김명복 옮김(서울: 현음사,1992).

알레고리(Allegory)

고딕 문학작품들은 고딕 예술 작품들이 그러하듯이 알레고리 이야기 방식(allegorical narrative)을 즐겨 사용했다. 문학용어사전은 알레고리 이야기 방식을 다음과 같이 정의하고 있다: "산문이나 운문에서 모두 볼 수 있는 기법으로, 행위자들과 행위들, 그리고 배경 등이 일차적인 문자적 의미의 수준에서 일괄적인 의미를 유지하며 동시에, 상관성이 있는 이차적인 종류의 의미를 전달하기 위하여 저자가 고안한 해낸 이야기 방식을 이른다." 그러나 보통 우리가 생각하는 알레고리는 두 번째 방식으로, "덕성들, 악덕들, 마음의 상태, 생활방식 그리고 인물 유형들과 같은 추상 실체들이 의인화된 경우를 말한다."[18] 가장 유명한 작품이 존 번얀(John Bunyan:1628-88)의 『순례자의 길』(Pilgrim's Progress: 1678)이다. 구체적으로 어떻게 표현하고 있는지 작품 속에 한 구절을 보자.

> 자, 기독교인(Christian)이 홀로 외롭게 걷고 있을 때, 그는 멀리서 들판을 건너 그를 만나러 오고 있는 사람을 보았다. 그들은 서로 자신의 길을 가다가 만날 운명이었다. 그 신사(Gentleman)의 이름은 세속의 현자 씨(Mr. Worldly-Wiseman)였다. 그는 매우 큰 도시(Town), 세속의 정치(Carnal-Policy)가 실행되는 도시(Town)에 살고 있었다. 기독교인(Christian)은 그곳에서 가까운 곳으로부터 왔다.
>
> Now as Christian was walking solitary by himself, he

---

18) M. H. Abrams and Geoffrey Galt Harpham, *A Glossary of Literary Terms* (Boston: Wadsworth Cengage Learning, 2002, 2009), p.7

espied one afar off come crossing over the field to meet; and their hap was to meet just as they were crossing the way of each other. The Gentleman's name was Mr. Worldly-Wiseman; he dwelt in the Town of Carnal-Policy, a very great Town, and also hard by from whence Christian came.[19]

인용문에서 대문자들로 표기된 낱말들은 모두 특정한 개성과 개별성을 띤 고유한 의미를 갖지 않는다. 고유명사로 사용되고 있을 뿐, 추상성으로 일반적이고 개괄적이며 보편적인 의미를 지닌다. 기독교인(Christian)은 순수하고 진정한 모든 기독교인이고, 신사(Gentleman)는 세속인으로 육체적이고 감각적인 곳에 관심을 기울이는 진정한 기독교인이 아닌, 물질과 세속적인 명예와 영예만을 중요하게 생각하는 사람들 전체이다. 그는 또한 구체적으로, 세속적인 대상들에 현명한 판단을 내리는 세속의 현자 씨(Mr. Worldly-Wiseman)이기도 하다. 그리고 도시(Town)는 이곳에서 세속의 도시를 말한다.

장르의 특성상 중세는 극(Play)의 장르가 다른 문학 장르보다 우세하였다. 중세의 극은 크게 두 가지로 분류된다. 기적극(mystery play) 혹은 신비극(miracle play), 그리고 도덕극(morality play)이 그것이다. 평신도들에게 성경의 지식을 전달하기 위하여 교회를 중심으로 발전하였던 이 두 극들 중에서 신비극은 더욱 성경 지식의 전달에 부합하였다. 그 극은 성경에서 볼 수 있는 기적적인 사건들을 극의 형태로 만들어 상연하였다. 예들로 기적극들의 제목들을 보자: 「창조, 그리고 루시퍼의 몰락」(Creation, and the Fall of Lucifer), 「아담과 이브의 창조」(The Creation of Adam and Eve), 「인간의 타락」(The Fall of Man), 「카인과 아벨」(Cain and

---

19) John Buyan, *The Pilgrim's Progress* (London: Penguin Books, 2008), p. 19.

Abel), 「노아의 홍수」(Noah's Flood), 「아브라함과 이삭」(Abraham and Isaac), 「예수잉태를 알림」(The Annunciation), 「헤롯 대왕」(Herod the Great), 「간음하다 잡힌 여인」(The Woman Taken in the Adultery), 「십자가 처형」(The Crucifixion), 「지옥의 정복」(The Harrowing of Hell), 「부활」(The Resurrection), 「최후심판」(THe Judgement), 「빌라도의 죽음」(The Death of Pilate) 등이 있다.[20] 마차의 무대에 여러 가지 상연 목록들을 가지고, 순회하며 극을 상연하였던 바, 고딕의 그림들에서 보듯이 하나의 극이 하나의 작품으로 완성을 이루면서 동시에 이전의 극들과 연관성을 유지하게 된다. 즉 "일련의 연속적인 장면들"(procession)을 연출하게 된다. 그러나 이들 신비극들은 르네상스 시대에 와서는 무대에서 사라지는데, 르네상스에 가까워지며 "신비극들의 공연은 점점 시들해 지기 시작하더니, 하나님과 예수 뿐 아니라, 신약의 내용들이 극의 주제로 극작가들에게 흥미를 제공하지 못하였다. 16세기 말이 되어서는 구약의 내용을 포함하여 성경 내용을 다루는 연극들이 약 300년 동안 영국의 연극무대에서 완전히 사라졌다."[21]

알레고리는 중세시대 희곡들 가운데 특히 도덕극에서 자주 사용되었다. 도덕극은 신비극과 비슷하게 종교적인 색채를 띠고 있기는 하여도, 신비극과는 달리 성서의 이야기를 다루지는 않았다. 대표적인 예가 「만인」(Everyman)이다. 「만인」에 등장하는 인물들은 모두 알레고리들, 죽음, 우정, 선행, 악행들로, 한 개인이 아니라 일반적인 인간 모두의 "내적인 도덕 감정을 불러일으키는 갈등관계"(psychomachia)를 극화하고 있다. 죽음(Death)이 만인

---

20) 신비극 목록들은 다음 책에 실려 있는 희곡들이다: *Everyman and Medieval Miracle Plays*, ed. A. C. Cawley (New York: J. M. Dent & Sons Ltd., 1956, 1970).

21) Murray Roston, *Renaissance Perspectives in Literature and Visual Arts* (New Jersey: Princeton University Press, 1989), p. 93.

(Everyman)에게 나타나 하나님이 만인을 불러오라고 했다고 말한다. 그리고 만인은 자신의 인생의 선행과 악행의 목록을 만들어 하나님 앞에 나가기 위해, 처음에 우정(Fellowship)과 함께 하나님에게로 가자고 하지만 우정은 거부한다. 다음으로 친지와 사촌(Kindred and Cousin), 재산(Goods) 등에 부탁하여, 죽음의 자리에 함께 하자고 말하지만 모두 거부당하고, 땅위에 엎드려 있던 선행(Good Deeds)만이 작은 목소리로 만인과 함께하겠다고 말한다. 그리고 지식(Knowledge)이 나타나, 죄를 고백(Confession)하는 자리로 만인을 데려가고, 아름다움(Beauty)과 근력(Strength)과 분별(Discretion)과 5가지 지혜(Five Wits)가 함께 죽음의 자리로 가지만, 마지막 무덤 속으로 들어갈 때는 선행을 제외한 모든 동료들이 그를 떠난다. 다음은 극의 앞부분에서 죽음(Death)이 만인(Everyman)을 불러 자신과 함께 하나님 앞에 가서 "인생의 선행과 악행의 목록"(Reckoning)을 가지고 가자고 말하는 장면이다:

[만인이 무대 위에 등장한다]
죽음: 만인, 그곳에 서시오! 뭐가 좋아, 어디로 가고 있습니까?
하나님은 잊고 사십니까?
만인: 왜 묻습니까? 알고 싶습니까?
죽음: 그렇습니다, 선생; 당신이 알아야 할 것이 있습니다.
하나님께서 부탁하시어, 서둘러 나를 당신께 보냈습니다.
만인: 뭐요, 날 불러오라했다고요?
죽음: 그렇습니다. 당신은 이곳에서 하나님을 잊고 살았겠지만,
하나님은 하늘나라에서 당신을 잊지 않으셨습니다.
자, 우리가 떠나기 전에 당신이 알아야 할 것이 있습니다.
만인: 하나님이 날 왜 부르십니까?
죽음: 내가 그것을 알려주겠습니다. 하나님은 당신이 더 이상
지체하지 말고, 당신의 선과 악의 계산서를 가지고 오라
십니다.
만인: 계산서를 작성하려면 시간이 필요합니다. 앞이 깜깜하여

정신을 차릴 수가 없습니다.(85-102)

[Enter Everyman]
Everyman, stand still! Whither art thou going
Thus gaily? Hast thou thy Maker forget?
Everyman: Why askest thou?
Wouldest thou wit?
Death: Yea, Sir; I will show you:
In great haste I am sent to thee
From God out of his majesty.
Everyman: What, sent to me?
Death: Yea, certainly.
Though thou have forget him here,
He thinketh on thee in the heavenly sphere,
As, ere we depart, thou shalt know.
Everyman: What desireth God of me?
Death: That shall I show thee:
A reckoning he will needs have
Without any longer respite.
Everyman: To give a reckoning longer leisure I crave;
This blind matter troubles my wit.[22]

신비극이 성경의 이야기 가운데 중요한 사건을 다루는 사건 중심이라면, 도덕극은 사건 중심이라기보다는 교훈적인 측면을 강조하는 방식으로 극화하였다. 도덕극은 교훈적인 면을 강조하다보니 알레고리 이야기 형식이 두드러지게 많이 사용되었다.

알레고리는 성경을 독해하는 방식에서 비롯되었다. 신약의 내용은 이미 구약 속에 계시되어 나타났다는 독해 방식이 바로 그것이다. 구약에서의 모호한 의미들은 그 의미의 완성을 신약에서 이룬

22) 위의 책, 209-10쪽.

다. 그렇다면 구체적으로 알레고리란 무엇인가? 이를 이해하기 위하여, 단테의 다음의 편지를 보기로 하자. 이 편지는 단테가 「신곡」을 칸 그란데 델라 스칼라(Can Grande della Scalla)에게 헌정하며 쓴 내용이다.

> 이스라엘이 이집트에서 나오며/ 야곱의 집이 방언 다른 민족에게서 나올 때에/유다는 여호와의 성소가 되고/이스라엘은 그의 영토가 되었다"(시편 114:··~2). 우리가 이 시편을 문자 그대로 이해하고자 하면(literal sense), 그 의미하는 바는 모세의 시대에 이스라엘의 자손들이 이집트에서 빠져 나왔다는 것입니다. 그러나 우리가 이를 알레고리로 해석하면(allegorical sense), 그리스도를 통한 우리의 구원이 이루어짐을 의미하고, 도덕적인 의미로 해석하면(tropological or moral sense), 죄에 의한 슬픔과 고통에서 은총의 상태로 영혼이 전환되었음을 의미하게 됩니다. 그리고 영적이고 신비적인 의미로 해석하면(anagogical sense), 타락한 이 세상의 노예상태로부터 영원한 영광의 자유로 그 신성화된 영혼이 나아감을 의미하게 됩니다. 비록 이 수수께끼 같은 의미들이 다양한 이름으로 불려지고, 그 다양한 이름들은 문자적으로나 역사적인 의미에서 다양하나, 모두 일반적인 의미로 알레고리(allegory)라고 부를 수 있습니다. 알레고리라는 단어는 희랍어로 "alleon"인데, 라틴어로는 "이질성"(allenum) 혹은 "다름"(diversum)의 의미를 지닙니다.[23]

단테는 하나의 문장이 가지는 의미를 네 겹으로 해석하고, 이들 모두를 알레고리(allegory)라고 부르고 있다. 어느 문장이나 그것이 가지는 의미는 문자적인 의미 이상을 지향하게 되어, 문장은 알레고

23) Dante Alighieri, "Accessus to His Poem for Can Grande della Scala," *The Literature of Medieval England*, ed. D. W. Robertson, jr. (New York: McGraw-Hill Book Company, 1970), p. 273.

리가 된다. 문자적인 의미를 거부하고 있다는 것은 무슨 의미인가? 예술에서 그것은 형상화를 거부하고, 외적인 사물들의 모든 아름다움을 부정하는 것으로 나타났다. 그리고 문학에 있어서, 그것은 현실을 부정하고 내세를 크게 부각시켰다.

중세의 사람들은 현대의 사람들과 정반대의 생각을 하며 살았다. 현세보다 내세가 훨씬 더 중요하다고 생각하였다. 그들은 현세를 내세처럼 살았다. 죄의 무게로, 천국보다는 지옥이 더 가깝게 느껴지는 시대에 살았다. 그들에게 현재의 삶은 늘 영원한 내세와의 관계를 통하여서만 의미를 가졌다. 중세 문학 작품들에서 알레고리(allegory)라는 수사가 다른 어떤 수사보다 더 우세하였던 이유는, 중세 사람들의 사고방식과 관련이 깊다. 그들은 보이는 것에서 보이지 않는 것을 찾으려하였다. 문자의 의미 말고 그 이외의 다른 의미를 생각하였다. 현재는 늘 미래와의 관련 속에서 의미를 가졌다. 현재의 삶이 힘들면 힘들수록 사람들은 현재를 해석해 줄 현재와 다른 의미를 생각하게 된다. 그들은 힘겨운 현재를 부정하며 이미 내세를 살고 있었다. 그렇게 그들은 현세와 내세를 구별하지 않는 이상한 논리의 삶을 살았다. 흥미롭게도 가난하고 힘없어 아무것도 가지지 못한 자들은 지옥을 살면서 천국을 꿈꾸었고, 권력과 부를 가진 자들은 지옥을 악몽과 같이 생각하며, 천국의 삶을 살았다. 중세의 삶은 대조와 대비가 뚜렷하였다. 아름다움과 추함, 지옥과 천국, 사랑과 증오, 그리고 자비와 잔인함이 대조되고 대비되었다. 그렇게 그들은 질서를 추구하려는 집착이 매우 강렬하였다. 그러한 열망은 그들이 살아간 현세와 내세라는 이중적 잣대 때문이었다.

평면적 이야기 구성(flat narrative)

가까운 것은 크고 분명하게 그리고, 멀리 있는 것은 작고 희미하게 그리는 르네상스시대의 원근법과 대조적으로, 중세 사람들은 질서에 대한 강박관념으로 많은 것들을 하나도 빠짐없이 수용할 수 있는 체제를 꿈꾸었다. 그래서 중세에는 총론(summa)이라는 제목이 붙은 책들이 많았다. 알레고리가 내용적인 면에서 중세 문학의 특징이라면, 형식적인 면에서 중세의 이야기는 "마디 사슬 이야기 방식"(interlace 혹은 entrelacement)이다. 앞에서 인용한 샤르뜨르 성당의 조각상의 구성 형식과 유사하게, 이야기들은 마치 촌충의 몸체처럼 마디와 마디가 다닥다닥 하나의 완성을 이루면서 길게 늘어져 전체적으로 하나의 이야기를 이루고 있다. 중세의 대표적인 문학 장르인 로망스의 경우, 기사가 하나의 신비적인 사건과 함께 모험을 경험하면, 그 사건은 그 자체로 하나의 완성을 이루고 후에 나타나는 모험과는 아무런 상관도 없다. 그는 앞의 모험과는 전혀 다른 모험을 향하여 나아가는 형식을 취한다. 앞의 모험 이야기와 뒤의 모험 이야기는 아무런 상관관계도 없이 독립적인 이야기로 마디와 마디로 이어져있다. 그러한 이야기 형식은 『장미와의 사랑이야기』에서 벽 위에 그려진 부유함이라든지, 가난이라든지, 아니면 탐욕 등의 일련의 알레고리들의 묘사들에서도 볼 수 있다. 그리고 또한, 단테의 『신곡』에서, 지옥과 연옥 그리고 천국으로 나눈 그 구성 형태도 그러하거니와, 지옥도 여러 가지 죄들을 각기 분리시켜 죄마다 하나의 방을 마련하여 전체적으로 하나의 이야기를 완성하고 있다. 보카치오(Giovanni Boccaccio: 1313~1375)의 『데카메론』(Decameron)도 마찬가지이다. 10명의 화자가 하루에 10개씩 10개의 이야기를 하고 있으나, 하루에 하는 10개의 이야기는 서로 관련성이 없이 이어지고, 작가가 하루에 10개의 이야기를 하리라는 작품 구성의 구속력이 전부이다. 사실상 이러한 이야기의 짜임새는 문학뿐 아니라, 중세의 산문 작품들에서도 볼 수 있다. 우리가 산문들의 짜임새를 갖추기 위하여 절과 장을 나누고, 항목 항목을 세분하는 것은 모두 중세에 만들어진 이야기 형식이다. 그리고 이후 아무 생각 없이 그렇게 산문의 이야기 구성을 사용하고 있다.

중세영문학의 마지막 작가이기도 하고 르네상스를 열어간 최초의 작가라고도 이야기되는 초서(Geoffrey Chaucer: ?1340-1400)는 그의 『캔터베리 이야기』(The Canterbury Tales)의 "서문"에서 29명의 순례자들이 순례하는 동안에 오가며 한 사람이 갈 때 2개 올 때 2개의 네 개의 이야기를 하기로 약속하였다고 말 하고 있다. 비록 그 작품은 22개의 이야기로 끝나 미완성으로 남기는 하였지만, 그의 작품은 고딕의 문학 형식을 이해하는데 많은 도움을 준다. 그의 서문(General Prologue)은 앞에서 이야기한 "사슬 문체"의 형식을 따르고 있다. 29명의 사람들이 소개되며 그들의 모습과 그들의 직업을 이야기하는데, 그 이야기는 어떠한 구속력이 없이 마디마디로 전개된다. 그 중에서 수녀를 묘사한 부분을 보자:

> 수녀원 원장 수녀가 한 분 있었다. 웃는 모습엔 순진함과 수줍음이 있었다. 맹세하는 말은 오직 "성 로이시여!"뿐이었다. 이름은 마담 에글라띤느이었다. 송가를 부를 때, 콧소리가 매우 훌륭하여 듣기에 좋았다. 불어를 우아하게 사용하였지만, 스트라포드-엣-바우의 학교에서 배운 티가 났다. 파리에서 사용하는 불어는 몰랐다. 식사 예법도 훌륭히 배웠다. 입술에서 찌꺼기 하나 떨어뜨리지 않았으며, 손가락을 국에 깊숙이 담그지도 않았다. 조금씩 먹었으며, 작은 조각도 가슴 위에 떨구는 일 없었다. 특별히 품위를 지킬 줄 알았다. 윗 입술을 말끔히 닦아서, 물을 마실 때는 컵엔 기름때가 전혀 보이지 않았다. 고기를 먹을 때도 손을 점잖게 뻗었다. 대단히 쾌활하였고, 태도는 활달하고 친근감이 갔다. 애교어린 우아함을 보이려고 애썼고, 지위에 맞

게 당당한 모습하려고 노력하여, 모든 행동은 위엄 있어 보였다.

Ther was also a Nonne, a Prioresse,
That of hir smiling was ful simple and coy.
His gretteste ooth was but by sainte Loy!
And she was cleped Madame Eglatine.
Ful wel she soong the service divine,
Entuned ihn hir nose ful semely;
And Frenssh she spak ful faire and fetisly,
After the scole of Stratford at the Bowe -
For Frenssh of Paris was to hire unknowe.
At mete wel ytaught was she withalle:
She leet no morsel from his lippes falle,
Ne wette hir fingres in hir sauce deepe;
Wel coulde she carye a morsel, and wel keepe
That no drope ne fille upon hir brest.
In curteisye was set ful muchel hir lest.
Hir over-lippe wiped she so clene
That in hir coppe ther was no ferthing seene
Of grece, whan she dronken hadde his draughte;
Ful semely after his mete she raughte.
And sikerly she was of greet disport,
And ful plesant, and amiable of port,
And pained hire to countrefete cheere
Of court, and to been statlich of manere,
And to been holden digne of reverence. (118-141)[24]

우리는 수녀원장의 모습에서 두 가지 이데올로기가 서로 마주치는 불협화음을 듣게 된다. 하나는 로망스 문학에 나타나는 여자가 갖추

24) Geoffrey Chaucer, *The Poetical Works of Chaucer*, ed. F. N. Robinson (Boston: Houghton Mifflin Company, 1933), p. 20.

어야 할 "여자다운 예의"(Courtesy)이고, 다른 하나는 여자가 아닌 수녀가 지녀야할 수녀원의 원장으로서의 "위엄"의 이데올로기이다. 우리는 이 시에서, 당시의 여자들이 배웠던 전형적인 여자의 자세와 태도들을 보게 된다. 현대의 독자들의 경우, 초서가 많은 부분을 할애하여 묘사하고 있는 여자로서의 수녀의 태도를 현대의 관점으로 해석해서, 그녀가 너무나 꾸밈이 있는 태도를 보인다고 생각할 수 있다. 그러나 그녀는 당시의 여인들이 학교에서 배운 것을 단지 실천하였을 뿐이다. 그녀의 그러한 태도는 중세의 하나의 텍스트(text)이다. 그리고 그 텍스트는 초서에게 있어서 모범사례가 되는 하나의 권위(authority)의 징표이다. 현대적인 의미의 지성을 가지고, 이 작품에서 초서가 중세의 텍스트가 지니는 허구성에 대하여 비판적인 안목을 지녔다고 말하는 것은 올바른 해석방식이 아니다. 왜냐하면, 그의 시에 나오는 인물들 모두는 개별성이 없이 전형성만을 지녔다. 개별성과 전형성의 불협화음을 근거로 그의 시를 "풍자시"(satire)로 보는 것은 바른 판단이 아니다. 개별성의 문제는 15세기 르네상스에 와서 이야기되기 시작하였다.

초서의 문학을 논하며 우리가 흔히 오해하기 쉬운 것은, 초서의 작품이 대상을 묘사함에 있어서 아주 상세하고 세밀하여, 이를 사실주의의 경향으로 돌리는 경우이다. 아니면, 찰스 머스커틴(Charles Muscatine)과 같이 자연주의와 상징주의가 함께 사용되어, "자연주의가 고도로 정교화 된 상징주의를 감추거나, 기사도 의식(ceremony)이 기본적인 물질주의와 기회주의를 위장시킬 경우가 있다. 매우 자주 문체들이 서로 뒤섞여 있는 것은, 명백히 봉건제도의 구분이나, 사태의 전이성에 근거하고 있다,"[25] 라고 지적한다. 그러나 초서의 작품에 나오는 인물들의 전형성은 그 인물들의 이름들이 제시하는 전형성이 오히려 인물들의 외적인 모습들을 규정하고 있다고 보는 것이 정확하다. 인물이 외적으로 전형화되었으나,

25) Charles Muscatine, *Chaucer and French Tradition* (Berkeley and Los Angeles: University of California Press, 1966), p. 246.

그 내적인 요소가 사회의 일반적인 도덕적인 기준과 불협화음을 초래하여, "직접적으로 묘사되고 있는 것과 우리가 구별하여 인식하도록 고무하는 것 사이의 거리가, 많은 초서의 시를 구별 짓는 은근한 풍자를 만들어낸다,"[26]는 입장은 우리가 읽으며 느끼는 현대적인 입장이지, 당대의 초서의 태도는 아니다. 물론 상징이 지속적으로 사용되어 그 신비한 후광을 발휘하지 못하였을 경우, 그 상징이 하나의 전형화(stylization)로 전락하는 것은 사실이다. 우리가 흔히 초서를 중세와 르네상스의 중간에 놓고, 그가 중세가 지녔던 상징성을 전형성으로 전락시켜 풍자성을 강하게 보여주고 있다고 생각하기도 한다. 그러나 초서를 풍자의 작가로 취급하기를 꺼려하는 이유는 그가 이야기를 전개하는 방식이나, 그 구성의 짜임새가 너무나 중세의 문학적인 전통을 그대로 이어 받고 있기 때문이다.

---

26) Murray Roston, *Renaissance Perspectives in Literature and Visual Arts*, p. 56.

낭만주의시대와 중세

중세의 고딕 양식이 주목을 받게 된 것은 18세기말 또는 19세기 초의 낭만주의가 시작되면서 부터의 일이다. 보통 프랑스 혁명(1789)을 기점으로 삼고 있는 낭만주의는 18세기 신고전주의(Neo-classicism) 다음에 나타난 예술사조로 신고전주의가 지나치게 합리성에 근거하여 규칙만을 강조하여 개인의 상상력을 억제해 왔다고 비판했다. 낭만주의자들에게 있어서, 계몽주의(신고전주의)의 합리성은 집단적으로 그리고 무의식적으로 작용하는 하나의 폭력이요 억압구조였다. 낭만주의자들이 보기에 18세기 이성(reason)은 신고전주의가 절대왕정을 옹호하기 위한 하나의 도구였다. 그들은 집단무의식의 억압구조인 이성을 비판하고, 개인의 상상력을 높이 평가하였다. 이러한 의미에서 낭만주의자들은 사회의 합리성보다는 개인의 존엄성을 강조하는 정치 강령들을 자신들의 강령 속에 포함하였다. 그리고 낭만주의자들은 개인의 상상력이 왕성하였던 시기를 중세라고 생각하였다. 중세에는 아직 정치 제도가 이성이라는 무기로 개인을 억압하지 않았던 시기였다고 생각했다. 그렇게 중세는 개인이 무한한 상상력을 발휘할 수 있는 공간을 마련하여 주었던 시기였다고, 그렇게 낭만주의자들은 생각하였다.

낭만주의 시대에 고딕의 부활이 이루어진 것은 시보다는 소설 쪽에서 더욱 강하였다. 역사 소설을 쓴 작가로 유명한 월터 스콧(Walter Scott:1711~1832)은 스코틀랜드의 켈트 문화를 부활하는 중세의 분위기를 그의 소설의 내용으로 삼았다. 그러나 그의 소설을 일러 고딕소설(Gothic Novel)이라고 하지는 않는다. 고딕소설(Gothic novels)이 가장 유행하였던 때는 1790년대이다. 그리고 월폴(Horace Walpole: 1717-1797)의 소설 『오트란토의 성』(Castle of Otranto: A Gothic Novel: 1764)이 진정한 첫 번째 고딕소설로 인정받고 있는데, 소설의 부제도 고딕소설이라고 했다. 월폴 이외에 고딕소설의 대표적인 작가들과 작품들로는, 루이스 (Matthew Gregory Lewis: 1775~1818)의 『수도승』」(The Monk: 1796), 벡포드(William Beckford: 1759~1844)의 『바텍』(Vathek), 그리고 고딕소설의 장르를 주도하였던 래드클리프 부인(Mrs Ann Radcliff: 1764~1823)의 『아슬린과 둔베인의 성들』(The Castles of Athlin and Dunbayne: 1789), 『시실리아의 로망스』(A Sicilian Romance: 1790), 『숲의 로망스』(The Romance of the Forest: 1791), 『우돌포의 신비들』(The Mysteries of Udolpho), 『이탈리아인』(The Itallian) 등이다. 19세기에도 고딕소설은 유행하여, 제인 오스틴(Jane Austen: 1775~1817)도 고딕소설 『노생거의 사원」(Northanger Abbey: 1818』을 썼다. 그리고 후에 마리 셸리(Mary Wollstonecraft Shelly: 1797~1851)는 『프랑켄쉬타인』(Frankenstein, or The Modern Prometheus:1818)을 써서 고딕소설의 진수를 보여주었다. 그리고 현대에 와서는 미국의 포우(Edgar Allan Poe: 1800~1849)가 대표적인 고딕소설 작가이다.

고딕소설에는 유령들이 출몰하는 성들, 무덤들, 폐허들, 소름끼치는 자연의 경관들, 동굴들과 지하 통로들 등이 사건의 배경으로 등장한다. 그곳에는 유령들이 신비하게 사라졌다가는 나타나고, 벽에 걸린 그림 속의 인물들의 눈에서 피가 흘러내린다든지, 사람도 없이 갑옷이 홀로 걸어서 다닌다든지 하는 장면들이 연출되고, 어김없이 중세의 성들이 등장한다. 그들의 소설 내용은 독자들을 공포로 몰고 가는 공포 소설들이다. 그래서 고딕소설은 공포소설의 동의어가 되었다. 소설 속에서 감각적이고 초자연적인 일들이 벌어지며, 세속성과 신성의 구별이 없고, 성(sex)과 관련된 근친상간의 주제가 자주 등장한다. 주인공으로 자주 등장하는 사제는 보통 그 엄숙성 뒤에 탐욕과 정욕의 가면을 쓰고 있다. 이러한 주인공의 이중성이 보편적인 고딕 소설의 주제로 등장하여, 후에 이러한 유형의 고딕소설은 점차 발전하여 탐정소설이나 추리소설로 발전하게 된다.

고딕소설에 미학을 제공하여 준 계기는, 낭만주의가 BC 3세기에 살았던 롱기누스(Cassius Longinus)의 작품 『숭고미에 관하여』(On the Sublime)에 관심을 두면서부터의 일이다.27) 그리고 낭만주의 시대에 두 사람이 숭고미에 관한 책을 출판하였다. 그 하나는 버크(Edmund Burke: 1729~1797)의 『숭고미와 아름다움에 관한 우리의 개념들의 기원을 철학적으로 탐구함』(A Philosophical Inquiry into the Origin of our Ideas of the Sublime and Beautiful: 1757)이고, 다른 하나는 칸트(Immamuel Kant: 1724~1804)가 쓴 『판단력 비판』(Critique of Judgement: 1790)이다.

버크는 그의 책에서 공포(terror)가 숭고미(sublime)의 근원이라고 이야기하고 있다. 그는 "고통 그리고 위험에 대한 생각들을 하기에 적합한 것, 다시 말해, 어떤 종류의 공포를 불러일으키는 것, 공포의 대상들과 대화를 하거나, 공포와 유사한 방식으로 작용하는 무엇이나 숭고미의 근원이다,"라고 말한다.28) 그리고 숭고미와 대조되는 "아름다움은 사랑이나 그와 유사한 정감을 일으키는 특질들"을 의미한다.(p. 83). 그렇다면 숭고미를 느끼게 하는 것들로는 어떠한 것들이 있을까? 버크는 물리적인 것과 비-물리적인 것을 구분 없이 설명하고 있다. 그리고 그 강도의 정도에 따라, 숭고미가 될 수 있고, 또한 아름다움이 될 수도 있으며, 그 두 분류에 해당되지 않을 수도 있다고 하였다. 그러나 독자에게 불러일으키는 감정들 중 숭고미로 지적하고 있는 개념들을 들면 다음과 같다: 공포(Terror), 모호함(Obscurity), 힘(Power), 몰수(Privation)와 관련된 것들 - 비

---

27) 롱기누스, 『롱기누스의 숭고미 이론』 김명복 옮김(연세대학교 출판부, 2002). 낭만주의 시대에 어떻게 숭고미가 전파되었으며, 숭고미가 낭만주의 시학에 얼마나 중요한 위치를 차지하였는가는 옮긴이가 쓴 글 3-10쪽을 참조할 수 있다.

28) Edmund Burke, *A Philosophical Inquiry into the Origin of our Ideas of the Sublime and Beautiful*, ed. Adam Philips (Oxford: Oxford University Press, 1990), p. 36. 이후 이 책의 다음의 인용은 쪽수만 제시했다.

어있음(Vacuity), 암흑(Darkness), 홀로 있음(Solitary), 그리고 침묵(Silence) - 거대함(Vastness), 무한함(Infinity), 어려움(Difficulty), 휘황찬란함(Magnificence), 빛(Light), 큰 소리(Loudness), 갑작스러움(Suddenness), 간헐(Intermitting), 지독한 냄새(Stenches), 지독히 쓴 맛(Bitters), 그리고 고통(Pain) 등이다. 그리고 아름다움의 특질들로는, "작고(Smallness), 부드럽고(Smoothness), 점진적 다양성(Gradual Variation)을 보이며, 부분들이 모가 나지 않고 서로 조화를 이루고(Harmony), 특별나게 튀어나지 않고 우아한 형태(Delicacy)를 취하고, 색깔들이 맑고 밝으나 전혀 강하거나 튀지 않는 속성을 갖거나 그리고 그 색깔들이 튀기는 하여도 다른 것들과 조화를 이루는 것들"(p. 107)이 그들이다. 버크의 숭고미에 관한 이들 속성들은 간접적이든 직접적이든 고딕 소설이 지니는 특성과 부합하여, 고딕 소설 미학의 중추를 이루었다.

칸트의 아름다움(beautiful)과 숭고미(sublime)의 구별은, 다소, 버크의 관점과는 정반대의 관점에서 접근하고 있다. 버크는 독자의 숭고미나 아름다움을 불러일으키는 대상에 관점을 두고 있다면, 칸트는 대상이 아니라 독자의 주관적인 관점에 중점을 두고 이야기하였다. 왜냐하면 그에게 있어서 미학의 "결정적인 근거는 오직 주관적이기 때문이다."[29] 칸트는 아름다움을 다음과 같이 네 가지로 정의하고 있다:

> 1. 감상(taste)은 이해관계가 없이(disinterest), 기쁨이나 혐오의 수단으로 재현된 대상이나 재현 방식을 평가하는 능력으로, 기쁨을 주는 대상은 아름답다.(p.50)

---

29) Immanuel Kant. *The Critique of judgement*, tr. James Creed Meredith(Oxford: Oxford University Press, 1952), pp. 41-2. 칸트의 인용은 이 책에 근거하여 쪽수만 적었다.

2. 아름다움은 개념과는 별도로 보편적인 기쁨을 주는 것이다.(p.60)
3. 아름다움은 재현된 대상의 "궁극적인 목적"(finality)이 어떠한 목적(end)도 없는 형식이다.(p.80)
4. 아름다움은 개념과는 달리 반드시 기쁨을 주는 대상으로 인지되는 것이다.(p.85)

아름다움(beautiful)을 주는 이들 4가지는 모두 기쁨을 주는 대상이다. 그리고 "숭고미(Sublime)는 온전히 위대한 것(Greatness)에 주어진 이름이다."(p.94)라는 전제하에, 칸트는 숭고미를 두 가지로 분류한다. 하나는 "계산 가능한 숭고미"(Mathematically Sublime)로, 자연 대상이 보여주는 광대함(magnitude)은 숭고미의 개념에 필수적이다. 다른 하나는 자연이 우리에게 보여주는 "동력을 주는 숭고미"(Dynamically Sublime)로, 숭고미를 주는 자연은 거대한 힘(Might)으로 인지된다. 여기에서 거대한 힘이란 커다란 장애를 능가하는 힘(Power)이다. 버크나 칸트 모두 숭고미는 인간의 감각능력과 인지능력을 압도하는 자연물을 앞에 두고 인간이 인지하거나 인식하는 감각을 두고 말한 미학이다. 그렇기는 해도 숭고미를 주관이 아닌 객체, 즉 대상을 중심으로 분석한 버크의 미학이 고딕 소설의 미학을 더 깊게 제공하였다고 할 수 있다.

초기 낭만주의자들은 중세의 부활을 주장하면서도, 중세를 칭하는 고딕이라는 낱말에 대하여는 그렇게 좋은 이미지를 지니고 있지 않았다. 그러나 후기낭만주의자들은 고딕에 새로운 의미를 부여하였다. 중세를 부활하는 데 가장 큰 공헌을 한 작가들은 프리-라파엘리트(Pre-Raphaelite)들이다. 1848년 가브리엘 로제티(Dante Gabriel Rossetti: 1828~1882), 그의 동생 마이클 로제티(William Michael Rossetti: 1829~1919), 그리고 헌트(William Holman Hunt: 1827~1910), 이들 3사람에 의하여 결성된 이 운동에는 예술가, 시인, 그리고 비평가들이 참가하였다. 그들은 1850년 잡지 『보석』(Germ)을 출간하면서 문학적 성향을 띠었다. 그리고 그 유파의 화가들은 키이츠(John Keats: 1795~1821), 단테(Dante Alighieri: 1265~1321), 셰익스피어(William Shakespeare: 1564~1616) 그리고 테니슨(Alfred Tennyson: 1809~1892)의 작품들에서 영감을 받아 그림 활동을 하였던 사람들이었다. 이들은 특히 중세를 그들의 작품의 주제로 삼았다. 그리고 이들 가운데 러스킨(John Ruskin: 1819~1900)은 현대인들의 삶과 복장의 추함을 지적하며, 이 운동에 많은 영향력을 행사하였고, 후에 이 운동에 중요한 역할을 하였던 사람으로 모리스(William Morris: 1834~1882)가 있었다. 그리고 간접적으로, 월터 페이터(Walter Pater)도 이 운동을 지지하였다.

프리-라파엘리트(Pre-Raphaelite)들과 친교하면서 이 유파에 이론적인 강령들을 주었던 러스킨은 그의 책 『베니스의 돌들』(The Stones of Venice: 1851~1853)이란 책의 제2권 "고딕의 본질"(The Nature of Gothic)이란 장에서 고딕의 특징들을 말하고 있는데, 그가 말하는 고딕은 낭만주의의 미학의 특징들을 말하고 있는 듯하다. 예로, 그는 고딕의 특징으로 다음과 같이 여섯 가지를 들고 있다: 1. 야만성(Savageness) 2. 변화무쌍함(Changefulness) 3. 자연 사랑(Naturalism) 4. 괴팍함(Grotesqueness) 5. 엄격성(Rigidity) 6. 과잉(Redundance).[30] 러스킨의 이들 여섯 가지 특징들은 고전주의가 이상으로 삼았던 질서(Order)와 영원성(Eternity), 그리고 유연성(Delicacy)과 유기적인 관련성(Organic Relevance)에 반대되는 개념들이다.

고전주의 희랍의 미학인 정교함과, 완성됨의 평온함(calmness)과 대조되는 고딕의 미학으로서의 "야만성"(Savageness)은 러스킨에 와서 작가의 상상력의 또 다른 표현으로 칭찬받아야 할 미학이다: "옛날 조각가들이 놀랍도록 무지하였음에 우리는 미소 짓게 되

30) John Ruskin, *The Stones of Venice: Volume II* (Boston: Dana Estes & Co., 1900), p.155. 고딕의 본질이란 장은 p. 152- 230에 있다. 이 책에서 인용된 러스킨의 글들은 괄호 안에 쪽수만 표시하였다.

는데, 옛 성당의 앞면을 한 번 보라. 이들 못난 요괴들과, 형태가 일그러진 괴물들, 그리고 어디서도 찾아 볼 수 없이 굳은 표정을 하고 있는 엄숙한 이들 조각상들을 잘 살펴보라. 그러나 그들을 조소의 눈빛으로 보지는 말라. 그 조각품들은 돌을 조각하고 있는 조각가의 삶과 자유를 재현한 것이다. 그는 사고로부터 자유롭고, 존재의 높고 낮음을 따지는 존재의 계층구조로부터 자유롭다. 그는 사고의 자유를 표현하고 있다. 그는 규칙도 없고, 강령도 없고, 자비심마저 없이 냉혹하고 냉정하다. 이 당시 유럽의 첫 번째 목표는 유럽의 유년기를 회복하는 일이었다."(p. 163) 유럽예술의 유년기에 활동한 중세 조각가는 어떤 규약이나 규칙, 또는 제도에도 억매임이 없이 아이와 같이 자유롭게 자신의 창조성을 유감없이 발휘하였다고 러스킨은 말한다. 러스킨은 불규칙과 결함이 인생이고, 그들이 바로 예술의 미학이라고 말하고 있다: "살아있는 모든 것들에는 규칙성들이 결핍되어있고, 결함들도 있다. 그들 불규칙성들과 결함들이 실제 삶의 모습이고, 또한 아름다움의 근원들이다."(p. 172) 그리고 유럽의 르네상스 예술이 몰락하게 된 첫 번째 원인은 "완성에 대한 무차별한 요구"(p. 172)때문이었다고 러스킨은 지적하고 있다.

러스킨에게 있어서, 중세 예술의 야만성이 지니는 불완전함, 그것은 예술가의 상상력의 다른 이름이었다. 러스킨의 태도는 낭만주의 시인 윌리엄 블레이크(William Blake: 1757~1827)가 그의 시 「The Marriage of Heaven and Hell」에서 밀턴의 『잃어버린 낙원』(Paradise Lost)을 비판하는 논리와 유사하다. 블레이크는 밀턴의 청교도 정신이 그로 하여금 사탄을 주인공으로 하여 상상을 극대화하게 하였다고 했다. 악을 이야기할 때 밀턴은 그의 상상력을 마음에 거침없이 발휘할 수 있었지만, 하나님에 대하여 이야기할 때 그는 성경의 논리를 벗어날 수 없어 상상력에 제한을 받아, 사탄을 이야기할 때만 밀턴은 진정한 시인이었다고 블레이크는 말한다. 사탄은 불완전하고 하나님은 완전하다. 불완전하여 상상한다.[31] 러스킨이 말한 낭만주의 상상력과 동의어로 사용하고 있는, 중세의 예술가들의 야만성은 그 야만성을 아무리 극대화하여도 중세의 세계관과 갈등을 일으키지 않았을 것이다. 중세 예술가들이 표현하고 있는 창조물의 불완전함의 반대편에는, 하나님의 완전함을 찬양하는 찬송의 시가 늘 전제되었고, 중세가 죽음을 이야기하는 곳마다, 그 이야기의 반대쪽에는 늘 영원함을 갈구하는 이야기가 내재되어있었기 때문이다. 불완전함은 완전함을, 죽음은 영원함을 이야기하기 위한 그림자일 뿐이었다.

두 번째로 러스킨은 고딕의 특성으로 변화무쌍함(Changefulness) 또는 다양성(Variety)을 말하고 있다. 러스킨은 르네상스 미학이 추구하는 정적인 고요함(static calmness)에 대한 반대의 미학을 고딕미학의 장점으로 제시하고 있다: "르네상스를 이야기할 때 우리는 얼마나 저급한 법칙이 만들어졌는가를 볼 것이다. 고딕 미학의 두 번째 특징이 어떻게 르네상스 법칙이 있는 곳마다 그 법칙을 파괴하였는지를 주목해야 한다. 고딕은 강요하는 모든 규칙을 파괴하고, 파괴하는 그것을 즐거워했다. 그리고 고딕은 새로울 뿐 아니라, 영원히 새로울 수 있는 일련의 형식들을 창안해냈다."(p.176) 고딕 예술가는 그 양식이나 그 양식의 실행에 있어 부단히 변화를 주면서 자유로움을 만끽하고 있다고 말한다. 그리고 우리는 고딕 예술가에게서, 르네상스가 보여주는 규칙의 단조로움의 무기력에 그들이 절대로 빠지는 일이 없음을 본다. 고딕의 예술은 법칙이 존재하는 곳에서 그 법칙을 깨뜨리는 지속적인 새로움의 덕목을 지닌다. 그것은 대칭성이나 일관성의 외적인 이상에 관심을 가지지 않는다. 그리하여 "고딕 예술이 보여주는 다양성은, 많은 경우에 있어서, 전혀 연구하여 이루어진 것이 아니기 때문에 더욱 건강하고 더욱 아름답다. 그러나 그것이 변화만을 단순히 사랑하여서가 아니라, 실질적인 필요성에서 그 다양성을 추구한 것이어서 더욱 그러하다."(p. 179) 러스킨은 이 다양성을 기독교적인 신앙심의 고백

31) 김명복, 『문학의 환상력: 블레이크의 「천국과 지옥 결혼하다」』 (서울: 동인, 2014), 61-8쪽 참조.

으로 받아들여, 그러한 표현을 "불완전성을 고백한 것이고," "변화의 욕망을 고백한 것이다."라고 말한다.(p. 181) 그것은 또한 낭만적 미학의 격정이요, 불안함과 동요를 가져 온다: "고딕 정신의 그 낯선 불안함(disquietude)은 고딕의 위대함이기도 하다. 꿈꾸는 사람의 그 불안정이 집안 구석구석을 방황하고, 첨탑 주위를 강렬하게 휘젓고 다니며, 미로의 모서리에서 불안해하다가 사라지고, 벽과 지붕을 따라 그림자와 같이 서성거리지만, 만족하지 못하고, 아니 전혀 만족하지 못할 것이다. 고딕 정신이 하는 일은 불안함이다. 그가 하는 일에 쉬지 않고 안정을 찾지 못해 밤새 잠자지 못한다. 변화에 대한 사랑 때문에 깨어서나 잠들어서나 변화가 진행 중일 때에만이 안정을 찾는다."(p. 181) 그렇게 러스킨에 이르러 고딕의 미학은 낭만주의의 미학이 되었다.

세 번째로 고딕 예술의 특징으로 자연을 사랑하였다(Naturalism)고 한다. 고딕의 예술은 자연의 대상들을 그들 자체로 사랑하여, 예술의 규칙에 구애됨이 없이 솔직하게 그들을 표현하였다. 예로, "희랍과 로마의 예술가들은 그들의 장식에 있어서 관습적인 잎들을 사용하였다. 그들은 전혀 잎들이 아니었다. 컵 모양의 싹들이나 열매들과 같이 엮인 잎들이 나무줄기 대신에 생명이 없는 막대기로부터 자라는 형상이다. 고딕 조각가들은 남의 것들을 받아들여 사용할 때 그러하듯이 처음에는 이러한 형태로 조각하였다. 그러나 그것에 만족하지 않았다. 그들은 그것에 진실성이 없고, 지식도 없고, 생명력도 없음을 보았다. 그는 그가 하고 싶은 것을 했다. 그는 진짜 잎이 더 좋았다. 조심스럽게 그는 조금씩 그의 작품에 자연을 좀 더 많이 담아내었다."(p. 196) 고딕 예술가들은 해석되어 기호로 남은 관습적인 대상으로서의 자연물을 형상화한 것이 아니라, 자연을 실물 그대로 형상화했다고 했다. 희랍의 예술이 위대한 완전성을 선별하여 표현했다면, 고딕예술은 특히 식물들의 형식들을 선호하였을 뿐 아니라, 일상생활에서 볼 수 있는 자질구레한 일상사들을 생동감 있고 멋지게 표현하는 솔직성을 보여주었다. 그리고 기독교적인 문맥에서, 이 솔직함은 예술가가 갖고 있는 겸손의 고백으로 이해되어야 한다며, 러스킨은 식물의 사랑을 기독교적으로 해석하고 있다: "인간이 건축할 수 있는 가장 자랑할 만한 건축물은, 인간 존재 방식과 모습을 보여주는 들판에 있는 식물 이미지를 마음에 두고, 그것의 기억을 불러일으키는 건축물보다 더 높은 영예를 안겨주는 것은 없다. 훌륭한 건축물은 낙원에 있는 나뭇잎 모양으로 만들어질 때 가장 영광스러운 건축물이 된다. 가장 위대한 정신이 불안정에서 가장 고상한 모습을 지니듯이, 고딕정신은 자연을 담고 있을 때 가장 고상한 모습이다."(p. 202) 러스킨이 보기에, 고딕 예술에서 자연의 묘사가 선호된 것은 그들이 자연을 진정 사랑했다기보다, 자연이 곧 인간의 역사와 관련하여 알레고리의 의미를 지니고 있었기 때문이었다.

고딕의 네 번째 특징인 괴팍함(Grotesque)에 대하여는 제3권으로 설명을 미루고, 단지 "숭엄함은 물론 환상적이고 익살스런 모습들을 즐겨하는 경향은 고딕 상상력의 일반적인 성향이었다,"(p. 202)라는 점만을 지적하고 있다. 그리고 『베니스의 돌들』 제3권 제3장 「괴팍함과 르네상스」(Grotesque Renaissance)에서 러스킨은 단순히 르네상스 뿐 아니라 모든 시대에 걸쳐 존재하였던 괴팍함에 대하여 말하고 있다. 괴팍함은 우스꽝스러움(ludicrous)과 두려움(fearful)의 두 요소로 구성되어 있으며,[32] 괴팍함은 유희(play)의 즐거움과 웃음을 안겨준다고 말한다. 그리고 괴팍함은 무의미함의 농담(jesting)이라 정의하고 있다.

고딕의 다섯째 특징인 엄격성(Rigidity)은 르네상스의 미학의 정적인 엄격성이 아니라, 동적인 엄격성이다. 그것은 "운동에 긴장감을 주고, 저항에 완고함을 주는 특별한 동적인 엄격함으로, 가장 격렬한 번개가 곡선보다는 갈라진 모습을 갖게 하고, 가장 단단한 참나무가 휘어지기보다는 각을 세우며 버티는 모습이고, 반짝이는 고

---

32) John Ruskin, *The Stones of Venice: Volume III.* p.126

드름의 모습이고, 던져진 창이 부르르 떠는 전율이다."(p. 203)라고 말한다. 그리고 기후 환경에 따라, 남부의 르네상스 예술과 북부의 고딕 예술이 차이가 있다: "추위를 견디지 못하고 오그라들어 굳어진 식물구조보다 우리의 감정을 고통스럽고 힘들게 하는 것은 없다. 가장 좋은 기후에서 영양을 공급받고, 따뜻한 바람과 뜨거운 햇빛으로 풍성해진 나뭇잎과 같은 부드러움을 표현하기만 하면 되는 남쪽의 조각가와 달리, 북부 조각가는 땅이나 하늘 어느 곳에서도 그와 유사한 것을 찾아 볼 수 없이, 계절마다 다르게 서리로 마비되고, 가장 아름다웠던 꽃봉오리가 차갑게 눈 내린 땅 속에 묻히고, 가장 아름다웠던 식물줄기들이 폭풍으로 잘려지는 그런 식물들을, 이해하기 어렵고, 비비꼬아서, 까다롭게 표현하는 일들을 즐거워하는 곳에 살고 있다."(p. 204) 그래서 고딕의 작가들의 굳건함이란, "의지의 강력함이고, 성격의 독립성이며, 의도의 단호함이고, 통제가 불가능할 정도로 참지 못함이며, 권위에 대항하여 개인의 이성을 주장하는 성향이고, 운명에 대항하는 개인의 행위이다."(p. 204-5)

마지막 고딕의 여섯 번째 특징인 과잉(Redundancy)은 장식의 축적을 의미한다. 과잉은 고딕의 생명인 겸손(humility)에서 비롯된 것이다. 장식을 축적하는 이 과도하고 무모한 열정은 어디에서 유래한 것일까? 그것은 겸손함의 표현이다: "고딕 정신의 생명이라 할 겸손함은 장식의 불완전함뿐 아니라 축적에 나타난다. 작가의 낮은 지위는 자주 그의 작품의 거칠음뿐 아니라 풍요에서도 나타난다. 모든 사람들이 협조하고 모두가 공감하면, 우리는 약자의 실패를 감추고 부주의함을 용인하게 하는 과잉을 눈감아줄 것이다. 그러나 고딕정신에는 무모할 정도로 장식의 축적의 사랑과 뒤섞인 더 고상한 의도들이 있다: 아무리 해도 이상적인 표현에 도달할 수 없다는 듯이 추구하는 과도한 열정이 있고, 시장에 덩그러니 놓여 있는 제단 앞에 초라한 결과를 내어놓았다고 자책하는 자기를 생각하지 않는 희생이 있고, 끝으로, 자연에 대한 사랑에서 비롯된 물질세계의 충만함과 풍요함에 대하여 심오하게 공감하려는 의도가 그들이다."(p.

207) 고딕의 작가가 계속해서 작고 미세한 것을 풍성하게 만들어내는 것은, 그가 희랍적인 완성이 불가능함을 작품에 표현하는 그의 겸손함의 증거가 된다. 러스킨은 이곳에서 다시 희랍의 예술과 고딕의 양식을 대조하여, 고딕의 과잉을 겸손함이란 기독교의 미학으로 말하고 있다. 그는 고딕 예술의 주된 동기를 기독교적인 관점으로 수렴되는 미학으로 재창조한다. 19세기 러스킨을 고비로 하여 중세의 고딕 예술은 비방적인 조소의 어휘에서 새롭게 칭송의 대상이 되는 고딕의 미학을 창출하는 계기를 마련하게 되었다.

*

21세기를 시작하며 중세를 새롭게 이해하여야 하는 까닭은 무엇인가? 중세학자들이 공통적으로 지적하고 있듯이, 서양인들은 아직도 중세에 이룩하여 놓은 마을과 도시에서 살고 있다. 서양을 여행한 사람은 누구나 한 번쯤 그들이 아직도 중세에 만들어진 건축물에서 살고 있고, 교회나 성당도 그대로 사용하고 있다는 점에 놀라게 된다. 현재의 정치적인 행태를 보더라도 그렇다. 국회제도 역시 13세기에 만들어진 정치행태를 근간으로 하고 있고, 상업적인 행태나 은행의 제도 역시 플로렌스의 메디치 가문이 만들어 놓은 제도를 아직도 그대로 따르고 있다.

현대를 사는 우리들에게 왜 중세가 새로운 의미로 부각되는 것일까? 그것은 19세기 후반부터 시작된 르네상스 찬양 논의에 대한 새로운 이해에서 비롯된다. 르네상스는 근대의 출발이었다. 중세를 새롭게 인식하며 우리가 르네상스의 개념을 부정하는 것은 바로 근대의 개념을 부정하는 것이기도 하다. 르네상스는 원근법이 발견되었던 시기이다. 회화에서의 원근법은 작가가 자기의 위치에서 가까운 것은 크게 그리고, 멀리 있는 것은 작게 그리는 것을 원칙으로 삼는다. 그리고 이 원근법은 유럽의 정신사에서 뚜렷한 획을 긋게 된다.

즉, 중요한 것은 크게 부각되고, 그렇지 못한 것은 왜소하게 표현한다. 그것은 억압과 희생이 강요되는 착시 효과와 함께 정당성을 부여받아 왔다. 그러나 그 무엇인가를 중요한 것이라고 단정하는 중심에 서 있는 화자는 누구인가? 자신이 중심이라고 주장하는 그 화자가 서 있는 위치는 합법적인가? 지금까지 우리는 그 화자를 합법화해 주는 대가로 얼마나 많은 희생을 강요받아 온 것일까? 르네상스 이후 문학은 관점이라는 초점에 서서 이야기해왔다. 그 초점은 정당화될 수 있는가? 정치적으로, 근대라는 개념은 원근법의 초점이 되는 화자를 정당화시키는 합목적의 역사를 이루어 온 것은 아닌가?

"하나로 몰고 가기," 그것은 바로 르네상스가 발견했던 원근법이었다. 이제 우리는 왜 그들이 그러한 원근법적인 사고를 했는가를 질문하여 볼 시기가 되었다. 중세는 정치와 종교가 이분화 되어, 두 세력 간에 힘겨루기가 이루어졌던 시기이다. 교황권의 힘이 쇠잔하였을 즈음해서, 당대의 사람들은 황제의 권력에 힘을 하나로 몰아주기로 합의를 보게 된다. 그리고 원근법이 발견되었고, 사람들이 원근법적인 사고를 하도록 강요되었다. 중세에는 장원 제도로 하여 권력은 중앙집권적이지 않았고, 지방분권적이었다. 왕 역시 장원의 주인에 지나지 않았다. 그러한 정치 체제와 사고를 무너뜨린 것이 바로 르네상스이다. 예술사에서는 이미 그 원근법적인 사고가 무너져 버린 지 오래되었다. 그러나 정신사에서는 아직도 그 원근법적인 사고에서 벗어나지 못하고 있다.

르네상스 영문학(16세기)과 르네상스 예술

- 원근법의 미학 -

중세 건축은 기독교인이 갖추어야할 겸허함을 가르치려하고,
고전 건축과 르네상스 건축은 인간의 존엄성을 말하려한다.[1]

1) Erwin Panofsky, *Renaissance and Renascences in Western Art* (New York: Harper & Row, Publishers, 1969, 1972), p.29.

르네상스의 탄생

> 중세 건축가들은 십자가 모양(in modium crucis)의 교회를 지었다 - 세로 길이가 긴 십자가 모형의 라틴 십자가는 십자가에 처형당한 예수를 상징적으로 표현한 것이었다. 르네상스가 이런 사고방식을 잊은 것은 아니었다. 그러나 변화가 일어난 곳은 예수에 대한 생각이었다. 완전함과 조화를 상징하는 예수가 인류를 위해 십자가 처형을 당한 예수를 대체하였다. 전능하신 지배자(Pantocrator) 예수가 고통 받으신 인자(Man of Sorrows) 예수를 대체하였다.[2]

르네상스(Renaissance)가 시대사조를 지칭하는 용어로 사용된 것은 프랑스 사학자 미슐레(Jules Michelet: 1798-1874)가 18권으로 된 『프랑스 역사』(Histoire de France: 1830-1869)의 일곱 번째 책으로 『르네상스』(La Renaissance: 1855)라는 명칭을 사용하고 부터의 일이다. 그리고 5년 후 스위스 예술사가 부르크하르트(Jacob Burckhardt: 1818-1897)는 독일어로 『이탈리아 르네상스 문명사』(Die Cultur der Renaissance in Italien, 1860)란 책을 쓴다. 이후 르네상스는 하나의 사조로 구분되어 많은 연구가 이루어졌다. 부르크하르트는 이탈리아를 르네상스의 근원지로 지목하고, 중세와의 차별성을 강조하였다. 특히 그는 개인주의(Individualism)의 태동을 르네상스의 특징으로 들었는데, 이후 르네상스를 이야기할 때마다

---

2) Rudolf Wittkower, *Architectural Principles in the Age of Humanism* (New York: W. W. Norton & Company, 1962, 1971), p. 30.

그의 정의는 유령과 같이 등장한다. 르네상스를 개인주의와 동의어로 사용하며 르네상스 연구가 화려하게 꽃을 피웠던 시기는 예술사조로는 낭만주의 시대에 해당된다. 왜 19세기 후반 르네상스 연구가 꽃을 피웠을까? 그리고 낭만주의와 르네상스는 무슨 관계를 가지고 있는 것일까?

창조력은 현재가 가지는 부재에 대한 인식에서 출발한다. 창조하고자 하는 자에게 있어서 현상은 부재이고, 이상은 충만함이다. 그리고 충만함의 기원이 담겨있는 것이 고전주의이다. 그렇게 고전주의는 모든 이상적인 가치들을 포함하고 있다고 가정된 인식의 지점이다. 현재는 늘 고전주의의 충만함으로부터 분열되어있고, 우리의 욕망은 고전주의의 충만함으로의 통합을 추구한다. 고전주의는 황금시대의 회귀본능을 자극하는 유토피아이다. 그렇다면 고전주의는 신화시대이지, 역사시대는 아니다. 고전주의 시대를 마감하고 중세가 시작되었다고 말할 때, 우리는 중세를 분열의 시대로 보고, 다시 고전주의로 통합되어야 하는 시대로 정의하고 있는 셈이다. 사실 르네상스가 그토록 높이 평가되고, 중세가 폄하되는 이유들 가운데는 정치적 의미가 짙게 깔려있다. 중세이전 그리스-로마 고전주의시대에는 종교와 정치는 분리되어 있었다. 정치가 종교에 우선하였다. 그러나 중세는 종교가 정치를 통합하려는 목소리가 커지며 정치세계를 위협하였다. 그리고 르네상스 시대에 들어와 정치가 종교와 분리되면서 정치가 종교를 지배하였다. 그리고 이후 정치세계에서 종교의 목소리를 죽이기 위해 르네상스의 정치는 고전주의를 부활하였다.

종교를 정치에서 분리하기 위해, 종교와 정치가 분리되어 있었던 고전주의를 르네상스가 추구하는 것은 자연스러운 일이었다. 사실 르네상스 시대 들어와 과학이 발전하고 경제가 활성화되면서 과학과 경제의 발전을 중세의 종교로 해석하기란 불가능했다. 그런 의미에서 르네상스에 들어와 중세 있었던 종교와 정치의 통합이란 의미는 새로운 정의를 필요로 하였다. 르네상스 시대의 육체는 중세에 정신의 옷을 입어 본연의 육체로부터 분열된 육체를 제자리로 옮겨놓는 육체의 진정한 통합을 꿈꾸었고, 정치는 종교와 통합이 아니라 정치의 본질로 돌아가 종교와 통합되어있지 않은 진정한 정치만의 정치를 꿈꾸게 되었다. 그렇게 자연주의라고 부르는 육체 그 자체만을 미적 대상으로 삼는 르네상스 예술이 탄생하였고, 정치를 종교의 논리가 아닌 정치 그 자체의 논리로 풀어간 마키아벨리의 『군주론』(1552)이 탄생하였다.

왜 낭만주의는 르네상스에 그토록 관심을 가졌을까? 19세기 낭만주의 바로 이전 18세기 계몽주의는 이성의 시대이었고 신고전주의(Neoclassicism)시대이다. 르네상스가 중세와 차별화된 고전주의를 추구하였듯이, 18세기 신고전주의도 17세기 바로크 시대와 차별화되기 위해 바로크 시대 이전의 16세기 르네상스의 시학을 부활하는 방향으로 고전주의 미학을 발전시켰다. 그 과정에서 신고전주의는 고전주의 미학을 형식화하였다. 이성을 근거로 형식화된 신고전주의의 미학에 대한 반동으로 낭만주의자들은 상상에 근거한 신화의 세계에 관심을 갖게 되었다. 그 과정에서 낭만주의자들은 신고전주의와 르네상스를 같은 미학을 추구하는 사조로 보고, 자신들은 중세의 미학을 새롭게 정의하는 방식으로 자신들의 미학을 만들었다. 그들에게 중세는 상상의 시대이고 신화의 시대이고, 르네상스는 이성의 시대이고 형식의 시대였다.

르네상스의 정치와 종교개혁

르네상스를 고전주의의 관점으로 이해하려하면, 상호모순 되는 관점들이 발견된다. 고전주의는 형식화와 통합의 논리가 전제되지만, 르네상스의 유럽의 실제 상황은 통합이 아니라 분열의 논리로 치닫고 있었다. 르네상스 시대가 시작될 즈음 유럽의 중세 장원제도는 붕괴되고 덩달아 귀족계급도 몰락하였다. 그 원인은 중세의 도시가 발전하며 도시를 중심으로 경제활동이 이루어졌기 때문이다. 도시를 중심으로 출현한 신흥 유산계급이 도시문화를 만들어가며, 끊임없이 세속의 권력을 귀족계급으로부터 빼앗기 시작하였다. 그리고 귀족계급의 경제기반이었던 중세교회는 무너지고, 1517년 종교개혁이 일어나자 세속의 권력은 완전히 왕권으로 넘어가게 된다.

중세가 무너지고 르네상스가 시작한 시점으로 가장 상징적인 의미를 지닌 사건은 1453년 로마제국의 마지막 상징적 보루였던 동로마제국의 수도였던 콘스탄티노플이 술탄 무하마드 2세가 이끌었던 터키 군대에 의해 함락된 일이다. 서기 476년 서로마제국이 게르만 민족에 의해 무너지며 중세가 시작되고, 이제 1000년이 지나 다시 이번엔 동로마제국이 멸망하며 중세도 또한 끝을 맺는다. 결국 중세 1000년은 로마의 시대였고, 종교의 시대였다. 그리고 중세는 라틴문학이고 라틴문화이었다.

중세교회가 무너지며 중세를 통합하였던 세계관도 무너지게 되었다. 여러 국가들이 자신의 언어와 동일한 혈통을 바탕으로 민족국가들로 탄생하였다. 이들 민족국가들은 과학기술을 바탕으로 자국의 이득추구를 가능하게 할 시장 구축을 위해 세계시장으로 눈길을 돌렸다. 신대륙이 발견되었고, 신대륙은 이들 국가들의 정치와 경제력을 과시하는 힘겨루기 전투장이 되었다. 이 과정에서 르네상스 사람들은 도덕이나 이상보다는 현실과 이익을 중시하는 세계관이 필요했다. 그리고 이들이 필요한 세계관에 근거를 마련해준 사람이 마키아벨리(Niccolo Machiavelli: 1469-1527)이다. 그는 『군주론』(The Prince: 1552) 제15장 "사람들 특히 통치자들이 어떤 문제들 때문에 칭찬을 받거나, 아니면 비난 받는가?"에서 그의 사고방식을 가장 정확하게 말하고 있다.

통치자가 자신의 신하들이나 친구들에게 어떻게 행동해야하나? 이 문제에 관하여는 전에도 자주 언급된 적이 있어서, 나의 글이 필요도 없는 군더더기가 되지 않기 바란다. 특별히 이 주제에 대하여 논의할 때, 나는 새로운 규칙들을 제시하겠다. 나는 이 문제에 대하여 알고 싶어 하는 사람에게 실질적으로 도움이 되는 내용을 이야기 할 것이다. 그랬으면 좋겠다는 내용이 아니라, 사실에 근거한 내용만을 말하는 것이 좋겠다. 많은 사람들은 존재하지도 않는 공화국들과 세습군주의 작은 나라들을 생각하고, 그들에 대하여 글을 썼다. 우리가 그렇게 살았으면 하는 삶과, 우리가 실제로 살아가는 삶과의 격차는 너무나 크다. 그러므로 자신이 한 일은 생각하지 않고 자신이 해야 할 일만을 생각하는 사람은, 자신이 살아가야할 방식을 찾아보기보다는 절망하는 방식만을 배우게 될 것이다. 올바른 행동만을 하려고 하는 사람이 올바르지 않은 행동들만을 하는 사람들 사이에서 살아가려면, 늘 그들에게는 슬퍼할 일들만 발생할 것이다. 그러므로 통치자가 이들을 통치하려면, 먼저 그들의 올바르지 않은 삶의 방식을 배워, 필요에 따라, 이 방식을 사용하거나, 아니면 사용하지 않을 수도 있다.... 통치자가 미덕이 될 것 같은 것들을 실천하다보면, 오히려 이들이 그를 파멸로 몰아갈 것이다. 미덕

이 되지 않는 듯해 보이는 행동들이 그에게 안전과 번영을 가져다 줄 것이다.[3]

르네상스는 선악의 구별이 뚜렷하지 않은 시대였다. 18세기 이성의 시대라 불리는 계몽주의 시대에 들어와서야 선악의 구별이 생겨나고, 지금 우리가 생각하고 있는 선악의 구별이 뚜렷한 도덕성은 19세기에 와서야 생겨난 이념이다. 마키아벨리가 그의 책에서 군주의 덕목으로 주장하고 있는 내용들은, 부르크하르트가 『이탈리아 르네상스 문명사』에서 말하고 있는 이탈리아 르네상스 사람들의 인품의 특성과 다를 것이 없어, 마키아벨리의 말이 이상하지 않다.

르네상스 시대 이탈리아 인물의 중요한 특성들 몇 가지를 들어보자. 다음은 상류층 사람들의 생활의 연구를 통하여 우리가 알 수 있는 특징들이다. 르네상스 시대의 인물이 가지는 골수 악덕은 또한 그 인물이 위대할 수 있는 조건이 되었다. 그것은 극단의 개인주의였다. 그는 마음속 깊이 국가의 권위를 인정하지 않았다. 대부분 국가의 왕은 폭군이었고, 그의 왕권은 불법으로 가로챈 것이었다. 그 르네상스 인물이 생각하고 그가 행동한 것은 지금의 관점에서 보면, 옳건 그르건, 반역에 해당된다. 다른 사람들이 이기주의로 승리하는 것을 보고, 그도 자신의 권리를 자신의 힘으로 방어하려했다. 마음의 평정을 회복하려고, 그는 복수하는 방식으로, 어둠의 세력의 손길에 손을 잡았다. 그의 사랑을 만족시키기 위해 그는 대부분 자신과 같이 사랑에 불타는, 말하자면, 이웃집 아내를 사랑하였다. 객관적 사실들이나, 법, 그리고 모든 규제들에 아랑곳 하지 않고, 그는 자신만 옳다고 생각하여, 모든 일에 독단적으로 자신의 결정을 내렸다. 그의 마음에는 판단의 기준이 되는 것들은 모두, 명예이거나 이익, 감정(passion)이거나 계산, 복수이거나 자제였다.[4]

---

3) Niccolò Machiavelli, *The Prince*, tr. George Bull (New York: Penguin Books, 1961, 1975), p.90-1.

영문학에서 이런 르네상스 인물을 가장 잘 표현한 시는 브라우닝(Robert Browning: 1812-1889)의 시 「나의 죽은 공작부인」(My Last Duchess: 1842)이다. 이 시에서 주인공으로 나오는 이탈리아 페라라 공작(Ferrara of Duke), 알폰소 2세(Alfonso)가 그 인물이다. 이 시는 결혼한 지 3년 되는 해인 1561년 죽은 공작부인 루끄레찌아(Lucrezia)에 대한 실화를 근거로 쓴 시이다. 공작은 중매쟁이를 데리고 죽은 공작부인의 초상화 앞으로 인도하여, 그에게 자신의 부인에 대하여 이야기한다. 그녀는 화가의 앞에서 화가가 원하는 대로 웃어주고 행동을 취하였다. 그녀는 늘 즐거워하고 기뻐하고 그리고 쉽게 감동을 받았다. 그녀는 자신이 보는 것이면 무엇이나 좋아했다. 그녀는 모든 곳을 돌아다니며 사소한 무엇이나 감사했고, 상대방의 장난스런 말투에 자주 얼굴을 붉혔다. 그녀는 모두들에게 잘했다. 그러나 그녀는 그의 소유가 아닌가? 그녀는 그에게만 주어야 할 호의를 구별하지 않고 차별 없이 모두에게 나누어주었다. 왜 그가 그의 자존심을 굽혀서까지 그녀에게 그렇게 하지 말라는 말을 해야 한단 말인가?(Who'd stop to blame /This sort of trifling?) 그녀가 알아서 그런 자세를 취하지 말아야 하는 것이 아닌가? 그녀에게 그렇게 하지 말라고 했는데도 그녀가 그의 말을 듣지 않고, 변명을 하며 그의 말을 따르지 않는다면 어쩌란 말인가? 그는 그의 자존심을 굽혀서까지 그녀에게 그런 행동하지 말라고 말하고 싶지 않았고, 그렇게 하지도 않았다.(I choose /Never to stoop) 그리고 그는 말한다,

---

4) Jacob Burckhardt, *The Civilization of the Renaissance in Italy Volume II* (New York: Harper & Row, Publishers, 1958), p. 442.

오, 선생, 그녀는 분명/ 내가 그녀를 지나칠 때마다 나에게 미소를 지었고, 그러나 누군들 그녀를 지나치며/ 그런 미소를 받지 않은 사람 있었겠소? 늘 그런 식이었고, 나는 명령을 내렸지요./ 그리고는 모든 미소가 사라졌다오. 그리고 저기에 저렇게 서 있소/살아서 그러했듯이 말이요.

Oh sir, she smiled, no doubt,
whene'er I passed her; but who passed without
Much the same smile? This grew; I gave commands;
Then all smiles stopped together. There she stands
As if alive. ...(43-7)

그는 그녀의 미소도 그녀의 친절도, 그리고 그 밖의 그녀의 모든 행동들도 모두 그의 소유라고 생각했다. 그는 그녀에게 그의 소유권을 주장했고, 그녀는 그가 주장하는 소유권의 폭력에 파괴되어 죽고 만다. 우리에게는 현재 낯선 인물처럼 보이겠지만, 시에 나오는 공작은 전형적인 르네상스 인간이었다.

1517년 10월 31일 루터(Martin Luther: 1483-1546)가 면죄부를 반박하는 95개 항목을 기록한 선언문을 성 비텐베르그 교회에 걸었을 때, 루터는 정치권으로부터 환영을 받았다. 당시 독일의 제후들은 로마와 결별하고자 하는 분위기였다. 독일은 종교세를 로마에 보내고도 독일의 사제들은 로마로부터 직위를 받지 못하였다. 루터는 선언문에서 로마 가톨릭의 예식을 부인하고, 성경에 근거한 믿음만으로도 인간은 구원을 받을 수 있다고 주장하였다. 그는 또한 성직자와 평신도 사이에 구별을 두지 않고 성직자도 결혼할 수 있다고 주장하였다. 그는 자신의 말을 지켜 그 자신 결혼하였다. 그리고 이후 종교개혁과 함께 유럽의 제후들은 목사들을 스스로 임명하고, 로마로 가는 종교세도 차단하였다. 그리고 로마교회로부터 독립된 그들만의 사법권을 확보하였다. 그렇게 루터의 종교개혁은 종교개혁이라기보다는 정치개혁이었다.

종교개혁이후 로마의 교황들은 종교개혁에 맞서 1545년부터 1563년까지 이른바 트렌트 종교회의(Council of Trent)를 여러 차례 갖고, 기독교의 기본교리들에 관한 토론을 거쳐 교리들을 수정하거나 새로이 제정하였다. 말하자면 반 -종교개혁(Counter-Reformation)이 시작되었다. 그러나 종교개혁의 물결을 거스를 수는 없었다. 유럽 국가들은 예배를 라틴어가 아닌 자국어로 수행하였고, 자국어는 자국민의 목소리를 갖춘 국민국가의 수립을 가져왔다. 중세에 종교와 밀접한 관계를 맺고 있었던, 작가들도 이제 라틴어가 아닌 자국어로 문학작품들을 쓰게 되었다. 어찌 보면 자국어로 글을 쓴다는 것은 로마종교에 대한 도전일 수 있었다. 종교개혁으로 이제 중세의 라틴어 문학이 르네상스의 자국어 문학으로 바뀌며, 문학의 주제도 일반화에서 개별화의 변화를 가져왔다.

르네상스 예술

르네상스는 그 어느 시대보다 예술 작품들이 많이 생산되었던 시기이다. 그 이유는 무엇일까? 가장 큰 이유는 예술작품들을 생산한 예술가들이 익명성을 벗어나 자신이 만든 예술작품들에 대하여 자신의 이름을 주장할 수 있게 되었기 때문이었다. 이제 예술가들은 자신의 이름으로 작품들을 만들고, 자신이 만든 작품들의 소유권이 생기면서, 작품의 소유권에 대한 자신의 권리를 행사할 수 있게 되었다. 원근법은 뚜렷한 관점이 제시되는, 뚜렷한 소유권을 상징적으로 표현하는 미적 방식이었다. 이제 관람자가 자신이 서 있는 위치에서 사물들을 바라볼 수 있게 그림 속 대상들이 재조정되어 표현되었다.

예술 작품에 작가의 이름이 거론된 것은 작품의 후원자가 중세의 교회에서 유산계급의 재산가들로 바뀌면서였다. 르네상스가 도래하면서 경제적으로 부유한 도시의 신흥계급들은 세속의 권리를 장악하면서, 중세에 교회나 제왕이 누렸던 예술가의 후원자의 역할을 떠맡게 되었다. 신흥계급들은 건축과 조각품, 그리고 회화를 통하여 자신들의 부와 정치권력의 영향력을 상징적으로 표현하려하였다. 이들은 회화 작품들에 자신은 물론 자신의 가족들을 등장시키기 시작하였다. 성경에 나오는 내용들, 일테면 예수의 탄생이나, 성모마리아가 천사로부터 예수를 잉태하리는 소식을 받는 장면 등, 회화 표현이 가능한 주제들에 신흥 계급의 실제 모습이 그려졌다. 처음에 그림의 중심에는 성경의 내용이 그려지고, 이들 신흥 계급들은 그림의 중심에서 벗어난 그림의 귀퉁이에 그려지더니, 세월이 지나며 이들 신흥계급들은 그림의 중심을 향하여 나아가고, 그 모습도 크게 그려지기 시작하였다. 그리고 르네상스 후기에 가면 회화에서 성경의 내용은 사라지고 신흥계급의 인물들만 남게 되었다.

로스튼(Murray Roston)은 반 데르 고우즈(Van Der Goes)의 작품 「목자들의 예수탄생 경배」(Adoration of the Shepherds)의 분석을 통하여, 르네상스의 그림이 어떻게 중세의 그림과 다른 방식으로 그려지고 있었는지를 말해주고 있다.

> 평범한 인간들이, 탄생한 아기 예수와 성모마리아와 천사들과 함께 하는 방식은 화가 휴고 반 데르 고우즈(Hugo Van der Goes)의 작품에 가장 잘 표현되어있다. 두 부류를 함께 그림에 포함시켰던 화가의 진정한 목적을 생각해보아야한다. 당대에 대단히 성공한 예술가로 그는 여러 해 동안 겐트(Ghent)의 화가 길드의 장로로 그의 인생 후반에 깊은 종교적인 체험을 하고 세상을 뒤로하고 수도원에 들어갔다. 그는 그곳에서 1476년 포르티나리(Portinari) 가족이 후원하여 제단화 하나를 그렸다. 그 제단화의 중심 패널화가 「목자들의 예수탄생 경배」(Adoration of the Shepherds)이다. 그 작품에 나오는 인물들이 보여주듯이, 이 작품은 기도하는 인물들을 그린 것이다. 전형적인 모습으로 경건하게 성모와 아기예수 그리고 천사들이 그려있고, 교회 문 위로는 다윗의 하프가 있고, 앞쪽에는 베들레헴("빵집")을 상징하는 밀 묶음과 같은 종교의 상징적 의미들로 풍부한 장면이 있어, 그 장면은 옛 성스러움을 북돋아준다. 그러나 패널의 위편 오른쪽에는 3명의 목동들이 있는데, 이들은 전형적인 천사들의 모습들과는 대조를 이루고 있다. 목동들은 보통 인간들의 자연스런 방식으로 무릎을 꿇고 있는데, 옷들은 남루하고 표정들은 거칠어, 가장 평범한 인간들도 예수의 탄생에 영향을 미쳤다는 효과를 극대화하고 있다. 그들은 막 개종을 마친 인간들처럼, 인간들을 대표하여 예수의 탄생을 목격한 인간들로, 그 작품을 주문한 사람들과 같이 그 순간에 함께 하는 영광을 갖게

되었다. 그들은 모두 피와 살로 이루어진 자연세계에 살면서 죽음의 세계에서 벗어날 수 없는 인간들이었다.[5)]

로스튼이 위의 글에서 말하고 있지는 않지만, 패널의 오른쪽에는 합장하고 있는 수도사 옷을 입은 노인이 있다. 그는 예수 탄생에 놀라, 신발이 벗겨져 있다. 그는 아마도 화가 자신일 것이다. 그리고 오른쪽 아래는 당시의 꽃무늬가 있는 비싼 비단옷을 입고 무릎을 꿇고 있는 5명의 여자들이 있다. 이들은 이 제단화를 제작하라고 화가에게 부탁한 포르티나리(Portinari) 집안 여자들일 것이다. 그리고 목동들 뒤로도 그 자리로 달려오는 모자를 쓴 남루한 농부의 모습이 보인다. 성모와 천사들의 복장이나 모습은 매우 형식적이고 전통적이며 전형이다. 그러나 후원자 가족들과 목동들 그리고 꽃이 꽂혀 있는 두 개의 화병은 르네상스 당대의 풍경으로, 성스러움과 세속, 영원함의 형식성과 사실성(vicissitude)이 함께, 한 패널에 그려져 있다.

르네상스 후반부에 들어와 신흥 계급 예술 후원자들의 태도가 변하기 시작했다. 처음에는 교회와 귀족계급들이 누렸던 영광을 똑같이 예술작품을 통해 충족하는데 만족하였다가, 시간이 지나며 그 이상의 영광을 누리고 싶었다. 그리고 후원자의 의미도 변화하였다. 후원자들은 이제 자신들이 작품을 요구하는 것이 아니라, 예술가들이 예술가 자신들만의 고유한 작품들을 그들에게 보여주기를 원하였다. 그러자 예술가들은 자신들의 독특한 개성을 작품에 표현하게 되었다. 후원자와 예술가는 서로 자신의 목소리를 내면서 수요자와 공급자의 위치로 변화하였다. 그러면서 예술가들은 작품들 속에서

---

5) Murray Roston, *Renaissance Perspectives in Literature and the Visual Arts* (Princeton, New Jersey: Princeton University Press, 1989), p. 88

형식화된 인물들, 즉, 성화에서 볼 수 있는 성경이야기를 빼고, 후원자의 구미에 맞는 주제들을 작품들에 표현하기 시작하였다. 그 과정에서 예술가들은 경제적인 부를 누리고, 사회제도 속에서 자신들의 정체성을 찾고자 하였다. 그리고 르네상스 예술가들은 자신들의 작품 활동을 하나의 학문이란 제도 속에 편입하고자 노력하였다. 그렇게 예술가들은 예술의 과학화에 노력하였다.

보에시우스(Boethius:?480-524 AD) 시대 이전까지만 해도 자유문예(Liberal Arts)는 음악, 수학, 기하학, 그리고 천문학(또는 점성술) 등의 4가지 학문분류(Quadrivium)를 따랐다. 그러나 9세기 이후부터 인문학(Humanities)의 3가지 학문들(Trivium), 문법, 논리, 그리고 수사학이 추가되어 중세의 대학들은 이들 7가지 학문을 가르쳤다. 중세에는 과목들 가운데 논리학이 문법과 수사학보다 더 중요하게 생각되었다. 그러나 르네상스 시대는 인문학을 인문과학(Studia humanitatis)이라는 이름으로 바꾸고, 논리학을 라틴 문법과 수사학의 전통과 대립한다고 생각하여 중요하게 생각하지 않고, 인문학에 희랍어, 윤리학, 그리고 시(Poetry)를 추가하여, 엘리트 교육을 위한 교육체계를 만들었다. 그리고 르네상스 후반기에 접어들어서는 무엇보다 교육에 있어서 시의 교육이 중요해졌다. 다빈치가 회화의 중요성을 이야기하며, 사람들에게 감동을 주는 매체로 시와 겨루어 회화가 더 훌륭하다고 말할 정도였다. 그가 생각하기에 시는 인문과학의 총칭이었다.

르네상스 예술가들은 자신들의 예술을 하나의 독립된 학문체계로 만들려고 부단히 노력하였다. 그들은 자신들의 예술의 정체성을 확보하기 위하여, 예술가는 자연과학도의 태도를 가져야 한다고 주장하였다. 그리고 어느 예술 장르들보다 건축이 자연과학과 가장 밀접한 관련을 맺었다.

르네상스 예술가들은 피타고라스의 사고, "모두는 수로 이루어졌다"라는 강령을 굳건히 붙잡았다. 플라톤주의자들과 네오플라톤주의자들이 이끌고, 성 아우구스투스로부터 시작한 신학자들의 주장을 근거로, 예술가들은 우주를 비롯하여 모든 창조는 수학에 근거한 조화로운 구조를 가졌다고 믿었다. 숫자로 조화를 이루는 법칙이 별들로부터 지상의 가장 미천한 생명에까지 적용된다면, 우리의 영혼들도 이 조화를 따라야한다. 알베르티(Alberti)에 따르면, 우리가 조화를 인식하는 것은 타고난 감각이다. 달리 말해, 그는 말하기를, 감각들을 통하여 우리가 조화를 인지하는 것은 우리 영혼들이 그렇게 반응하기 때문이다. 그러므로 교회가 수학의 조화에 맞추어 지어졌다면, 우리는 그 교회에 본능적으로 반응할 것이다. 우리는 그렇게 수학에 근거해 만들어진 교회에 들어가면, 그 교회가 만사의 근거가 되어 우주를 통합하는 강력한 힘을 가지고 있다는 사실을, 이성으로 분석할 필요도 없이, 우리의 마음속 깊이 깨닫게 될 것이다. 인간이란 소우주와, 하나님이라는 대우주 사이에, 공감하는 바가 없는 기도는 아무런 효과가 없다. 교회가 정확한 배분을 갖고 조화롭게 지어지지 않았다면, 우리가 드리는 예배가 아무 효능이 없다고, 파치올리(Pacioli)가 말할 정도였다.[6)]

다빈치(Leonardo da Vinci:1459-1519) 또한 자연과학도로, 회화에서 인체를 정확히 표현하기 위해 실제로 인체 해부를 수없이 하여 많은 스케치들을 후대에 남기기도 하였다. 그는 하나의 그림을 그리기 위해, 근육의 움직임을 비롯한 많은 해부학적 지식을 갖춘 후에야, 그 지식에 근거하여 그림을 그렸다. 그는 해부학을 학문의 한 분과가 되게 한 사람이다. 그가 그의 노트북에 남긴 시와 회화를 비교한 글을 살펴보자.

---

6) Rudolf Wittkower, *Architectural Principles in the Age of Humanism*, p. 27.

> 시가 도덕철학이라면, 회화는 자연철학이다. 시가 마음의 상태를 서술한다면, 회화는 육체의 움직임에 마음이 어떻게 따라가는지를 생각한다. 시가 지옥의 이야기로 사람들을 놀라게 한다면, 회화는 그 이야기를 실제로 보여주어 사람들을 놀라게 한다. 시인이 화가와 겨루어, 아름다움이나 공포의 이미지를, 비열하고 추잡한 것을, 또는 괴물 같은 것을 재현하려한다고 하자, 그가 자신이 좋아하는 방식대로 형태를 바꾼다고 하자, 그때, 화가가 시인보다 더 잘하지 않을까? 그림이 실제 사물과 너무나 닮아서, 사람들과 동물들을 속아 넘어가기까지 하는 그림들을 보지 않았는가?[7)]

다빈치는 회화가 학문이 되기 위하여 자연과학을 따라야하고, 예술가는 자연과학자와 같이 관찰하고 실험해야 한다고 했다. 그리고 그는 표현방식에 있어, 시인보다 화가를 더 높이 평가하였다.

그러나 르네상스 예술의 과학화에 가장 영향력을 행사한 사람은, 르네상스에 소개되어 르네상스 시대 내내 끝임 없이 인용되었던, 기원전 1세기 로마에서 건축가와 저술가로 활동하였던 비트루비우스(Marcruvius Vitruvius Pollio)이다. 그의 책 『건축에 관한 10권』(The Ten Books on Architecture)은 르네상스 예술가들의 경전과 같았다. 그는 예술가가 되려는 사람은 백과사전적인 지식을 갖춘 인간이 되어야 한다고 주장했다.

> 모든 문제들이 다 그렇겠지만 특히 건축에는 유념할 두 가지 사안이 있다. 의미가 있는 것과, 의미 있는 것에 그 의미를 부여하는 것이 그것이다. 의미가 있는 것은 우리가 말하려고 하는 주제이다. 그리고 그것에 의미를 주기 위해, 우리는 과학의 원칙에 근거해서 말해야한다. 자신이 건축가라고 자인하는 사람은

---

7) Leonardo de Vinci, *The Notebook of Leonardo da Vinci*, tr. Edward MacCurdy (New York: The Modern Library, 1957), p. 37.

그 두 가지 사안에 정통해야 한다. 그러므로 그는 타고난 재능이 있어야 하며, 배우려는 자세가 되어 있어야 한다. 배움이 없이 타고난 재능만 주장하거나, 재능도 없으면서 배우려는 열정만 가지고서는 완전한 예술가가 될 수 없다. 배워서 연필을 능숙하게 다룰 줄 알아야 하고, 기하학을 배워야 하고, 역사 지식이 풍부해야하며, 주의 깊게 철학을 공부해야 하고, 음악을 이해해야 하고, 의학지식도 갖추고 있어야 하며, 법관들이 무엇을 생각하는지도 알아야하고, 천문학 지식과 천문학 이론에 정통해야 한다.[8)]

그러나 무엇보다도 르네상스 예술가들을 열광하게 만들어 당시에 자주 인용되었던 내용으로, 제3권 제1장 「사원과 인체에서 볼 수 있는 대칭성」에 언급되고 있는 다음의 글이 있다.

자연은 인체를 비율에 맞추어 만들었다. 턱으로부터 이마 꼭대기 가장 낮은 머리카락 뿌리까지에 이르는 얼굴의 길이는, 키 길이의 십분의 일이고, 얼굴의 길이는 손목으로부터 손이 활짝 펼쳐진 가운데 손가락 끝까지의 길이와 같다. 턱에서 머리 정수리까지의 머리의 길이는 키의 팔분의 일이고, 목과 어깨를 포함하여 가슴의 꼭대기로부터 머리카락 가장 낮은 뿌리까지의 길이는 키의 육분의 일이다. 그리고 가슴의 중앙으로부터 머리 정수리 꼭대기까지는 키의 사분의 일이다. 자! 이제 얼굴의 길이에 대하여 말해보자. 턱의 아래로부터 콧구멍 아래까지의 길이는 얼굴 길이의 삼분의 일이고, 콧구멍 아래로부터 눈썹 사이의 길이에 해당되는 코의 길이도 얼굴 길이의 삼분의 일이며, 이마에 해당되는 눈썹 사이로부터 머리카락 가장 낮은 뿌리까지의 길이도 얼굴 길이의 삼분의 일이다. 발의 길이는 신체의 길이의 육분의 일이고, 팔꿈치에서 가운데 손가락 끝까지 길이는 신체 길

---

8) Marcruvius Vitruvius Pollio, *Vitruvius The Ten Books on Architecture*, tr. Morris Hicky Morgan (New York: Dover Publications Inc., 1960), pp. 5-6.

이의 사분의 일이다. 그리고 가슴의 길이는 신체의 사분의 일이다. 그리고 사지는 대칭의 모습을 갖고 있다. 옛날의 유명한 화가들과 조각가들은 인체를 그리거나 조각할 때 위의 비율을 사용하여서, 지금까지도 그렇게 커다란 명성을 누리게 되었다.[9)]

비트루비우스의 책이 처음 소개된 것은 1511년 지오콘도 신부(Fra Giocondo)가 출판한 라틴 판본이었고, 1521년 건축가 브라만테(Bramante)의 제자인 세자리아노(Cesariano)가 첫 이탈리아 판본을 출판하였다. 비트루비우스가 위에서 말한 인체의 정확한 비율은 과학의 정수로 르네상스의 예술가들을 흥분시키기에 충분하였다. 그래서 많은 르네상스 화가들이 소위 "비트루비우스 인간"을 수도 없이 많이 그렸다:

> 이 단순한 그림은 인간과 세계에 관한 깊고 근본적인 진리를 보여주고 있는 것 같았다. 르네상스 건축가들에게도 그 그림의 중요성은 대단하였다. 그 이미지는 그들의 상상력을 뒤흔들었다. 플로렌스 라우렌지아나(Laurenziana) 도서관에서, 우리는 레오나르도 다빈치가 소유했다가 그곳에 주석을 달아 놓은 프란체스코 디 지오르지오(Francesco di Giorgio)의 사본을 볼 수 있다. 다빈치는 베니스에 있는 그의 유명한 그림 <비트루비우스 인간>에서 비트루비우스 텍스트를 좀 더 분명하게 그려놓았다. 그리고 신부 지오콘도는 1511년 비트루비우스 판본에 두 개의 판화, <정방형 속 인간>과 <원 속에 있는 인간>을 그려 놓았다. 다빈치의 그림을 모르지 않았던 세자리아노 역시 두 개의 삽화를 페이지 가득 그려 놓고, 길게 그 그림에 대하여 설명하는 글에서, 우리는 세상의 모든 것들의 비례를 비트루비우스 방식으로 설명할 수 있다고 주장하였다 - 그는 보편적인 비율, 조화를 말하고 있다.[10)]

---

9) 위의 책, p. 72-3.
10) Rudolf Wittkower, *Architectural Principles in the Age of*

그렇게 르네상스 시대에는 비트루비우스 인간의 그림들이 유행하였는데, "15세기부터 17세기에 이르는 건축과 미학에 관한 논문들은 모두 정방형이나 원형 속에 인물상들을 도형화하였다."[11] 이와 같이 르네상스 예술가들은 인간의 모습을 수학으로 도식화하였고, 그 도식화 속에서 우주의 질서를 찾았다. 그들은 우주질서에서 인간의 질서를, 그리고 인간의 질서에서 우주의 질서를 발견하려고 했다. 그리고 그 매개로 사용한 것이 바로 수학이었다. 그렇게 르네상스 예술가들은 예술을 과학화하려고 노력하였다.

레온 밥티스타 알베르티(Leon Bapttista Alberti: 1404-1472)는 1435년 회화기술에 대한 최초의 이론서 『회화론』(Della pittura: 1435)을 써서, 수학적인 원급법의 창시자로 알려진 건축가 친구 브루넬레스키(Filippo Brunelleschi: 1377-1446)에게 헌정하는 글을 쓴다. 이 책은 모두 3권으로 되어있는데, 수학, 특히 기하학의 용어를 사용하여 회화의 원근법에 대하여 설명하고 있다. 알베르티는 서문에서 책의 내용을 다음과 같이 요약하고 있다.

> 첫 번째 권은 수학이 어떻게 기쁨을 주는 멋진 예술의 근원이 되고 있는지를 말할 것이다. 두 번째 권은 예술가의 손에 맡겨진 예술의 요소들을 구별하고, 그들을 설명할 것이다. 그리고 세 번째 권은 예술가에게 회화가 어떻게 목적과 수단이 되고, 회화의 기술과 지식을 완전히 습득하기 위한 예술가의 능력은 무엇이고, 예술가가 바라는 바가 무엇이어야 하는지를 말할 것이다.[12]

Humanism, p. 14.

11) Kenneth Clark, *The Nude: A Study of Ideal Art* (London: Penguin Books, 1956), p. 13.

12) Leon Battista Alberti, *On Painting*, tr. John R. Spencer (New Haven and London: Yale University Press, 1966), p. 40.

브루넬레스키는 피렌체의 산타마리아 델 피오레 성당을 건축한 건축가이다. 그러나 그가 원근법을 창시한 사람은 아니다. 원근법은 고전주의 시대에 이미 존재했다.

> 그리스인과 로마인도 알고 있었던 내용이지만, 다른 수많은 지식과 마찬가지로 까맣게 잊혀졌다. 그리스의 꽃병에 그려진 그림과 대리석 부조를 보면 당시 사람들이 원근법을 이해하고 있었음을 알 수 있다. 아이스킬로스의 작품을 비롯하여 아테네에서 공연되었던 그리스 비극을 묘사한 그림에도 원근법은 잘 구현되어 있었다. 로마의 역사가 플리니우스는 이런 재현 기법을 "삐딱하게 바라보기"(imagines obliquae)라고 부르면서, 그 창안자로 기원전 6세기 그리스 클레오나 출신의 화가 키몬을 지목했다. 로마의 건축가 비트루비우스도 원근법의 기본 원리를 기록에 남겼다. 판테온이나 콜로세움을 지은 건축가들이 원근법을 몰랐다면 그렇게 웅장한 건물을 지을 수 없었을 것이다.[13]

그렇다면 브루넬레스키는 원근법을 창시한 사람이 아니라, 고전주의 시대의 건축물들을 연구하여 고전주의 시대의 원근법을 르네상스 시대에 다시 소개한 인물이다. 그는 로마의 유적들을 측량하여 종이 위에 그려넣을 때, 건축물들을 상대적인 위치를 고려하여 삼차원의 재현을 위해 원근법을 사용한 투시도를 그렸다. 그렇게 원근법은 건축에서의 측량과 비슷한 수학이었다.

르네상스 원근법은 처음 건축에서 시작하여, 회화와 다른 예술, 그리고 학문과 문학으로 사용범위가 확대되었다. 그러나 파노프스키가 말하고 있듯이, 원근법이 건축이 아닌 회화에서 처음 시작되었다는 듯이 알려져 있다. 왜 그랬을까? 아마도 그림으로 원근법을 설명하는 것이 가장 효과적이었기 때문이었을 것이다. 여기서 파노프스키의 글을 보자.

---

13) 로스 킹, 『브루넬레스키의 돔』, 이희재 옮김(민음사, 2003), 58쪽.

> 후기고딕 예술은 지역과 이념의 차이로 다양한 양식으로 분화되었다. 그러나 이러한 분화는 시각의 주관주의로 통합되었다. 지식활동에서도 그랬다. 주관주의가 가장 뚜렷이 드러난 곳은, 공간을 원근법으로 해석하는 방식의 출현이었다. 원근법은 지오또(Giotto)와 두치오(Duccio)로부터 시작하여 1330-40에는 어디서나 볼 수 있었다. 회화나 소묘 표면을 투사방식으로 새롭게 정의하는 기법인 원근법은, 처음에는 어설프기는 했지만, 우리가 실제로 보는 것이 무엇이고, 특별한 조건에서 우리가 어떻게 보는 지를 설명해주었다. 오캄(Ockham)의 말을 빌려, 원근법은 주관적 입장이 아닌 객관적 입장으로 보는 방식이다. 그렇게 현대의 자연주의(naturalism)로의 길이 열리고, 무한대의 개념을 시각화할 수 있게 되었다. 왜냐하면 원근법의 소실점은 직선이 교차하는 지점을 투사한 것이다. 우리는 원근법을 이차원 예술에서만 사용한 것이라 생각한다. 그러나 사물을 바라보는 이 방식은, 우리가 바라보도록 우리의 시각을 조정하는 것으로, 다른 예술에도 변화를 가져왔다. 조각가들과 건축가들은, 그들이 지금 만들고 있는 형태들이 고립된 대상들로 있을 것이 아니라, "그림 공간"에 놓여 있을 것으로 생각했다. 물론 여기서 "그림 공간"이란 관찰자의 눈을 고려한 공간으로, 관찰자가 한 곳에 머물러 있지 않는 공간이다. 삼차원을 고려한 원근법은 그림을 바라보는 경험의 공간을 제공했다.[14)]

르네상스의 원근법은 로마의 역사가 플리니우스가 이야기하고 있듯이 "삐딱하게 보기"이다. 중세의 평면공간을 비딱하게 뒤틀어 거리감을 생기게 하고 시간의 흐름을 느끼게 만들어 주는 것이 원급법이다. 중세의 평면 공간은 공간과 시간이 모두 무한하다. 그러나 르네상스 원근법 공간은 시간의 흐름이 느껴지고 공간의 거리감이 생기게 한다. 그리고 그림 속에는 관찰자의 눈을 고려한, 파노프스키

---

14) Erwin Panofsky, *gothic architecture and scholasticism*, (Cleveland and New York: Meridian Books, 1951, 1957, 1968), pp. 16-7.

가 말하는 "그림 공간"이 있다. 그리고 지오또(Giotto)가 회화에서 처음 시도한 것으로 알려진 명암법도, 원근법과 마찬가지로 회화 속 사물이 삼차원적 공간의 부피감(volume)은 물론, 시간의 흐름을 감지할 수 있는 감각까지도 관찰할 수 있게 하였다. 그렇게 사물이 사물의 객관성을 확보하게 되었다는 의미로, 원근법은 자연주의(naturalism)를 추구하였다고 말할 수 있겠다.

르네상스 영문학과 원근법의 미학

르네상스 영문학은 엘리자베스 여왕이 치세하였던 1558년부터 1603년까지, 그리고 좀 더 길게 잡아, 제임스 1세가 치세하였던 1603년부터 1625년까지의 기간에 만들어진 작품들이다. 르네상스 영문학 작품의 장르들 중에서도 희곡(play)은 가장 두드러지게 발전한 주요문학 장르였다. 희곡은 그리스-로마 고전주의 시대의 주요문학 장르로, 그 형식이 3막이든 5막이든, 형식이 매우 중요시되는 수학과 많이 닮아 있는 문학 장르이다. 더구나 인물들이 각기 고유하게 자신의 목소리를 낼 수 있는 형식이어서, 부르크하르트가 르네상스의 특징으로 말하는, 개인주의(individualism)와 매우 닮아 있다. 작품 속에서 인물들은 같은 목소리를 지니지 않아도 되고, 다른 목소리를 가져야 더 훌륭한 화음을 만들어낼 수 있는 문학 장르가 희곡이다. 그렇게 희곡은 르네상스의 주요 문학 장르가 되었다.

20세기 비평가들은 자신들이 살고 있는 20세기 모더니즘을 정의하기 위하여, 모더니즘과 반대미학을 가졌던 전시대의 낭만주의와 대치하는 미학으로, 고전주의를 자신의 미학의 근거로 삼았다. 그리고 그들은 고전주의를 부활한 르네상스의 미학을 모더니즘의 미학으로 재해석하였다. T. E. 흄(Thomas Ernest Hulme: 18883-1917)은 고전주의를 다음과 같이 정의하고 있다.

> 고전주의 시는 다음과 같다. 고전주의 시는 급격히 상상의 비약을 하다가도 그 상상의 비약을 억제하거나 보류한다. 고전주의

> 시인은 한계성을 잊지 않고 한계성을 언급한다. 그는 언제나 인간이 흙으로 빚어졌다는 사실을 기억한다. 비약하는 경우가 있지만, 반드시 돌아온다. 그는 결코 공기로 증발하는 경우가 없다.[15]

인간의 한계성을 받아들이는 것이 고전주의라면, 자신이 무한하다고 생각하여 현실을 부정하고, 이상과 현실 사이에서 찢겨져 고통을 경험하는 모습의 낭만적 인간이 있다. 낭만적 인간은 현실을 무시한 채 무한성만을 동경하며 살아가다가 결국에는 비극에 처하고 만다. 그것이 낭만주의의 비극이다.

> 낭만주의자는 인간이 무한하다고 생각하여, 늘 인간의 무한성에 대하여 말한다. 그러나 인간이라면 그러 해야 한다고 생각하는 것과, 실제로 인간이 그렇게 할 수 있는 것 사이에는 늘 차이가 있다. 그래서 낭만적 인간은 후에 이 사실을 알고 우울해지는 경향이 있다.[16]

흄의 견해는 T. S. 엘리엇을 비롯한 20세기 초의 비평가들이 그러했듯이 낭만주의를 격하하려는 관점에서 비롯된 논리이다. 모더니즘은 자신들의 앞 세대를 낭만주의라고 지칭하고 자신의 정체성을 갖기 위하여 낭만주의와 반대되는 명제들을 자신들의 명제로 삼았고, 그들이 고전주의의 미학이고 르네상스의 미학이라고 주장하였다.

흥미롭게도 내놓으라는 영국낭만주의 시인들은 모두 한 편 이상의 시로 써진 희곡을 썼다. 아마도 셰익스피어와 겨루고 싶거나 아니면 자신들이 시인들이어서 희곡을 시로 썼을 것이다. 그러나 그

---

15) T. E. Hulme, *Speculations: Essays on Humanism and the Philosophy of Art,* ed. Herbert Read, (London: Kegan Paul, 1936), pp. 119-20.

16) *Ibid.*, p. 119.

누구도 후대에 기억되어 무대 위에 상연될 만한 성공한 작품은 쓰지 못했다. 그 이유는 희곡이라는 독특한 장르가 낭만주의의 이념을 담아 낼만한 문학형식이 아니었기 때문이다. 그리고 공교롭게도 20세기 모더니즘시대에 희곡이란 문학 장르가 성공을 거두게 된다. 고전주의 인식이 지배하는 사회에서 희곡이라는 장르가 꽃을 피울 수 있다. 희곡은 원급법과 같이 통합적인 시각을 필요로 하는 닫힌 형식의 문학 장르이다. 흄의 논리로 말하자면 낭만주의는 열린 형식이다. 무한의 동경이 닫힘을 거부한다. 그리고 무한을 동경하는 낭만주의는 열림의 미학이다. 아이러니는, 모더니즘이 추구하는 르네상스 방식의 고전주의를 대표하는 미학이 원근법이고, 그 원근법은 닫힘이 아니라 열림의 미학이었다. 중세의 평면구조를 비틀어 틈을 내어 무한의 거리를 펼쳐놓은 것이 원근법이었다. 그런데 모더니즘은 원근법의 조작적 의미를 거부하며, 피카소(Picasso)는 중세의 고딕선을 부활시켜 입체파(cubism)라는 기법을 소개하여, 중세와 같이 모든 대상들을 평면 위에 가져다 놓았다. 그리고 이번에 모더니즘은 원근법을 파괴하는 방식으로, 르네상스 시대와 같이, 회화에 수학을 소개하였다.

영국 르네상스 시문학은 고전주의의 시 형식들을 소개하여 실험하였다. 예를 들어, 이탈리아 소네트를 영국에 소개한 와이엇(Sir Thomas Wyatt the Elder: 1503-1542)의 시 선집의 차례를 보면,[17] 롱도(rondeau), 소네트(sonnet), 경구(epigram), 깐조네(canzone), 발라드(ballad), 노래(song), 서간 시(epistolary), 풍자시(satire), 시편(psalm) 등으로, 그가 이들 8가지 시 형식들 모두를 실험하였음을 알 수 있다. 그러나 영국 르네상스 시인들이 실험한

---

17) Sir Thomas Wyatt, *The Complete Poems*, ed. R. A. Rebholz, (London: Penguin Books, 1978).

시 장르들 가운데 가장 대표적인 것이 이탈리아 형식의 소네트(sonnet)이다.

영국 시문학에서 소네트의 내용과 관련하여 영향을 미친 사람은 이탈리아 소네트 시인 페트라르카(Francesco Petrarch: 1304-74)이다. 아마도 이탈리아 소네트를 처음 소개한 와이엇이 그의 소네트들을 소개해서 그럴 것이다. 페트라르카의 소네트 시어들은, 반대되는 두 성질의 내용이 균형을 이루며, 지극히 개인적이 감정을 형식화하였다. 특히 그는 "마음속에 일어나는 내적인 감정의 움직임"을 서정적인 연애 시로 표현하였다. 그래서 소네트하면 우리는 연애시를 연상한다. 페트라르카의 연애 시에 등장하는 시어들, 아픔, 고통, 해악, 나쁨, 질시, 봉사, 자유, 시기, 노예상태 등은 전투나 기사도의 이미지들로 그려졌다. 그리고 마음의 상태를 극단적으로 이분화하는 냉기와 열기 등은 매우 전형적인 이미지들이다. 특히 시에서의 남녀관계는 중세의 로망스가 그러하듯, 여인을 추상화하여 여신과 같은 위치로 격상시켜 놓았고, 상대역으로 고통 받는 남자는 기사의 모습으로 그려졌다. 소네트의 작가들은 로망스 문학이 우리에게 보여주는 연애 방식을 만들어 놓은 사람들(courtly makers)이었다.[18)]

영국의 소네트 형식은 각운에 따라 두 가지 형식의 소네트를 가지고 있다. 와이엇이 이탈리아 소네트 형식을 영시에 도입한 이탈리아 형식의 소네트가 있고, 와이엇보다 14년 어린 하워드(Henry Howard, Earl of Surrey)가 이탈리아 형식에 기초하여 영시에 맞는 소네트 형식을 개발하여 소개한 영국 소네트가 있다. 영국 소네트는 후에 셰익스피어가 발전시켜 셰익스피어 소네트라고도 한다. 먼저 이탈리아 소네트를 보자. 이 형식은 시드니(Sir Philip

---

18) Petrarch, *Petrarch's Lyrics*, tr. Robert M. Durling, (Camberidge, Massachusetts: Harvard University Press, 1976), pp. 1-33.

Sidney: 1554-1586)가 사용하였고, 후에 밀턴(John Milton: 1608-1674)과 워즈워드(William Wordsworth: 1770-1870)가 애용하였다.

이탈리아 소네트는 14행으로 이루어진 약강 5보격(iambic pentameter)의 운율로, 첫 8행의 각운(rhyme)은 "abba abba" 이고, 나머지 6행(sestet)은 "cdc cdc" 이거나 "cde cde"의 각운이었다. 먼저 페트라르카의 이탈리아 소네트를 살펴보고, 다음으로 같은 소네트를 이탈리아 소네트로 번역한 와이엇의 번역 소네트와, 영국 소네트로 번역한 하워드의 소네트를 비교하여 보자. 다음은 페트라르카의 『시집』(Rime)에서 140번째 소네트이다.

> 나의 생각 속에 살면서 나를 지배하고, 나의 마음에서 주요한 위치를 차지하는 사랑이, 자주 무장한 채 나의 얼굴에 나타나 그곳에 깃발을 세우고 자리를 깔고 앉아있습니다.
>
> 사랑과 내가 어떻게 사랑할지를 그리고 어떻게 참고 기다려야 할지를 말해주고, 나의 막 타오른 욕망, 즉, 나의 시작된 사랑이, 이성과 수치심과 경외감으로 잘 통제되기를 바랐던 그녀가, 사랑과 내가 용기를 내자 마음속으로 화가 났습니다.
>
> 그러자 사랑은 그가 하던 일을 모두 포기하고 마음속으로 숨어서 울며 몸을 떨었습니다. 그리고 그곳에 숨어서는 더 이상 바깥으로 나오려하지 않습니다.
>
> 나의 주인 된 사랑이 두려워하는 데 내가 무얼 할 수 있겠습니까? 마지막 순간까지 그와 함께 있는 것 말고? 사랑하다가 죽은 사람이 훌륭하게 살다간 사람입니다.
>
> Amor, che nel penser mio vive et regna

e 'l suo seggio maggior nel mio cor tene,
talor armato ne la fronte vene;
ivi si loca et ivi pon sua insegna.

Quella ch'amare et sofferir ne 'nsegna
e vol che 'l gran desio, l'accesa spene
ragion, vergogna, et reverenza affrene,
di nostro ardir fra se stessa si sdegna.

Onde Amor paventoso fugge al core,
lasciando ogni sua impresa, et piange et trema;
ivi s'asconde et non appar più fore.

Che poss'io far, temendo il mio signore,
se non star seco infi a l'ora estrema?
ché bel fin fa chi ben amando more. [19]

페트라르카(Petrarch)의 소네트의 밑줄 그어진 운율과 같이 소네트의 각운은 "abba abba cdc cdc" 이다. 다음은 와이엇의 영어 번역 소네트이다. 와이엇은 이 소네트를 페트라르카와 같은 각운으로 번역하였다.

오랜 동안, 나의 생각 속에 머물며, 나의 마음에 자리 잡고 있던 사랑이, 뻔뻔하게 얼굴에 자신을 내비치더니 깃발을 펄럭이며 진을 친다.

내가 사랑하며 고통을 배우게 하였던 그녀는, 나의 믿음과 나의 정욕의 무시가 이성, 양심과 존경으로 제어될 줄 생각했다가, 사랑의 대담함에 불쾌해한다.

19) *Ibid.*, p. 285.

그러자 사랑은 마음의 깊은 숲으로 도망쳐, 고통과 비통함을 나에게 남기고, 그곳에 숨어 나타나지 않는다.

나의 주인이 두려워하는데, 전투장에서 살다가 죽는 것 말고, 내가 무엇을 할 수 있겠나? 충성을 다해 살다가 죽는 것만이 최선이다.

The long love that in my thought doth harbour
And in mine heart doth keep his residence
Into my face presseth with bold pretence
And therein campth, spreading his banner.

She that me learnth to love and suffer
And will that my trust and lust's negligence
Be reined by reason, sham, and reverence,
With his hardiness taketh displeasure.

Wherewithal unto the heart's forest he fleeth,
Leaving his enterprise with pain and cry,
And there him hideth and not appeareth.

What may I do when my master fearth,
But in the field with to live and die?
For good is the life ending faithfully.

와이엇(Wyatt)의 번역에서 각운을 보면 첫 8행은 abba abba 이다. 그러나 다음 6행을 보면, "cde, cde" 이다. 언어가 달라 번역하기에 어려움이 있었을 것이다. 첫 4행에서 이탈리아 원문과 영어번역과의 차이를 보자. 특별히 원문의 내용을 손상시키는 것은 아니나, 영어 번역 제1행에는 "long love"라고 해서 페트라르카 소네트 원문에는 없는 "long"를 사용했고, 페트라르카 소네트에는 "자주"라는 뜻을 지닌 "talor"가 영어 번역에는 생략되었다. 왜 이와 같은 일이 벌어졌을까? 와이엇은 영어번역에서 약강5음보(iambic pentameter)의 10개의 음절을 충실히 지키려고, 원문에는 없는 낱말을 삽입하거나 아니면 있는 낱말도, 시의 전체 의미에 크게 손상이 가지 않으면 생략하였다. 첫 행에서는 "long"이 없다면 음절수가 9개가 되고, "often" 이나 "sometimes"를 쓰면 음절수가 늘어난다. 무엇보다도 우리의 흥미를 끄는 것은 후에 하워드가 같은 소네트를 영국 소네트 형식으로 번역하였다는 점이다. 형식의 변화에서 어떻게 의미의 변화가 일어나고 있는지를 살펴보자.

하워드(Howard)가 처음 영국 소네트를 쓰기 시작하였고, 셰익스피어가 즐겨 사용하여 완성한 영국 소네트(English sonnet) 혹은 셰익스피어 소네트(Shakespearean sonnet)는 3개의 4행시(quatrain)와 1개의 2행시(couplet)로 되어 있다. 그리고 각운도 이탈리아 소네트의 각운과 다르게 "abab cdcd efef gg"이다. 그렇다면 하워드가 페트라르카의 소네트를 어떻게 영국 소네트로 번역하였는지를 살펴보자.

> 나의 생각을 지배하고 살아가며, 나의 마음을 포로로 잡고 살아가던 사랑이, 나의 함께 싸울 때 입었던 복장을 하고, 자주 나의 얼굴에 깃발을 펄럭이며 나타나자,
>
> 나에게 사랑과 고통을 가르치고, 나의 불확실한 소망과 나의 불타는 정욕을, 겸손한 모습으로 가리고 억제하라고 가르치던 그녀가, 그녀의 다정한 모습을 분노로 바꾼다.
>
> 그러자 비겁한 사랑은 가슴 깊은 곳으로 도주하고, 그곳에 숨어 푸념하며, 어떻게 할 줄 몰라 얼굴을 내비치지도 않는다. 나의 주인이 죄를 지어 죄 없는 나만 고통스럽다.

나의 주인으로부터 나의 발을 뺄 수도 없으니, 사랑하다가 인생을 끝내는 죽음만이 최선이다.

Love, that doth reign and live within my thought,
And built his seat within my captive breast,
Clad in the arms wherein with me he fought,
Oft in my face he doth his banner rest.

But she that taught me love and suffer pain,
My doubtful hope and eke my hot desire
With shamefast look to shadow and refrain,
Her smiling grace converteth straight to ire.

And coward Love then to the heart apace
Taketh his flight, where he doth lurk and plain,
His purpose lost, and dare not show his face.
For my lord's guilt thus faultless bide I pain,

Yet from my lord shall not my foot remove:
Sweet is death that taketh end by love.

우리의 흥미를 끄는 부분은 두 번째 부분에 해당되는 6행이다. 이탈리아 소네트에서는 6행이 두 개의 3행의 연으로 구성되어 있는데, 셰익스피어 소네트는 그 6행을 4행과 2행으로 나누었다. 문제는 12행이다. 이탈리아 소네트는 문맥상 12행이 셰익스피어의 마지막 2행과 연관을 맺어야하는데, 하워드의 소네트는 12행이 6행의 첫 3행과 의미의 연관이 있어야하고, 마지막 2행과는 의미관계를 끊어야 한다. "나의 주인이 무서워 나타나지를 않는데 난들 어쩌랴?"(What may I do, when my master fearth)가 와이엇의 12행이었다면,

하워드의 12행은, "나의 주인이 죄를 지어 죄 없는 나만 고통스럽다,"(For my lord's guilt thus faultless bide I pain) 라고 옮기고 있다. 그렇게 번역해 놓고 보니 마지막 2행과는 의미의 단절이 일어나고, 6행의 첫 3행과 의미가 연결된다.

이탈리아 소네트의 의미를 구성하는 논리는 이렇다. 첫 4행은 문제를 제시한다. 그리고 두 번째 4행은 첫 번째 4행이 문제가 되는 이유를 설명하고, 다음 3행은 첫 행의 문제를 해결한다. 그리고 마지막 3행에서 위의 내용들에 대한 결론을 맺는다. 셰익스피어 소네트가 다른 점은 결론부분에 해당되는 이탈리아 소네트의 마지막 3행이 셰익스피어 소네트에서는 2행이라는 점만 다르다.

지금까지 우리가 살펴본 것은 똑 같은 이탈리아 소네트를 두 가지 형식으로 번역한 것이다. 그렇다면, 영국 시인이 쓴 이탈리아 소네트 형식은 어떠할까? 밀턴은 43세가 되었던 1652년에 완전히 실명하였다. 그가 실명한 직후에 쓴 소네트 한 편을 보자.

> 내 생애가 반도 지나기 전 이 어둡고 넓은 세상에서 나의 눈은 빛을 잃었다. 쓰지 않고 숨겨놓은 재능은 죽음일 터인데 쓰지 않고 묻어두고 있으니, 하나님이 재림하셔서 꾸짖을까 두려워, 마음은 재능으로 하나님을 섬겨서 좋은 계산서 보이려 한다. 어리석게 나는 묻는다, "빛을 빼앗고서 하나님은 낮일을 하라고 하시는가?" 그러나 그런 불만하지 말라며, 인내(Patience)가 대답한다, "하나님은 인간의 업적이나 그의 선물을 원하시지 않는다. 감당할만한 짐을 잘 짊어진 자가 하나님을 가장 잘 섬기는 것이다. 하나님은 왕과 같다. 그가 명령을 내리면 수천 명이 쉬지 않고 땅과 바다를 건너 달려가고 달려온다. 단지 참고 부르기만을 기다리는 자가 하나님을 섬길 수 있다."

When I consider how my light is spent,
Ere half my days, in this dark world and wide,
And that one talent which is death to hide
Lodged with me useless, though my soul more bent
To serve therewith my Maker, and present
My true account, lest he returning chide;
"Doth God exact day-labor, light denied?"
I fondly ask; but Patience to prevent
That murmur, soon replies, "God doth not need
Either man's work or his own gifts; who best
Bear his mild yoke, they serve him best. His state
Is kingly. Thousands at his bidding speed
And post o'er land and ocean without rest:
They also serve who only stand and wait."

밀턴의 이탈리아 소네트의 각운은 "abba abba cde cde"이다. 번역을 보면 행들을 나누지 않고 모두 함께 번역하였다. 왜냐하면, 연을 나누는 행들, 4, 8, 11행들은 모두 의미를 그 자체의 행으로 맺지 못하고 다음 행들과 연결되어 의미를 갖는다. 그래서 이탈리아 소네트 형식이지만, 영국의 이탈리아 소네트들은 위와 같이 4연으로 나뉘어 쓰지 않고 모두 하나의 연으로 묶어서 쓴다. 영시는 의미의 운율보다는 소리의 운율이 더 중요한 의미를 갖는다. 그래서 영국의 소네트는 두 형식 모두 행을 띄지 않고 하나의 연으로 구성하도록 쓴다. 그리고 내용을 보더라도, 밀턴의 소네트는 엘리자베스 시대의 다른 소네트 작가들이 썼던 사랑의 시가 아니다. 자신의 실명을 어찌 생각하여야 하나 고민하는 소네트 시이다. 자신의 재능을 어떻게 써야할 지를 모른다. 묻어두고 쓰지 않으면 심판의 날에 분명 하나님은 그의 재능을 물어 심판하실 것이다. 그것이 그는 두렵다.

르네상스 시대 소네트는 사랑을 노래하는 시의 장르였다. 그러나 바로크 시대의 밀턴은 소네트를 마치 서정시와 같이 자신의 이야기를 표현하는데 사용하였다. 그리고 소네트의 운율구조가 의미구조와 일치하지도 않는다. 르네상스 소네트의 내용들이 매우 형식적이고 이상적이어서, 현실과 동떨어진 시적공간을 만들고 있는 반면에, 밀턴의 소네트의 가장 두드러진 특징은 내용이 형식적이지 않고, 매우 사실적이고 자연스럽다.

낭만주의 시대에 오면, 워즈워드와 같이, 소네트가 자연경관을 묘사하는데 쓰이기도 한다. 워즈워드의 이탈리아 형식 소네트, 「1802년 9월 3일 웨스트민스터 다리 위에서 쓰다.」(Composed upon Westminster Bridge, September 3, 1802)를 보자.

> 지구는 이보다 더 아름다운 것을 가질 수 없다: 그 장관으로 가슴을 울리는 장면을 보고 지나치는 영혼이 있다면 멍청이다: 지금 이 도시는, 옷과 같이, 아침의 아름다움을 입고 있다; 조용히, 벌거벗은 채, 배들, 탑들, 돔들, 극장들, 사원들이 들판과 하늘에 다 드러나 있다; 먼지 하나 없는 하늘에 밝게 반짝이는 태양이, 막 피어난 광휘로, 계곡과 바위와 언덕을 이보다 더 아름답게 비춘 적이 없다. 나는 그렇게 깊은 고요를 이전에 본적도 느낀 적도 없다! 강은 자신의 아름다움에 취해 흐른다. 아! 하느님! 집들도 모두 잠들어 있는 듯하다; 그리고 힘차게 뛰던 심장마저도 조용하다!

Earth has not any thing to show more fair:
Dull would he be of soul who could pass by
A sight so touching in its majesty:
This City now doth, like a garment, wear
The beauty of the morning; silent, bare,
Ships, towers, domes, theatres, and temples lie
Open unto the fields, and to the sky;

All bright and glittering in the smokeless air.
Never did sun more beautifully steep
In his first splendour, valley, rock, or hill;
Ne'er saw I, never felt, a calm so deep!
The river glideth at his own sweet will:
Dear God! the very houses seem asleep;
And all that mighty heart is lying still!

셰익스피어(Shakespeare)는 1609년 154 편의 소네트들을 모아 소네트 시집을 출판하였다. 다음은 그 시집의 116번째 소네트이다.

진실한 사람들이 결혼한다면, 나는 그들의 결혼에 이의를 달지 않겠다. 사랑이 다른 사람을 보고 마음을 바꾸어 그의 애인을 그 사람으로 대체하려 한다면, 그 사랑은 사랑이 아니다.

오, 아니다, 사랑은 폭풍이 몰아쳐도 변함없이 비치는 영원한 등대이다. 사랑은 길 잃은 배가 바라보는 별과 같이, 높이를 가늠할 수 있을지 몰라도, 가치만은 잴 수 없는 것이다.

세월이 휘두르는 낫의 위력에 장밋빛 입술과 뺨이야 어쩔 수 없겠지만, 사랑이란 세월이 어쩔 수 있는 것이 아니다. 사랑은 세월이 흘러가며 변하는 것이 아니고, 심판의 날까지 가져가는 것이 사랑이다.

누군가 이 시가 거짓이고 나에게 그 내용이 거짓이었음을 입증했다면, 나는 이 시를 쓰지 않았을 것이고, 누군가를 사랑한 것이 아닌 것이 된다.

Let me not to the marriage of true minds
Admit impediments; love is not love
Which alters when it alteration finds,

Or bends with the remover to remove:
O, no, it is an ever-fixed mark,
That looks on tempests and never shaken;
It is the star to every wand'ring bark,
Whose worth's unknown, although his highth be taken.
Love's not Time's fool, though rosy lips and cheeks
Within his bending sickle's compass come;
Love alters not with his brief hours and weeks,
But bears it out even to the edge of doom.
If this be error and upon me proved,
I never writ, nor no man ever loved.

셰익스피어 소네트의 각운은 "abab cdcd efef gg"이다. 이탈리아 소네트와 달리 셰익스피어 소네트는 3개의 4행 시 연들이 모두 하나의 의미 단위들로 의미를 구성하고, 마지막 2행은 결론에 해당되는 시구로 마치 경구(epigram)와 같다. 각운과 관련하여 3개의 4행시가 각각 의미구조를 완성하고 있다. 운율구조와 의미구조가 균형감각을 유지하며, 그 자체로 하나의 통일성과 유기성을 갖추고 있다.

위의 소네트의 화자는 마치 결혼식에서 주례를 맡고 있는 사람이 말하고 있는 것 같다. 주례는 결혼식을 성사시킴에 있어, 자신이 주례를 맡고 있는 이 결혼이 부적절하다고 생각하는 사람이 있으면 말하라고 한다. 소네트의 첫 행은 바로 이 장면을 연출하고 있다. 그리고 소네트 마지막 2행에서 화자는 누군가 결혼의 부적절함을 지적하지 않는다면, 이제 이 결혼이 성사되었음을 발표한다고 말하겠다는 듯이, 두 사람의 사랑이 영원함을 선포하고 있다. 르네상스는 고전주의의 절제와 질서 그리고 조화와 통일성을 갈구하였던 시대였고, 영국 르네상스 시대를 살았던 셰익스피어 역시 그의 소네트에서 고전주의 미학을 충실히 따르고 있다.

르네상스의 문제성

E. M. W. 틸리아드(Tillyard)는 중세와 르네상스를 구별하는 보편적 차이들 가운데 세 가지가 있다고 했다. 첫째 르네상스는 금욕적인 중세와 반대로 대단히 세속적이고 인간주의적이었고, 둘째 중세가 부인하였던 사고들을 르네상스는 자유롭게 허용하게 되었으며, 셋째 예법이 강조되는 방식으로 매우 형식화를 중요하게 생각하고 강조하였다. 그리고 르네상스 사람들이 가져야할 윤리적 덕성을 보여주는 예법(courtesy, decorum)에 영향을 미친 책으로 카스틸리오네(Bladesar Castiglione: 1478-1529)의 『궁정인』(The Book of the Courtier: 1528)을 예로 들고 있다.[20] 말하자면, 예법(decorum)이나 이상(ideal)이 르네상스 미학인 원근법의 소실점이 되었다. 원근법의 문제는 바로 소실점이라는 그 중심에 문제가 있다. 중심이란 많은 것을 생략하게 된다. 중심을 위해 희생할 것이 너무 많다. 르네상스는 이상적인 인간상(ideal humanity)의 표현이 곧 고전주의 미학이라고 생각하였다.

유럽은 물론 영국에서 신사의 지침서라고 불리었던 『궁정인』을 보자. 이 책은 1561년 호비(Thoas Hoby: 1530-66)가 처음 번역하여 영국에 소개하였다. 다음은 저자가 책의 내용을 말한 글이다.

---

20) E. M. W. Tillyard, *The English Renaissance: Fact or Fiction?* (London: The Hogarth Press, 1966), pp. 19-27.

통치자의 궁정에서 사는 신사가 궁정인으로 갖추어야할 예법에 대하여 나는 쓸 것이다. 이곳에서 제시한 예법을 따르면, 그는 모든 방면에서 합리적인 방식으로 통치자를 섬길 수 있고 통치자의 호의를 얻을 수 있을 뿐 아니라, 칭송도 받을 수 있을 것이다. 부족한 점이 하나도 없는 완벽한 궁정인이 어떠한 사람인가를 알게 될 것이다.[21)]

카스틸리오네가 이 책에서 제시하고 있는 궁정인은 섬기는 자가 갖추어야할 덕성이다. 스펜서(Edmund Spenser: 1552-1599)도 1590년 『선녀여왕』(The Faerie Queene) 첫 3권을 출판하는 글에서 편지형식으로 롤리 경(Sir Walter Raleigh)에게 다음과 같이 이야기하고 있다: “이 시를 쓴 목적은 덕성과 신사다운 면모의 훈련을 통하여 신사 또는 귀족을 만드는 것이다.” 그리고 벤 존슨 역시 그의 희곡 「기질로 본 인간상」(Every Man out of his Humour: 1637)의 한 장면에서 이 작품을 이용하였다. 이상을 제시하는 것은 좋으나 그 이상이 인간을 규제하는 수단으로 형식화되면 그 이상은 하나의 폭력이 된다.

원근법은 사물을 바라보는 방식이 되어야지, 사물의 본질을 규정하는 방식이 되면 문제이다. 후기 르네상스의 문제는 바로 후자와 같은 방식으로 사물을 이해하려는 데서 비롯되었다. 그러한 점에서 사이퍼(Sypher)의 다음 글은 중세와 르네상스를 이해하는데 매우 중요한 글이 되고 있다.

고딕 공간은 르네상스 공간과 다르다. 각각의 공간은 각각의 시대가 요구하였던 것이었다. 르네상스 화가는 원근법의 법칙들을 인정하였다. 그들은 소실점의 주위에 장면들을 배치하여 작품의

---

21) Bladesar Castiglione, *The Book of the Courtier*, tr. George Bull (London: Penguin Books, 1983, 1987), p. 39.

> 구성은 고정된 시점에서 생겨난 3차원 공간을 갖게 되었다. 이 “닫힌” 소실점 공간 안에서 인물들과 사물들은 일관되게 한시적인 “깊이의” 공간에 위치하여 있게 되었다. 그들 모두가 “동시성의 시공간”에 함께 있으며 서로 관련성을 맺으며, 그들이 점유하고 있는 장면은 입방체의 경계들이다. 이와 같은 회화 공간은(구성에 있어 건축과 매우 유사하다) 동시성을 보여주고 있다. 르네상스 회화의 원근법은 시간을 한 순간으로 축소하여, 시간과 공간을 결합하고 있어서, 그림 속 인물들과 사물들은, 마치 “정통” 르네상스 드라마의 그것과 같이, 통일된 행동을 취하고 있다.[22]

위와 같은 원급법적인 사고가 왕을 꼭대기 지점에 두고 계급의 계층을 이루는 피라미드 구조의 18세기 절대주의 시대를 열어가게 하였다.

고전주의의 부활을 외치며 시작한 르네상스는 신플라톤주의(Neo-Platonism)의 시작이기도하였다. 이탈리아의 피치노(Marilio Ficino: 1433-1499)와 피코(Pico della Mirandola Giovanni: 1463-1494)가 신플라톤주의의 기수 노릇을 하였다. 그들은 고대희랍의 신비주의를 기독교와 접목하였다. 피치노는 1482년 플로렌스의 코스모(Cosmo de Medici)에게 라틴어로 번역한 플라톤을 헌정하고, 코스모는 이 지식을 전파하기 위해 피치노를 위해 플라톤 아카데미를 열어준다. 피코는 이곳에서 플라톤을 강의하며 플라톤의 나머지 책들도 번역하고, 말년에는 신플라톤주의의 시조인 플로티누스(Plotinus: ?205-270)의 책을 번역하였다. 그러나 실질적으로 신플라톤주의의 꽃을 피운 사람은 피코이다. 그는 인간 본성에는 인간

---

22) Wylie Sypher, *Four Stages of Renaissance Style: Transformations in Art and Literature 1400-1700* (New York: Doubleday & Company, Inc., 1955), pp. 51-2.

의 위대함이 깃들어 있다고 했다. 이제 인간은 새롭게 태어났다. 그는 위대한 인간이 되었다. 르네상스 인간이 탄생하였다.[23] 인간은 사랑을 통하여 신성한 영혼과 합일을 이룰 수 있다고, 그는 주장하였다.

신과의 합일을 위해 우리의 영혼은 세상의 것을 버리고 신성한 곳을 향하여 한다고 말했다. 이제 신과 인간은 이원화된 극단이 아니라, 인간이 노력만하면 신과도 합일할 수 있다는 휴머니즘이 싹트기 시작하였다. 이렇게 신플라톤주의는 현실의 길도 열어주었고, 여기서 현실과 이상이 뒤섞여 혼란이 야기되는 르네상스의 문제점이 잉태되기 시작하였다. 현실주의자인 마키아벨리즘과 이상적인 실천을 목표로 하는 신플라톤주의가 무리 없이 르네상스를 지배하였다. 로스톤(Roston)은 마키아벨리즘의 현실과 신플라톤주의의 이상의 통합이 르네상스의 창조 동력이 되었다고 말한다.

> **르네상스는 이상과 현실의 이들 두 철학적 관점을 뒤섞었다. 그리고 그 이중성을 문학에서 통합하였다. 그리고 르네상스의 독특한 폭과 넓이의 전망을 창조하였다.[24]**

그러나 그 통합은 처음부터 무리가 있었다. 모두가 하나의 아름다움이라는 이상을 향하여 조화를 이루기 위하여서는 자신이 전체의 부분이 되어야한다. 그리고 전체를 위해 부분의 희생을 강요하는 것이 원근법이었다.

원근법의 희생자로 자주 언급되는 화가는 우첼로이다. 르네상스

---

23) Walter Pater, "Pico Della Mirandola," *The Renaissance*, ed. Adam Phillips (Oxford University Press, 1986), p. 27.

24) Murray Roston, *Renaissance Perspectives in Literature and the Visual Arts*, p. 116.

화가이며 예술사학자이기도 한 바사리(Giorgio Vasari: 1511-1574)는 우첼로(Paolo Uccello: 1397-1475)와 원근법과의 관계를 다음과 같이 이야기하고 있다.

> 파올로가 만약 원근법의 문제들을 해결하려는데 시간을 소비한 만큼 인물과 동물에 시간을 들였다면, 그는 지오토이래 현재에 이르기까지 회화역사에서 가장 매혹적이고 가장 영감이 풍부한 화가가 되었을 것이다. 원근법은 기발하고 아름다운 기법이기는 하지만, 그것을 추구하는데 지나치게 몰두하여 시간을 낭비하면, 그는 자신의 천부적인 재능을 소모하고, 종종 뛰어나고 풍부한 재능을 단조롭고 메마른 것으로 전락시키게 된다. 인물보다 원근법에만 관심을 두면, 사물을 너무 세부적으로 검토하여 메마른 인물들만 그려낸다. 그 이외에도, 그와 같은 사람은 고독과 엉뚱한 생각, 우울증과 정신적인 빈곤에 빠지기 십상이다. 파올로 우첼로가 그랬다. 그는 세심하고 섬세한 성품의 소유자였다. 그는 어렵고 불가해한 원근법 문제를 연구하는 데만 즐거워했다. 독창적이고 기발한 작품을 만들려는 연구가 오히려 그가 그림을 그릴 수 없게 했다. 나이가 들수록 더 심했다.[25)]

바사리는 우첼로가 원근법 연구하는데 시간을 다 써버려, 정작 화가로서의 그림을 그리는 일을 게을리 하게 되었다고 했다. 회화 속에 모든 사물들이 서로 연관을 맺으며 부분들이 하나의 관점으로 질서를 이루고 조화를 이루어가는 원근법은 대단히 힘든 작업이다. 공간의 문제를 수학적으로 해결한 원근법은 회화의 미학적인 목적과는 같을 수가 없다. 회화의 미학적인 면을 고려한 회화에서의 원근법은 작위적일 수밖에 없다.

---

25) Giorgio Vasari, *The Lives of the Artists*, tr. Julia Conaway Bondanella & Peter Bondanella (Oxford: Oxford University Press, 1991), p. 74.

고전주의 미학의 개념들로 흔히 말해지고 있는 질서(order), 조화(harmony), 일관성(coherence), 균형(balance), 대칭성(symmetry), 그리고 통일성(unity) 등등의 개념들은 18세기 신고전주의시대에 만들어진 개념들이다. 그리고 이들 개념들은 모두 원근법이 추구하고 있는 르네상스 미학의 하위개념들이다. 원근법은 처음부터 수학적인 입장에 근거하여, 고정된 시점에서 출발하고 있기에 안정감과 일관성을 유지하며 한계를 분명하게 짓는 경계의 미학이다. 회화에서 소실점이 보여주는 피라미드 구조는 문학에서 자주 사용되었다. 특히 드라마에서 구성(plot)은 피라미드의 맨 꼭대기 꼭짓점에 해당되는 파국(climax)을 향하여 갔다가 결말을 향해 갖는 회화의 피라미드 구조와 닮았다. 르네상스는 원근법이라는 수학에 근거한 합리적인 구성력의 이름아래 사물들을 재배치하고, 인간이라는 고정된 시점으로 모든 사고들이 재정리되는 휴머니즘의 시대였다.

인간이 중심이 되었다는 점에서 르네상스가 휴머니즘의 시대라고 말하는 것은 옳다. 그러나 인간 중심의 사고는 사물들의 질서를 바꾸어놓았다. 공동체 의식보다는 개인주의가 팽배하였고, 욕망이 윤리를 앞서서 자리를 차지하였다. 사실 원근법의 고정시점이 중세의 신에서 르네상스의 인간으로 바뀌었다는 점뿐이다. 그러나 인간이 중심의 자리에 서면서 문제가 생겨났다. 그는 자신의 존재의 무게를 감당하지 못하였다. 르네상스 후기 작품들에 존재의 무게를 감당하지 못하는 인물들이 등장한다. 햄릿이 그 중에 한 사람이다. 이제 우리는 르네상스와 바로크 시대의 한 가운데 위치한 매너리즘의 시대를 마주하게 된다. 매너리즘의 작가들은 존재의 짐을 지고 회의와 고통 속에서 탈출구 없이 어둠 속에서 방황하게 된다. 그들은 또 다시 통합을 갈구하며 감격의 시대인 바로크시대를 향하여 가야했다.

르네상스 미학인 원근법은 유기적인 통합과 통일을 추구한다. 20세기 초 모더니즘은 19세기 낭만주의를 비판하며 그들의 미학으로 르네상스의 원근법을 가져다 새롭게 해석하였다. 왜 그랬을까? 낭만주의는 중세의 미학을 가져다 이상으로 삼았다. 러스킨이 그러했듯이 낭만주의자들은 18세기 신고전주의자들을 비판하기위해 신조전주의자들이 칭찬하였던 르네상스를 비판하였다. 그리고 모더니즘은 낭만주의자들이 비판하였던 르네상스를 가져다가 자신들의 미학으로 탈바꿈하였다. 모더니즘 소설들이 르네상스의 원근법에서 중요한 시점(point of view)을 가져다 관점의 실험을 하였던 것이 대표적이다. 사실상 원근법은 현실주의의 마키아벨리즘과 이상주의의 신플라톤주의가 만나 만들어낸 합작품이다. 군주가 자신의 정치적인 권력을 유지하기 위하여 도덕성까지 버려가며 많은 부분을 희생하여도 문제가 없다는 마키아벨리즘은, 이교도적인 것과 기독교적인 것, 그리고 신과 인간의 이질적인 통합을 미학으로 삼았던 신플라톤주의를 모두 아우르는 원근법의 미학이었다. 원근법에서 그들은 말한다. 보이지 않으니, 우리는 알 수 없다고 말한다. 보이지 않는다고, 그가 볼 수 없다고 존재하는 것이 존재하지 않는 것이 아니다.

17세기 초 형이상학파 시와 매너리즘(Mannerism)

- 자의식의 미학 -

최근까지만 해도 이 시기를 말해줄 이름을 우리는 갖지 못했다. 르네상스 낙관주의가 흔들리자, (르네상스 미의 기준이었던) 균형감(proportion)이 무너지고, 대신 병적인 창의력과 과감한 기지의 실험이 이뤄졌다. 그리고 예술과 문학은 기대치 않게 자체의 접점들을 찾아야했다. 그들은 접점으로 근사성(approximation), 양면성(equivocation), 그리고 융통성(accommodation)을 원칙들로 삼았고, 작가들과 화가들은 그때 그들의 감성(sensibility)을 과도하게 사용하였다. 예로, 제임스1세 치세 동안 공연되었던 드라마(Jacobean drama:1603-25)가 보여주는 "수치를 느끼게 하는 쓰레기더미" 에 들어가면 우리는 방향을 잃고 판단력이 흐려진다. 이 혼란스런 시기가 매너리즘(mannerism)이다. 예술 사가들이 명명한 이 시기는 르네상스의 일부라고 말할 수도 있다. 그러나 르네상스 예술양식은 균형(proportion)과 조화(harmony)와 통일성(unity)의 개념에 근거했던 시기였고, 매너리즘은 "형식상 르네상스 양식을 해체하였던" 시기이다.[1)]

1) Wylie Sypher, *Four Stages of Renaissance Style: Transformations in Art and Literature 1400-1700* (Garden City, New York: Doubleday & Company, Inc., 1955), p. 164.

매너리즘의 정의

예술사에서 매너리즘은 르네상스의 마지막 화가인 라파엘(Raphael: 1483-1520)이 죽은 1520년부터 1620년까지를 이른다. 라파엘이 죽은 1520년은 그렇다하고 1620년은 어떠한 기준을 따른 것인가? 1620년은 트렌트 종교회의(1545-63)와 관련이 있다. 결국 1520년에서 100년이 지난 날짜가 1620이다. 그러나 바로크 시대를 1600년부터 시작하여 1700까지로 잡는다면, 매너리즘은 바로크 시대로 들어와서도 한 동안 지속되었던 양식이다. 매너리즘의 화가들로 손꼽히는 벨라스케스(Diego Roderiguez de Silva Velásquez: 1599-1660)나 렘브란트(Van Rijin Rembrandt Harmensz: 1606-1669)는 1660대까지 훌륭한 작품들을 생산하였다. 그렇다면 매너리즘 연구자들이 라파엘 사망 이전인 1520년 이전에서 매너리즘의 특징들을 찾는 것도 이상하지 않다. 문학에 있어서도 밀턴의 시들 가운데 초기 시 「리시더스」(Lycidas)는 매너리즘의 시로, 그리고 「실낙원」(Paradise Lost)을 바로크 시로 분류하는 방식 또한, 매너리즘과 바로크를 사조로 분류하기보다는 양식사로 분류하는 경향에서 비롯된 것이다.

매너리즘의 연구는 인상주의(Impressionism)와 표현주의(Expressionism)가 바로크 예술에 대하여 관심을 가지면서 시작되었다. 1884년 파리에서 열린 앙뎅팡당 전시회(Salon des Indenpendents)와 함께 시작한 인상주의와, 1910년대 독일의 비평가들이 표현주의라 명명한 유파는 모두 바로크 작가로 엘 그레코(El

Greco: 1541-1614)를 새롭게 평가하면서 출발하였다. 두 유파는 모두 고전주의 미학을 표방한 신고전주의의 아카데미즘의 살롱 예술에 대한 반감을 표시하며 시작하였고, 르네상스의 고전주의 미학을 해체하는 바로크 화가로 엘 그레코를 그들의 모델로 삼았다. 그리고 제1차 세계대전이 끝난 1919년부터 제2차 세계대전(1939-1945)이 발발한 직후인 20년 동안 프랑스를 중심으로 한 초현실주의자(Surrealism)들은 바로크와 이질적인 특성을 지닌 매너리즘을 분리하여 생각하기 시작하였다.

매너리즘은 르네상스와 바로크시대를 이어주는 전환의 시대이다. 그러나 역사가들이 매너리즘을 하나의 양식으로, 또는 한 시대로 명명하기로 꺼리는 이유가 있다. 한 시대를 명명할 때 우리는 그 시대를 아우르는 통합된 양식을 전제로 하고 있다. 그러나 매너리즘은 두 개의 통합양식들 사이에서 두 양식을 연결해 주는 역할을 했을 뿐이다. 여기에서 문제는 두 통합된 양식 사이에 끼인 매너리즘이 너무나 독특하여 그 시대를 이해할 미학을 필요로 할 정도로 강력한 미학을 구축하고 있다는 점이다. 우리는 자주 너무나 뚜렷이 르네상스와 바로크라는 두 시대를 구별하여 이야기하는데, 그들 뚜렷한 두 시기를 갖기까지의 중간지대에 대한 이해가 필요하다. 그러한 점에서라도 매너리즘의 이해는 매우 중요하다.

매너리즘의 가장 일반적인 의미는 앞선 시대의 거장들을 모방하는 양식이다. 그러니 한 시대의 거장을 대체할 수 있는 다른 거장이 등장하면 매너리즘은 사라져야할 운명에 처한다. 예술 사가들이 매너리즘을 바로크에 흡수시켜 생각하였던 이유도 그러한 입장에서였다. 그러나 예술 사가들이 말하고 있는 매너리즘은 거장의 단순한 모방과는 좀 다르다. 굳이 설명하자면 매너리즘은 비판적 모방이다. 모방에 자의식을 담아, 모방 대상을 해체하는 방식으로 르네상스를 비판하는 것이 매너리즘이다. 르네상스 이후 바로크라는 통합된 미학이 만들어지기까지 100년 동안은 르네상스 미학을 해체한 방식으로 매너리즘이 지배해 왔다.

매너리즘의 이태리어 "manierismo"는 "maniéra"에서 유래한 것으로 "양식"(style, fashion, manner)의 뜻이다. 그리고 이태리어 "maniéra"는 "수완"(savoir-faire), "쉽게 해냄"(effortless accomplishment), "조작"(manipulation), 혹은 "꾸밈"(sophistication)의 의미를 지닌다.[2] 이 단어를 예술비평용어로 처음 사용한 사람은 이탈리아 화가이고 예술사가인 바사리(Giorgio Vasari: 1511-1574)이다. 그는 그의 책 『예술가들의 전기』의 제3부 서문에서 화가들이 선배 화가들에게서 가장 훌륭한 부분들만을 취하여 하나의 양식으로 만들었다고 말하고 있다:

> 가장 아름다운 양식(maniéra)은 가장 아름다운 대상들을 모사하는데서 온다. 가장 아름다운 손, 머리, 몸, 다리 등을 함께 배열하여, 이들 가장 아름다운 것들로부터 가장 완전한 인물이 만들어진다. 그리고 그는 그것을 자신의 작품의 모든 인물들의 모범으로 삼는다. 이것이 아름다운 양식(bella maniéra)이다.[3]

그리고 바사리는 매너리즘의 대표적인 화가 파르미지니아노(Parmigianino, Girolamo Francesco Mazzola: 1503-1540)를 다음과 같이 말하고 있다.

---

2) John Shearman, *Mannerism* (London: Penguin Books, 1967), p. 17.
3) Giorgio Vasari, *The Lives of the Artists*, tr. Julia Conaway Bondanella & Pter Bondanella (Oxford: Oxford University Press, 1991), pp. 277-8.

파르마 태생인 프란체스코 마조라는 다행스럽게도 훌륭한 화가에게 요구되는 자질들을 모두 하늘로부터 부여받았다. 그는 다른 재능 있는 화가들이 갖고 있는 양식들에 자신만이 가지고 있는 양식들을 덧붙여, 그의 형상들은 사랑스러움과 즐거움 그리고 매력을 더하였다.

바사리가 말하고 있듯이 매너리즘은 새로움이 아니라, 더 나아짐이다. 매너리즘의 미적기준은 이전 작품들보다 더 아름다움이다. 매너리즘의 작가들은 전통의 단절이 아니라, 보다 "더 멋진 기법을 찾는 자의식"(artifice)을 작품 속에 담았다고 할 수 있다. 영문학에서 매너리즘 사고를 가장 잘 표현하고 있는 글은 시인이며 비평가인 시드니(Philip Sidney: 1554-1586)의 다음 글이다.

단지 시인만이 뭔가에 묶여 있기를 싫어한다. 그는 발명(invention)이라는 활력으로 비상하여 다른 자연(other nature)을 만들어낸다. 그는 자연을 더 훌륭하게 하고, 더 새롭게 하며, 자연에 없는 것을 만들어 내기도 한다. 예를 들어, 영웅들, 반인반신들, 호머(Homer)의 『오디세이』에 등장하는 애꾸눈 거인들(Cyclops), 분노의 여신들(Furies) 등이 그들이다. 그렇게 시인은 자연과 손을 잡고 있기는 하지만, 자연의 한계에 머무르지 않고, 자신의 기지(Wit)의 공간을 만들어 그곳에서 자유롭게 기지를 편다. 자연은 시인들이 펼쳐 놓는 아름다운 경관을 우리에게 건네주지 않았다. 자연은 시인들이 보여주는 아름다운 강들, 풍성한 과일 나무들, 달콤한 향기를 뿜어내는 꽃들로 지구를 채우지 않았다. 자연의 시대가 우리에게 청동시대를 주었다면, 시인은 우리에게 황금시대를 열어놓았다.[4]

---

4) Philip Sidney, "An Apology for Poetry," *English Critical Texts*, ed. D. J. Enlight & Ernst de Chickera (London: Oxford University Press, 1962, 1964), p. 8.

이곳에서 시드니가 말하는 발명(invention)은 낭만주의시대가 말하는 이전에 없던 것을 창조한다는 의미의 발명이 아니라, 전에 있었던 것을 새롭게 한다는 의미의 매너리즘 시대가 말하는 발명이다. 기존의 것보다 더 훌륭하게 만들어 낸 것이 매너리즘의 발명이다.

매너리즘 시대의 문학작품들을 비평하며 자주 등장하는 낱말이 기지(Wit)이다. 시드니도 그의 비평문에서 말하고 있듯이, 작가는 자신의 기지로 자신의 예술세계가 펼쳐질 예술 공간을 만든다. 작가의 예술 공간은 작가의 기지가 만들어낸 공간이다. 이때 작가는 이전의 어느 작가들보다 더 훌륭한 작품을 만들어낸다는 자의식을 갖고 예술의 세계를 창조하였다. 그리고 이때 그러한 작가의 수완이 기지이고, 그 기지가 곧 예술(Art)이다. 그렇게 매너리즘 작가들은 자신의 작품 속에 예술의 세계를 보여주려는 자의식을 갖고 작품 활동을 했다. 그리고 독자는 작품 속에서 예술세계를 창조한 작가의 기지를 발견할 수 있게 된다. 그런데 문제는 작가의 예술 공간이 해결을 위한 해결의 작위적 공간이라는데 있다. 어떻게 해서 그런 일이 벌어졌을까? 어느 시대도 안정된 시대는 없다. 안정을 축구하였던 시대의 흔적이 있을 뿐이다. 그러한 의미에서 매너리즘은 르네상스의 문제점들을 해결하는 미봉책이었다. 그러나 미봉책이었어도, 그것은 해결방식이었다. 그러한 의미로 매너리즘은 하나의 양식사를 점유할 가치가 있다.

매너리즘의 미학[5)]

스페인의 궁정화가 벨라스께즈(Diego Roderiguez de Silva Velázquez: 1599-1660)는 1656년 「시녀들」(Las Meninas)이라는 매혹적인 그림 한편을 남겨 후세 사람들을 당혹하게 한다. "영원히

---

5) 사이퍼(Wylie Sypher)는 매너리즘의 특징들로 다음 6가지를 들고 있다: 1) 균형감의 교란(Disturbed Balance) 2) 임시변통의 기술들(Techniques of Accommodation 3) 극적인 책략(Dramatic Artifice) 4) 관점의 다변화(Revolving View) 5) 해결되지 않은 긴장들(Unresolved Tensions) 6) 변화하는 실상들(Shifting Planes of Reality). 위에서 사이퍼가 제시하고 있는 특징들을 좀 더 구체적으로 살펴보자. 1) 르네상스 사람들이 추구하였던 균형감(Proportion)의 구성요소들인 조화(Harmony)와 명료성(Clarity) 그리고 통일성(Unity) 등이 햄릿(Hamlet)의 내적인 동요와 같이 교란되는 매너리즘의 인물상들이 나타나고, 2) 이성적으로 알 수 없고 모든 결과에 내재해 있는 캘빈(Calvin)의 자의적인 하나님(Wilful God)이나, 상황에 따라 해결방식을 달리하는 "상황에 근거해 대처하는 임시변통"(Casuistry)의 예수회의 입장 등은 1517년 종교개혁(Reformation)이후 로마교회가 대처한 반종교개혁과, 프로테스탄트의 대처방안은 르네상스가 보여주었던 인간과 세계 사이의 이상적인 균형감을 깨뜨려 그 해결방안이란 단순히 가능성(Possibility)이나 개연성(Probability)을 제시하는 것이 전부였다. 그들은 모두 임시변통의 얼렁뚱땅한 해결 아닌 해결로 기껏해야 멋들어진 수완이나 책략을 보여줄 뿐이었다. 3) 결국 인간은 늘 불안한 상태에서 위기에 몰려 결정을 내리지 못하고 저항할 수도 없이 목표도 없이 그저 충동에 이끌려 극적인 충격의 효과를 통해 결말을 맺는 방식으로 진정한 해결이 아닌 충격의 결말을 맞았다. 매너리즘은 바로 그 자체가 하나의 상황을 연출하는 드라마였다. 4) 매너리즘의 작가들은 다양한 시점들을 실험하여 해결 불가능한 내적 갈등들의 파편화와 불협화음과 이질적인 것들이 뒤엉켜 괴팍함을 미학으로 삼았다. 5) 매너리즘의 부조화와 불안의 요소들은 극적인 임시변통의 해결방식 말고는 달리 해결방식 없이 미결정의 불안 요소를 남겨 놓았다. 6) 매너리즘은 단순화 할 수 없는 우리가 살고 있는 세상을 다변화하고 그 복잡성을 노출하는 방식으로 르네상스를 해체하였다. Wylie Sypher, *Four Stages of Renaissance Style: Transformations in Art and Literature 1400-1700*, pp. 100-79.

풀리지 않는 문제들로 가득 찬 매혹적인 그림"[6]이라는 고유명사를 달고 다니는 이 그림에 대하여 미셸 푸코(Michel Foucault)는 그의 책 『말과 사물』(les Mots et les Choses:1966)의 첫 장을 할애하여 글을 쓰고 있다. 잡지 「메르퀴르 드 프랑스」에 실렸던 것을 이 책의 첫 장에 삽입하였는데, 이 글은 이 책이 성공하는데 크게 기여하였다. 특히 이 글은 "책의 주제들을 예고하는 일종의 발문"[7] 형식을 띠었다. 푸코는 관점(perspective)에 근거하여 이 그림을 13쪽에 걸쳐 길게 분석한 후에 다음과 같이 결론을 맺고 있다.

> 벨라스께즈(Velázquez)의 그림은 고전적 의미의 재현이란 무엇인지를 재현하고 있다. 그리고 그 작품은 공간이 무엇인지를 정의하고 있다. 즉, 재현을 구성하는 요소들과 이미지들과, 재현된 것을 바라보는 눈들과, 재현이 보여주는 얼굴들, 그리고 재현이 그 존재 의미를 갖게 하는 몸짓들, 그들 모두를 통해 재현이란 무엇인가를 보여준다. 재현이 모두 함께 모여, 우리 앞에 펼쳐지는 가운데, 어쩔 수 없이 강압적으로 지적되고 있는 본질적인 공백이 있다. 즉 재현하려는 인물도 없고, 재현된 것을 바라보고 있는 사람의 눈 속에는 재현된 것도 없다. 재현이란 주제 그 자체가 사라져버렸다. 그리고 재현은 이제 재현을 강요하는 문맥에서 완전히 자유로워져, 가장 순수한 형식의 재현 그 자체를 보여주고 있다.[8]

푸코는 벨라스케즈의 그림이 재현의 대상이 없이 재현 그 자체를 보여주는 작품이라고 말한다.

---

6) 마들렌느/로울렌드 메인스톤, 『17세기의 미술』, 윤귀원 옮김 (서울: 애경출판사, 1991), 72쪽.
7) 디디에 에리봉, 『미셸 푸코(상)』, 박정자 옮김 (서울: 시각과 언어, 1995), 273쪽.
8) Michel Foucault, *The Order of Things: An Archaeology of the Human Sciences* (New York: Vintage Books, 1973), p. 16.

그렇다면 왜 그가 그런 말을 하고 있는지 그림을 살펴 볼 필요가 있다. 그림의 왼쪽을 보면 캔버스가 등을 관람자 쪽을 향해 비스듬히 놓여있다. 그 앞에는 그림과 그림물감이 칠해진 판자를 든 화가가 자신이 그리고 있는 그림이 아니라 관람자를 정면으로 응시하고 있다. 그림의 한 가운데 놓여 있는 거울 속에는 그곳에 막 도착한 왕과 왕비의 모습이 비쳐져있다. 그리고 거울 오른쪽으로 문을 들어와서 방안을 지켜보는 신사가 있고, 그림 가운데에는 어린 공주가 깜찍하게 머리를 오른쪽으로 하고 정면을 바라본다. 그리고 오른쪽으로 창이 있어 그곳으로부터 빛이 방안으로 들어오고 있다. 공주의 좌우로는 시녀가 두 명이 있다. 왼쪽의 시녀는 무릎을 꿇고 공주와 같은 눈높이를 맞추고 있다. 그러나 공주는 그녀와 다른 방향으로 눈길을 돌리고 있다. 그녀는 방안으로 들어오는 왕과 왕비를 쳐다보는데 그 눈빛이 매우 새침하다. 예쁘게 보이려는 표정을 짓고 있다. 더구나 그녀는 정면으로 바라보는 것이 아니라, 약간 옆얼굴을 보여주는 방식으로 앞을 바라보고 있다. 오른쪽 시녀의 뒤쪽으로 한 여인이 한 남자와 이야기를 하고 있는 모습이 보인다. 그녀는 머리를 아래로 하고 시선은 대각선 방향 아래쪽을 향하고 있다. 그리고 남자는 그 여인과 왕과 왕비를 동시에 바라보고 있다. 오른쪽 앞쪽으로 시녀의 오른쪽으로 난장이가 있다. 그는 앞의 왕과 왕비를 정면으로 바라보고 있다. 그리고 공주와 비슷한 나이의 소녀가 난장이의 팔꿈치에 손을 얹고 수줍게 땅을 쳐다보고 있다. 맨 앞에는 개 한 마리가 편안하게 앉아 땅을 쳐다보고 있다.

모두들 무엇인가 보고 있으나, 그들 모두 어느 한 곳을 바라보고 있지 않는다. 개를 포함하여 12개의 시점이 분산되어 있다.

푸코가 말하고 있듯이, 이 그림에는 무엇을 재현하려고 했는지를 알 수 없다. 등을 뒤로 하고 있으니 무엇을 재현하려고 했는지 캔버스의 내용을 알 수 없고, 왕과 왕비는 거울 속에 비춰진 그림 바깥에 있는 인물들로, 보고 있는 사람들이 아니라, 그림 속 인물들로부터 보임을 당하고 있는 인물들이다. 그들은 거울 속 인물들로 재현의 주체는 아니다. 그림 속 인물들 모두가 보고 있으나 보임을 당하는 인물들이다. 모두들 자신들이 보는 곳만 바라보고 그들이 함께 어느 한 곳을 바라보는 곳도 없다. 특히 화가가 캔버스의 등을 관람자를 향하여 돌려놓고, 마치 관람자를 그리려는 설정이 매우 흥미롭다. 관람자가 화가의 눈에 사로 잡혀 재현의 대상이 되고 있다. 관람자는 이때 보는 자가 아니라, 화가의 모델로 보임을 당하는 위치에 있다. 이 그림은 서로를 재현하고, 서로에게 재현당하고 있는, 순수 재현의 공간을 재현하고 있다.

푸코는 이 그림을 고전적 의미의 재현을 재현하고 있다고 말하고 있다. 그렇다면 고전적 의미의 재현이란 무엇인가? 그림은 고전적 의미로 재현이다. 그런데 그 그림이 그림을 재현하고 있는 것이라면, 마치 극 속에 극이 있는 것과 같이 재현하고 있는 것이다. 매체 그 자체를 재현하는 것이 되어, 그 재현은 메타픽션(metafiction)의 의미를 지닌다. 즉, 벨라스께즈의 그림은 그림이 무엇인지를 그림으로 재현하는 그림이라고 말할 수 있다. 고전적 의미의 재현이 자연(nature)이라면, 그 재현을 재현한 것은 예술(art)이다. 이와 같은 예술의 개념이 매너리즘이다. 매너리즘은 재현되어 자연으로 인식되고 있는 재현된 대상을 다시 재현함으로, 재현이 가지는 "조작적인 의미"(artificiality)를 보여주고 있다. 그렇게 이 그림은 재현이란 무엇인가? 그림이란 무엇인가? 등의 질문을 그림으로 재현하고 있다.

대표적인 매너리즘 예술작품과 쌍을 이루는 문학작품으로 세르반테스(Cervantes: 1544-1616)의 『돈키호테』(Don Quixote)를 말할 수 있다. 돈키호테는 현실과 환상 사이를 오가는 우화적인 인물이다. 그는 자신이 읽은 기사도 문학 작품이 그리고 있는 이상적인 세계를 현실세계에서 그대로 실현하려고 했다. 또한 그는 현실을 현실로 받아들이지 않고, 자신이 마주한 현실을 기사도 문학이 언어화하고 있는 문학세계로 변형하여 그 변형된 세계에서 자신의 삶을 살아간다. 푸코는 돈키호테 역시 벨라스께즈의 그림과 같은 재현방식을 취하고 있다고 말하고 있다.

> 돈키호테 자신이 언어이고, 텍스트이고, 인쇄된 내용이고, 이미 전에 기록된 이야기들이다. 그는 이미 만들어진 낱말들이다. 그는 사물들의 유사성들을 찾아 세상을 배회하며, 그 자신이 바로 글쓰기이다. 그러나 다 그렇지는 않다. 현실에서 몰락한 하급 귀족으로, 그가 기사가 될 수 있었던 것은, 기사도 형식에 법적 근거를 마련해준 오래된 서사시에 근거하여서이다. 그 서사시는 그의 존재 근거라기보다는 그가 무엇을 해야 하는지 의무를 지워주었다. 그는 무엇을 해야 하고, 무엇을 말해야 하는지를 알아보기 위해, 그리고 그가, 만들어진 책과 본질적으로 똑같은 사람이라는 것을 보여주기 위해, 자신과 다른 사람들에게 어떠한 모습들을 보여주어야 하는지를 알아보기 위해, 그 책을 계속 검토해야 했다. 그 기사도 로망스들은 그의 모험의 규정집이었다. 그리고 모든 에피소드, 모든 결정, 모든 활동은 돈키호테가 그의 책으로부터 발견한 모든 모습들과 똑 같은 사람이라는 것을 보여주는 또 다른 근거였다. 그러나 그가 그들과 똑같이 되고 싶어 했다는 사실은, 그가 그들을 검토대상으로 삼았다는 것이고, 글속의 사람들 모습들은 눈에 보이는 현실의 사람들과는 더 이상 닮아있지 않았다는 사실을 의미하였다.[9)]

재현의 대상이 현실의 인간이 아니라 책속의 인물이었다는 사실은,

---

9) *Ibid.*, p.46

벨라스께즈의 그림에서 재현이 그림을 그리는 그림을 재현한 것과 같은 논리에서 출발한 수사이다. 『돈키호테』에서 구체적으로 가장 매너리즘의 특징을 두드러지게 보여주는 장면은 제2부에서 주인공 돈키호테가 제1부를 읽은 사람들을 만나는 장면이다. 매너리즘은 모두 텍스트의 문제성을 문제 삼고 있다. 회화가 무엇인가 하는 질문을 회화가 재현하고, 문학이란 무엇인가를 문학이 문제 삼아 그것을 재현의 대상으로 삼았다.

매너리즘과 17세기 영국형이상학파 시

영문학에서의 매너리즘 경향은 17세기 형이상학파시들에서 찾아볼 수 있다. 사무엘 존슨(Samuel Johnson: 1709-1784)은 카울리(Abraham Cowley: 1618-1667) 전기에서 17세기 초에 던(John Donne: 1572-1631)을 중심으로 한 일련의 시인들을 "형이상학파 시인"(metaphysical poets)이란 말을 처음 사용하였다. 그는 같은 글에서 형이상학파 시인들이 사용하고 있는 시어와 관련하여 "기지"(Wit)라는 말을 사용한다. 우리는 이곳에서 문학비평에 있어서 매우 흥미로운 사실 하나를 발견한다. 존슨이 시의 내용이 아니라, 시어 그 자체에 대하여 문제를 삼으며 시를 비평하고 있다는 사실이다. 다시 말해 17세기 형이상학파 시인들은 시어 그 자체에 관심을 갖고 시를 썼다는 말이 된다. 여기에서 존슨이 형이상학파 시인들을 비판하고 있는 글을 보자:

> 포웁(Alexander Pope: 1688-1744)이 기지(Wit)에 대한 다음의 말이 옳다면, - "기지란 자주 생각은 하고 있었지만, 그렇게 훌륭히 표현된 적이 없는 표현이다," - 형이상학파 시인들은 그 기지에 이르지 못하였고, 그런 기지를 추구한 것도 아니다. 그들은 좀 별난 생각을 하기는 했지만, 그들의 시어에는 무심했다. 그러나 포웁이 기지에 대한 정의는 분명 잘못된 바가 있다. 그는 기지가 갖고 있는 본디 위엄성을 끌어내렸다. 기지란 사고를 부추기는 힘인데, 기지를 사고가 제대로 언어를 찾았다는 의미로 축소시켜놓았다. 좀 더 고상하고, 좀 더 적합한 개념으로서의 기지란 어떤가? 분명하지는 않더라고, 처음 기지가 나타

날 때, 자연스럽고 새롭다면 바로 그것이 기지라는 생각이 들 것이다. 기지를 찾지 못했던 사람이, 누군가 기지를 찾았을 때, 어떻게 그는 그것을 찾지 못했을까 하고 이상해하는 것이 기지라면, 형이상학파 시인들은 이런 종류의 기지에 이르지 못했다. 그들의 생각이 새롭기는 하나, 자연스러운 경우가 드물다. 그들의 생각은 분명하지 않고, 옳은 것도 아니다. 독자는 그가 어떻게 그런 생각을 못했을까 하고 의아해하기는커녕, 삐뚤어진 생각을 얼마나 열심히 하면 그런 생각을 할 수 있을까하고 자주 의아해 한다. 그러나 독자에게 불러일으킬 효과를 염두에 둔 기지란 일종의 "부조화의 조화"(discordia concors)이어서 경직되고 철학적인 냄새가 풍긴다. 이질적인 이미지들이 결합하거나, 명백히 유사하지 않은 것들 가운데서 이상하게 닮아 있는 사실을 찾아내는 것이 그것이다. 그들은 기지에 대하여 정의되고 있는 그 이상의 것도 생각한다. 가장 이질적인 개념들을 억지(violence)로 결합하려한다. 즉, 설명하고 비교하고 암시하기 위해 그들은 자연과 예술을 샅샅이 뒤진다. 독자는 그들을 알아 배움을 얻고, 그들의 신비함에 놀라워한다. 그러나 그러한 단계까지 이르기 위해서 상당한 대가를 치러야 한다는 사실을 독자는 잘 안다. 그리고 자주 놀라워하기는 하지만, 즐거워하는 경우는 드물다.[10)]

사무엘 존슨은 매너리즘과 바로크 시대이후 등장한 신고전주의 비평가로, 그는 고전주의 미학의 덕목들인 "질서"와 "비례", "통일성"과 "조화"와 위배되는 매너리즘의 미학이 마음에 들지 않았을 것이다. 부조화와 이질성 그리고 자연스럽지 않은 억지(violence)에 가까운 이미지들의 결합이, 르네상스 전통을 이어받은 18세기 신고전주의자 존슨의 문학관에 비추어보면 분명 미학적이지 않았을 것이다. 그가 보기에 매너리즘 이미지들이 뒤틀려 있고, 모호하며, 무질

10) Samuel Johnson, *Lives of the English Poets, volume one,* (London: J. M. Dent & Sons Ltd., 1925), p. 11

서하고, 균형감이 없이, 너무나 기교적이고 조작적이었을 것이다.

존슨은 매너리즘의 작품들을 보는 독자나 또는 관람하는 관람자들은 상상력이 필요하다고 했다. 만일 그들이 작품을 이해할 수 없다면, 그들의 상상력의 부재로 불안해 할 것이다. 사실 매너리즘 작품들 모두는 불안정과 불안함을 독자에게 가져다주는 미학 또한 갖고 있다. 그들은 독자의 안정성을 흔드는 쪽으로 작품의 미학을 발전시켰다. 왜냐하면 그들은 고전주의 미학을 파괴하여, 안정과 조화와 균형에 균열을 가하여 형상들이 움직임을 극대화하려고 했기 때문이다. 그래서 매너리즘 시대의 작품들은 웅변적이고, 다재다능한 거장의 솜씨를 보여준다는 정신에서 출발하였다. 그런 까닭에 매너리즘 작품들은 조작적(artificiality)이고 주지적(intellectual)이고, 자의식적인 면이 두드러져있다. 작가들은 그들의 예술 목표를 르네상스의 안정성을 해체하는 방향으로 설정하였기에 그러했다. 매너리즘은 내용보다는 형식이 더 중요하였다. 그들은 르네상스 고전미학의 명료성보다는 복잡하고 애매성을 강조하였다.

존슨은 매너리즘 작품들이 "부조화의 조화"를 이루고 있다고 말한다. 그가 생각하기에 모든 문학작품들은 조화를 이루고 있을 때 비로소 미적효과를 이룬다는 르네상스 미학을 유지하고 있었다. 그는 부조화에서 조화를 끌어내려고 했다. 그래서 부조화의 조화라는 말을 하기도 했다. 그러나 매너리즘 작품들을 보면, 조화를 이야기하려고 한 것이 아니라, 부조화를 이야기하려하고 있다. 르네상스 미학의 조화의 허구성을 드러내려고 부조화에 대하여 이야기하고 있다. 예로, 미켈란젤로는 명암과 거리감을 주고 동작을 통해 삼차원의 세계를 보여주기 위해 형상들을 뒤틀어 놓았다. 형이상학파 시인들의 작품들도 마찬가지이다. 매너리즘의 이미지들이 이질적 것들과 부조화한 것들의 결합이라고 말하지만, 부조화가 가져오는 대립하고 대조되는 효과는, 18세기 신고전주의 비평가들이 말하듯이, 단순히 독자들에게 놀라움을 주기 위한 작가의 기발한 기교(Wit)만은 아니었다. 형이상학파 시인들은 매너리즘 예술가들이 그러하였듯이, 르네상스의 안정성을 흔들어 그 안정성의 허구성을 보여주기 위하여 이미지들을 뒤틀고, 예술에서 원근법이 수학에 근거하여 작은 것도 보는 사람의 바로 눈앞에 가져다 놓아 크게 보이게 하듯이 (foreshortening), 르네상스의 안정적인 이미지들의 허구성을 보여주기 위해 사소한 것을 크게 보이게 하였다. 큰 것도 멀리 있으면 작게 보이게 보여 주여야 하고, 작은 것도 가까이 있으면 멀리 있는 큰 것과 비교하여 크게 보여주어야 한다. 그러나 멀리 있는 큰 것의 크기를 작게 그리면, 앞에 있는 작은 것은 상대적으로 크게 그려져 괴물과 같이 보인다. 형이상학파 시인들은 작은 것들을 우리 눈앞에 크게 확대하여 가져다 놓아서 이질적인 것으로 보이게 하는 방식으로 이미지들을 구성하였다. 그렇게 소우주가 대우주가 되고, 대우주가 소우주가 되었다.

17세기 형이상학파 시인들 가운데 가장 잘 알려진 시인은 존 던(John Donne: 1572-1631)이다. 그의 시를 살펴보기 전에, 그가 크게 병이 들어 죽기 전 자신의 죽음에 대하여 취했던 그의 행동을 보자. 그의 행동은 매너리즘이 무엇인가를 보여주는 매우 흥미로운 사례이다.

> 멋진 생각이 들자, 던 박사(Dr. Donne)는 조각가를 불러 유골의 둘레와 높이를 알려주고, 나무로 유골단지를 하나 만들라고 했다. 그리고 유골단지와 함께 자신의 키와 같은 길이의 판자를 하나 가져오라고 했다. 두 가지가 준비되자, 지체 없이 그는 그가 선택한 화가를 불러 자신의 초상화를 그리게 하였다. 진행상황은 다음과 같다. - 먼저 그의 큰 서재 곳곳에 숯불들을 지

피게 했다. 그리고 그는 그의 손에 수의를 들고 서재로 들어와, 입고 있던 그의 옷들을 모두 벗고, 그가 자져온 수의를 자신에게 입히도록 하였다. 그리고 그의 머리와 발, 그리고 손을 널빤지와 함께 끈으로 묶게 하였다. 보통 시신을 수의로 입혀 관 안에 놓고, 그 관을 무덤 속에 넣을 때 그러하듯이 그렇게 똑같이 그를 수의로 입히게 하였다. 그리고 그는 유골단지 위로 올라가 서서 두 눈을 감았다. 그는 그의 창백하게 여위어 죽은 자와 같은 얼굴을 되도록이면 많이 보이게 하기 위해 수의를 바깥으로 많이 밀어냈다. 그리고 우리의 주 예수가 재림할 때를 기다리는 자세로, 그는 그의 얼굴을 동쪽으로 돌렸다. 그는 이런 자세를 취하고 나서, 화가에게 똑 같은 크기로 그림을 그리라고 했다. 그림이 완성되자, 그는 그 그림을 침대 곁에 세워 놓게 했다. 그리고 그것은 그가 죽을 때 까지 그곳에 있었다. 그는 죽을 때까지 자주 그것을 바라보았다.[11]

이와 같은 던의 태도에 대하여 사피어(Sypher)는, "던은 기지를 발휘하여 자신이 욕정이 많은 사람임을 드러내고, 상대방이 말을 계속하도록 하기 위해 자신이 믿지도 않는 사실을 말하는 '악마의 변호'와 같이 자살에 대하여 말하기도 했다. 그러나 사실 그는 자신이 원하는 결과를 얻기 위해 정직하지 못한 간접적인 방식으로 논리를 전개하여, 자신이 찾고 있는 진리를 삐뚤어지고, 이상한 방식으로 바라보는 까닭에, 자신의 생각들에 생채기를 내었다."[12] 그가 하는 모든 말에는 진실이 담겨있지 않다. 그는 우리가 믿고 있는 진리의 조작 가능성(artificiality)에 대하여 이야기하려고 하였다. 그의 시가 쉽지 않은 것은, 진리의 허구성을 밝혀내기 위해 그가 사용하는 방

---

11) Izaak Walton, *The Lives of John Donne, Sir Henry Wotton, Richard Hooker, Gorge Herbert & Robert Sanderson* (London: Oxford University Press, 1927, 1950), p.78

12) Wylie Sypher, *Four Stages of Renaissance Style: Transformations in Art and Literature 1400-1700* , p. 114.

식이 정직하지 않고 간접적인 방식을 취하여, 그가 사용하는 그 논리 그 자체가 매우 허구성을 지녔다는 점을 드러내기 위해 그렇게 말한 것이다. 우리가 믿고 있는 허구성을 밝히기 위해 그는 그 자신 허구의 구조를 이용하여, 그것이 허구임을 이야기하려했다. 그의 위대성이 여기에 있다. 그가 허구를 밝혀내기 위해 그가 직접적이고 정직한 방식을 취하였다면, 그는 그 자신 허구의 덫에 자신이 걸리게 된다. 그가 정직하게 주장하는 논리, 그 자체도 또 다른 허구의 논리임을 그는 알고 있었다. 그는 20세기 해체주의자들과 같이, 해체하는 그 자체 이외에 어떤 대안을 제시하려하지 않았다. 대안 그 자체가 허구이기 때문이다.

던의 시 「벼룩」(The Flea)은 1635년에 출판된 『노래와 소네트』(Songs and Sonnets)란 시집에 첫 번째 시로 실렸던 시로 당대에도 매우 유명하였다. 이 시는 "aa bb cc ddd"의 각운으로 9행 3연으로 되어 있다. 먼저 첫 번째 9행 1연을 보자.

> 자 벼룩을 보세요, 당신이 나에게 부인한 사랑이 얼마나 헛된 것이었는지 이 벼룩을 보세요. 벼룩이 처음 나의 피를 빨았다가, 이제는 당신의 피를 빨고 있군요. 그리고 우리 두 사람의 피가 이 벼룩에게서 섞였습니다. 당신이 알고 있듯이, 이 일이 죄가 되거나 수치가 되거나 처녀성 상실이라고 할 수 없습니다. 벼룩은 구애하기도 전에 즐기기부터 했습니다. 두 사람의 피가 하나 되도록 잔뜩 먹어 통통해졌습니다. 아쉽게도 이놈이 우리가 할 수 있는 것 그 이상을 했습니다.

> Mark but this flea, and mark in this,
> How little that which thou deniest me is;
> Me it sucked first, and now sucks thee,
> And in this flea our two bloods mingled be;

Thou know'st that this cannot be said
A sin, shame, or loss of maidenhead,
Yet this enjoys before it wooo,
And pampered swells with one blood made of two,
And this, alas, is more than we would do.

화자는 자신의 사랑을 거부한 여인에게 대화하듯이 이야기를 하고 있다. 벼룩이 먼저 화자의 피를 먹고, 그 다음에 여인의 피를 먹어, 두 사람의 피가 벼룩이 안에서 하나가 되어 섞였다. 마치 성관계를 연상하게 하는 구절이다. 두 사람은 구애하기도 전에 먼저 성관계를 한 것이 되었다. 그렇다면 사랑이란 어디에 있는가? 사랑이란 육체적인 사랑을 나누기 이전에 있어야 하는 절차이다. 그러나 절차 없이 결과가 발생하였다. 사랑을 말하고 있는 시는 전통적으로 구애를 표현한 시이다. 그렇다면 이 시는 사랑의 시가 아닌가?

오, 멈추세요. 벼룩이 속에 있는 세 생명을 죽이지 마세요. 우리는 벼룩이 속에서 결혼했을 뿐입니다. 이 벼룩은 당신과 나입니다. 그리고 벼룩은 우리의 신방이고 결혼식장입니다. 부모들과 당신도 섭섭하기야하겠지만, 우리는 만나서 벼룩의 검은 보석으로 지어진 이들 벽들 속에 갇혀있게 되었습니다. 사랑의 시들이 그러하듯이(use) 나의 사랑을 거부하고 싶겠지만, 그러지 마세요, 자살이 첨가되고, 신성모독이 되고, 셋을 살해하는 세 번의 죄를 짓게 됩니다.

Oh stay, three lives on one flea spare,
Where we almost, nay more than married are.
This flea is you and I, and this
Our marriage bed and marriage temple is;
Though parents grudge, and you, we are met,
And cloistered in these living walls of jet.

Let no to that, self-murder added be,
And sacrilege, three sins in killing three.

여인이 벼룩을 죽이려하자, 화자는 세 생명을 죽이는 것이니 벼룩을 죽이지 말라고 말한다. 벼룩은 두 사람의 신방이고 결혼식장이고, 세 생명이 함께 하는 곳이다. 르네상스 연애 시에서 사랑에 빠진 화자는 사랑하는 여인에게 자신의 생명을 구하는 셈치고 자신의 사랑을 받아달라고 호소한다. 연애 시에서 사랑과 죽음은 늘 함께하는 주요한 낱말들이다. 가장 이상적인 사랑은 죽음을 동반한 사랑이다. 기독교에서 예수가 인간을 사랑하여 인간의 죄를 짊어지고 죽음을 택한 것과 같다. 그리고 시에서 벼룩을 죽이는 것이 신성모독이 될까? 성찬식에서 주님의 피는 포도주이고 주님의 살은 빵이다. 벼룩의 몸에서 피가 섞이는 것은, 우리가 성찬식에서 포도주를 마셔서 하나님과 함께하는 것과 같다. 그리고 결혼식은 성스런 예식이고, 성찬식과 같이 피를 함께 나눈다는 의미와 같다. 그런데 벼룩을 죽이면 그러한 성례를 부인하는 행위가 된다. 그래서 신성모독이다. 다음으로 마지막 연을 보자.

잔인하게 갑자기, 왜 죄 없는 피로 당신의 손톱을 붉게 물들였습니까? 이 벼룩이 당신으로부터 빨아들인 그 핏방울 말고 무슨 죄를 지었습니까? 자 이제 당신은 승자가 되어, 당신 자신이나 내가 그 일로 더 허약해지지 않았다고 말합니다. 사실이 그렇습니다. 자 두려움이란 얼마나 거짓된 것인지 배우세요. 당신이 나의 사랑을 받아줄 때, 이 벼룩의 죽음이 당신의 생명을 앗아간 그 만큼의 명예만이 실추될 것입니다.

Cruel and sudden, hast thou since

Purpled thy nail in blood of innocence?
Wherein could this flea guilty be,
Except in that drop which it sucked from thee?
Yet thou triumph'st, and say'st that thou
Find'st noy thy self nor me the weaker now;
'Tis true; then learn how false fears be:
Just so much honor, when thou yield'st to me,
Will waste, as this flea's death took life from thee.

사랑하는 여인이 벼룩을 죽이자, 화자는 만일 그녀가 그의 사랑을 받아주면, 단지 벼룩의 죽음만큼, 그 정도의 명예가 실추될 것이니, 그의 사랑을 받아달라고 말한다. 그러고 보면 이 시는 사랑을 구하는 구애의 시이다. 상대가 그의 사랑을 받아들이기를 두려워하자, 화자는 두려움을 잊게 하는 수단으로 벼룩의 죽음을 예로 들고 있다. 사랑을 받아주기를 두려워하는 이면에는 자신의 명예가 손상될까해서이다. 이 시에서 문제는 두 사람이 사랑하고, 사랑하지 않고의 문제가 아니다. 전통적으로 연애 시에서 사랑을 위해 금욕을 제기한다. 그러나 사랑은 결합을 의미하는 것이지, 분리를 말하는 것은 아니다. 사랑하니까 떨어져 있어야하고 헤어져야하고, 결합을 최대한 피하는 방향으로 지연해야 진정한 사랑이다. 급기야 결합이 불가능한 사랑만이 사랑이라고 말한다. 진정한 사랑은 결합에 있다고 말하고, 진정한 사랑을 위하여 사랑의 불가능성을 말하는 것은 논리적이지 않다. 전통적으로 사랑의 시는 육체적인 결합을 갈망하는 사랑과 금욕이라는 이질적인 결합을 표현하였다. 던은 전통적인 사랑의 논리가 가지는 허구성을 말하기 위해 성찬식과 같은 종교 예식의 은유를 사용하였다. 사랑의 논리에는 단순히 순수한 사랑만 있는 것이 아니다. 사랑의 논리에는 죄와 순수함이라는 종교의 개념이 들어있고, 자신의 명예를 생각해야 하는 이기심이 들어 있다.

우리는 던이 르네상스 연애 시들이 보여주었던 사랑의 미학의 허구성을 해체하는 방식으로 시를 썼다는 것을 알고 있다. 그러나 그를 가장 매너리즘의 작가로 만드는 두 가지 특징을 지적할 수 있다. 하나는 그가 일상성과 신성성을 혼란스럽게 결합시키고 있다는 점이고, 또 다른 하나는 기존의 교회가 주장하고 있었던 상징성의 세속화에 대하여 회의를 갖고 있었다는 점이다. 우리가 잘 알고 있다시피 그는 성공회의 목사로, 폴 성당의 사제(Dean of St Paul's)이기도 했고, 설교들을 모아 설교집들을 출간한 종교지도자이기도 했다. 그가 매너리즘의 사고방식으로 생각하였던 것은 당시의 반종교개혁과 예수회의 영향이 컸다.

매너리즘은 반종교개혁(Counter-Reformation)과 매우 밀접한 관계를 맺고 있다. 로마교회는 1517년 루터와 함께 시작한 종교개혁(Reformation)에 대처하기 위하여 트렌트 종교회의(Trent Council: 1545-63)를 열었는데, "트렌트 종교회의가 한 일은, 매너리즘 시대가 마주한 양심의 위기를, 융통성(accommodation)과 기지나 기술(artifice)이라는 책략을 통해 해결하는 것이었다. 즉, 그 책략으로 프로테스탄트의 도전에 대처하였고, 내부의 부패를 지웠으며, 종교재판을 통해 이교도를 공격하였다. 그렇게 트렌트 종교회의는 두 가지 방안을 가지고 대처했다. 하나는 교리들을 재정비하고, 다른 하나는 성상의 숭배와 같이, 신앙심을 보여주는 성찬식과 교회의식들을 이용하도록 격려하였다."[13] 이와 같은 대처에 대하여 1540년 로마교회로부터 교단승인을 받은 예수회는 적극 반종교개혁에 동참하였다. 예수회를 창립한 로욜라가 쓴 『영성훈련』(Spiritual

---

13) Wylie Sypher, *Four Stages of Renaissance Style: Transformations in Art and Literature 1400-1700* , p. 162.

Exercises: 1541)의 다음 두 글을 보자. 다음은 교회와 함께 생각해야할 규칙들 가운데 8번째와 13번째 내용이다:

> 전투적인 교회에서 올바른 마음가짐을 갖기 위해 우리는 다음의 규칙들을 준수해야한다:
>
> 8. 성상들(sacred images)은 물론 교회 건물들과 교회 장식물들을 칭송하고, 그들이 제시하고 있는 바를 따라 그들을 경배해야 한다.
>
> 13. 우리가 모든 것들을 올바르게 판단하고 있다고 확신하더라도, 우리는 항상 다음의 규칙을 따라야 한다. 내가 본 흰 것을 교회가 검은 것이라고 규정하면, 나는 그 흰 것이 검은 것이라고 믿어야 한다. 왜냐하면 신랑 되시는 우리 주 그리스도와 신부되는 그의 교회 가운데는, 우리의 영혼을 구원하기 위해 우리를 통제하고 인도하는 오직 하나의 성령만이 있음을 우리가 믿기 때문이고, 우리에게 십계명을 주신 성령과 하나님은 같은 분으로, 그 분이 우리의 성모 교회를 통제하시고 인도하시기 때문이다.[14)]

위에서 보는 바와 같이 예수회는 신자들에게 교회의 절대 권위에 복종하라 하였고, 교회의 모든 의식에 참여하고 교회의 성상들을 경배하라고 가르쳤다. 그리고 1562년 트렌토 종교회의 제 22회기(session)에서는 "미사에서 장엄한 예배"를 드려야 하는 이유에 대하여 다음과 같이 말하고 있다.

> 인간의 본성상, 외부 도움 없이 인간이 신성한 대상을 사고할 수 없다. 그러므로 성모의 교회는 예식을 수행해야한다. 그리고 미사를 집행할 때도 낮은 목소리로 말할 때가 있고, 좀 큰소리

14) St. Ignatius, *The Spiritual Exercises of St. Ignatius,* tr. Anthony Mottoloa (Garden City, New York: A Division of Doubleday & Company, Inc., 1964), pp. 140-1.

> 로 말해야 될 때가 있다. 교회는 사도 교과와 전통에서 비롯된, 신비함을 불러일으키는 축복의 기도, 불빛, 향 피우기, 제복과 그 이외에 많은 다른 것들로 예식을 수행함으로, 종교와 신앙심을 바깥으로 드러나 보여주게 되어, 성찬의 위엄이 권고되고, 신앙심이 일어나, 성찬에 암시되어 있는 가장 중요한 것들을 생각하게 해준다.

위와 같은 트렌트 종교회의의 유연한 태도는 예수회의 임기응변의 얼렁뚱땅하는 그때 상황에 근거한 상황근거추론(casuistry)의 입장과 맞닿아 있다. 결과가 중요하여 수단은 문제가 되지 않는다는 입장이다. 윤리적인 문제가 발생할 때마다 상황에 근거한 판단을 내리는 까닭에 기회주의라는 비난을 받기 쉬워, 본질적으로 불건전하고 속임수가 있을 수 있는 추론방식일 가능성이 있다. 이러한 종교 풍토에서 형이상학파 시인들은, 자신들이 원하는 사고에 이르기 위하여 모든 이미지들을 동원하여 시에서 사용한 것은 이상할 것이 없다. 위의 인용문에서 보았듯이, 반-종교개혁론자들이 보기에, 인간은 결과를 얻기 위하여 수단이 필요하였고, 신성한 경험에 이르기 위해서는 성상과 같은 감각적인 외부의 도움이 필요하였다.

앞에서 우리는 매너리즘의 대표적인 예술가로 미켈란젤로를 예로 들며 그의 조각상과 회화에서 형상들이 모두 몸을 뒤틀어, 역동성과 불균형 그리고 불안함을 보여주고 있다고 했다. 형이상학파 시인들이 그랬다. 그들은 반종교개혁이 가져온 예식의 세속화에 회의를 가지고 있었다. 그리고 세속성과 신성성의 양쪽의 안정적인 이념들을 뒤틀어 안정성의 허구성을 노출하려하였다. 던의 시 「벼룩」의 경우를 보면, 사랑의 이상성을 뒤틀어 사랑의 세속성에 우리가 얼마나 신성성의 의미를 부여하고 있는가를 보여주는 과정에서, 신성성으로 분류되는 교회의 의식들의 세속화의 위험성을 말해주고 있다.

그는 사제이기에 더 그런 생각을 하였다. 종교개혁에 대항하여 반종교개혁의 일환으로 트렌트 종교회의가 성상들의 숭배를 적극 권장하면서 종교의 세속화가 가속화 되었다. 그리고 결과를 얻기 위하여 수단이 정당화되는 결과를 맺기도 했다. 즉, 매너리즘 시대는 이질적이고 불안정하더라도 안정성을 해체하기 위한 많은 기법들을 생산해 내었고, 우리는 그들의 작품들에서 작품의 허구성(artificiality)까지도 노출하는 작가의 자의식을 마주하게 된다.

그렇다면 당시에 던에 대한 평가는 어떠하였을까? 토마스 커루(Thomas Carew: ?1595-?1639)는 던이 죽었을 때 그의 비가를 썼다. 그의 시 "던 박사, 폴 성당 사제장의 죽음에 부친 비가"(An Elegy upon the Death of Doctor Donne, Dean of Paul's)에서 그는 던이 영문학사에서 차지하는 위치에 대하여 다음과 같이 쓰고 있다.

> 현란한 잡초들로 무성한 시의 신(Muse)의 정원을 당신이 말끔히 청소했다. 단순히 모방만 일삼던 게으른 종자들을 다 뽑아버리고, 새 시 형식(fresh invention)이 심어졌다. 파산하여 궁핍한 우리 시대의 부채들을 모두 당신이 탕감하였다. 시의 열기를 모방의 기운으로 만드는 방자한 도둑질들로, 우리 영혼들은 사로잡혀 있었으니, 아나크레온(Anacreon) 식의 열광이거나 핀다(Pindar) 식의 열광, 그러나 그들의 열광은 아니었다.
>
> The Muses' garden, with pedantic weeds
> O'erspread, was purg'd by thee; the lazy seeds
> Of servile imitation thrown away,
> And fresh invention planted; thou didst pay
> The debts of our penurious bankrupt age;
> Licentious thefts, that make poetic rage
> A mimic fury, when our souls must be

Possess'd, or with Anacreon's ecstasy,
Or Pindar's, not their own;(25-33)[15]

이 시에서 커루가 던을 칭찬하는 것은, 그리스 서정시인들 아나크레온(Anacreon: B.C. 6세기)이나 핀다(Pindar: 522?-442? B.C.)의 시 형식을 가져다 쓴 모방이 아닌, 그만의 새로운 시 형식(fresh invention)이었다. 20세기에 T. S. 엘리엇은 그의 글 「형이상학파 시인들」(The Metaphysical Poets: 1921)에서 17세기 형이상학파 시인들을 높이 평가하며, 그들은 "사고를 감각적으로 직접 인식하였다"고 했다. 그들에게서 "감수성의 분열이 이루어지지 않았다"(dissociation of sensibility)라고 말하였다. 그들은 사고를 감각적으로 하였다고 했다. 커루 역시 같은 시에서, 엘리엇이 말하였던 시인이 바로 던이라는 뜻의 말을 하고 있다: "사고가 도달할 수 없는 것을, 감각이 판단하였다."(sense might judge what fancy could not reach)(20) 커루는 감각을 통하여 사고를 인식하려하였던 던의 능력을 높이 평가하여, 그를 "기지에 있어서 세계적인 군주"(The universal monarchy of wit)(96)라고 말하였다. 던이 그와 같은 시를 쓸 수 있었던 것은 앞에서도 지적하였듯이, 성상 숭배를 장려하였던 반종교개혁의 시기에 살면서, 그가 감각의 중요성을 인식하였기 때문이다. 그렇게 17세기 형이상학파 시인들은 르네상스를 통한 고전주의의 재발견을 비판적으로 모방한 영국시의 전통을 만들어가는 출발점이었다. 그리고 던이 바로 그 선두주자였다고 커루는 시에서 말한다.

사랑의 정의라는 똑같은 주제를 가지고 시를 쓴 또 다른 형이상

---

15) *Minor Poets of the 17th Century: the Works of Lord Herbert, Thomas Carew, Sir John Suckling, Richard Lovelace*, ed. R. G. Howarth (London: J. M. Dent & Sons Ltd., 1931, 1959). p. 123.

학파 시인, 마블(Andrew Marvell: 1621-1678)의 시를 보자. 던은 벼룩을 통해서만이 사랑을 완성할 수 있다는 사랑의 불가능성을 그의 시 「벼룩」에서 보여주었다. 그렇다면 마블은 어떻게 사랑을 정의하고 있는지, 그의 8연 4행시 "사랑의 정의"(The Definition of Love)를 보자. 각운은 "abab"이다.

> 나의 사랑은 태생이 희귀하다. 낯설고 고귀한 것이 그러하듯 그러하다. 불가능이 절망과 짝하여 탄생해서이다.
>
> My love is of a birth as rare
> As 'tis, for object, strange and high;
> It was begotten by Despair
> Upon Impossibility.

만일 우리가 문학적인 전통을 고려하지 않고, 시 그 자체의 구조만을 이야기한다면 다음과 같이 말할 수 있다: "모든 것을 변증법의 검증에 맡기는 방식으로, 플라톤으로부터 시작한 사랑의 정의를 검토하고 있다. 특히 의심의 여지가 전혀 없는 경외감보다는, 비판적인 분석방식을 취하고 있다."16) 그러나 시적전통에서 보면, 이 시는 엘리자베스 시대의 연애 시의 전통을 이어받아 그 전통을 비판하는 방식으로 써졌다. 르네상스 연애 시들은 12세기 프랑스 남부 프로방스 지방에서 유행하였던 "궁정식 사랑 기법"(courtois amour)에 근거하고 있다. 기사도의 사랑에 근거한 전통을 따라, 화자는 그의 사랑을 거부하는 무정한 여인을 그리워하고 자신의 신세를 한탄하

---

16) Harold E. Toliver, "Marvell's 'Definition of love' and Poetry of Self-Exploration," *Andrew Marvell: A Collection of Critical Essays,* ed. George de F. Lord (New Jersey: Prentice-Hall, Inc., Englewood Cliffs, 1968). p. 75.

는 절망의 노래를 부른다. 사랑하는 여인은 늘 화자보다 신분이 높고 인품도 출중하여, 화자가 감히 사랑하여 소유할 수 없는 여자이다. 마블은 르네상스의 연애시의 시적구조를 첫 연에서 이야기하고 있다.

그리고 제2연에서 그의 사랑에 있어서 절망이 무엇인지를 구체적으로 말하고 있다. 불가능이 전제되면 그곳에 절망의 공간이 펼쳐진다. 절망의 공간은 현실 공간이 아니라 상상의 공간이다.

> 엄청난 절망감만이 나에게 매우 신성한 것을 보여 주려하는데,
> 그곳에서 희망은 미약하여 날아오를 수 없고, 헛되이 양철 날개
> 만을 펄럭일 뿐이다.

> Magnanimous Despair alone
> Could show me so divine a thing,
> Where feeble Hope could ne'er have flown
> But vainly flapped its tinsel wing.

사랑이 절망적이면 그 사랑은 신성하다. 이루어질 수 없기에 신성하고, 신성하기에 절망적이다. 플라톤의 이상세계에서 영혼은 날개를 달고 있다. 그러나 절망의 세계에서 희망은 처음부터 허약하여 날갯짓을 할 수 없다. 시에서 양철(tinsel)은 크리스마스 나무를 장식할 때 사용하는 밝고 현란한 금속성 물질의 금박지나 은박지를 뜻한다. 우리는 이곳에서 르네상스 시를 비판하는 매너리즘의 비판적인 목소리를 들을 수 있다. 르네상스 연애 시에서 절망에 근거한 사랑은 처음부터 성취가 불가능하여 모든 희망이 배제되고 있다. 사랑을 통하여 신성한 곳에 이르려는 그의 희망은 단지 헛된 장식일 뿐이다. 결국 르네상스와 같이 사랑에 불가능이 전제되면, 그곳에는 사랑이 없고, 사랑을 통한 구원도 없다는 것이 마블의 생각이다.

불가능(impossibility)이란 의미구조는 제3연과 4연에서 운명(Fate)이라는 시적형식으로 전환된다. 운명이란 제3자의 개입이 완전히 차단된 그 자체로 완성된 형식이다. 운명은 그 자체가 근거이고 기초이고 구조이다. 절대적이고 중립이다, 그런 운명이 인간들 사이에 끼어들어 제3자가 되면 신화가 된다.

> 그러나 나의 영혼은 급히 빠져나가 나의 연장된 영혼이 머물고 있는 곳에 다다를 것이다. 그러나 운명은 우리 둘 사이에 쇠말뚝을 박아 항상 그곳에 끼어든다.
>
> 운명은 두 사람의 완전한 사랑을 시기심이 어린 눈으로 바라보고, 가까워지는 것을 막는다. 그들의 결합은 운명의 파멸이고, 폭정을 마감하는 일이 될 것이다.
>
> And yet I quickly might arrive
> Where my extended soul is fixed;
> But Fate does iron wedges drive,
> And always crowds itself betwixt.
>
> For Fate with jealous eye does see
> Two perfect loves, nor lets them close;
> Their union would her ruin be,
> And her tyrannic power depose.

운명은 방해꾼으로 연인의 사랑에 삼각구도를 형성한다. 시에서 보면 두 사람의 결합은 영혼의 결합이지 육체의 결합은 아니다. 화자는 영혼의 문제는 접어두고, 연인의 육체의 결합이 불가능함을 운명의 형식에 할애한다. 이곳에서 운명은 부정(negation)의 형식이다. 그렇다면 육체의 결합이 더 중요하다고 절망하는 것인가? 절망의 원인은 육체 결합이 불가능하여 발생한 것인가?

다음 두 연은 연인의 육체결합이 불가능함을 천체물리학의 용어를 들어 설명한다. 이제 사랑의 형식은 우주적인 의미로 재해석된다. 두 연인은 서로 마주 볼 수는 있으나, 결합이 불가능한 북극과 남극이다. 그들의 사랑 그 자체가 불가능한 사랑의 형식이다.

> 운명이 강한 명령을 내려 우리를 양극으로 떼어 놓았다. (사랑의 온전한 세계가 우리를 축으로 돌아가고 있지만) 우리는 서로 포옹할 수가 없다.
>
> 빙빙 도는 하늘이 무너져, 지구가 새롭게 모습을 바꿀 때, 우리를 만나게 하기 위해 세상이 모두 평면으로 찌그러지고서야 우리는 만날 수 있다.

> And therefore her decrees of steel
> Us as the distant poles have placed
> (Though Love's whole world on us doth wheel).
> Not by themselves to be embraced,
>
> Unless the giddy heaven fall,
> And earth some new convulsion tear,
> And, us to join, the world should all
> Be cramped into a plainsphere.

신플라톤주의와 단테의 『신곡』에서 우주를 움직이게 하는 것은 하나님의 사랑이다. 우리는 이곳에서 단테의 『신곡』 가운데 「천국」편의 마지막 구절을 상기하게 된다.

> 그러나 이제 나의 욕망(disio)과 의지(velle)는 고르게 돌아가는 수레바퀴와 같이, 태양과 그 외의 별들을 움직이는 사랑(amor)으로 돌아가고 있었다.
> (「천국」 33장 143-6행)

마블의 시에서 사랑은 하나님의 우주적인 사랑이 아니다. 두 연인, 그들만의 사랑이다. 그들을 축으로 돌아가는 세상이다. 두 연인은 남극과 북극이 되어 우주의 대변혁으로 지구가 납작하게 될 때까지는 만날 수 없다. 그러나 두 연인이 양극에 위치하여 서로 만날 수 없는 사랑의 형식이 우주를 움직이게 하는 근거가 된다. 그러한 의미에서 그들의 사랑은 신성하고, 우주적이다. 흥미롭게도 연인들의 불가능한 사랑이 곧 우주의 질서가 된다. 이런 유형의 논리는 새로운 논리의 시적구조이다. 문제는 그 의미가 시적비유의 논리라는 점이다.

비유의 의미는 재현의 의미만을 지닌다. 마치 돈키호테가 제1부의 책을 읽은 독자들을 제2부에서 만나듯이, 마블의 시에서 연인들의 불가능한 사랑이 우주를 움직이게 한다는 말은 비유에서 비롯된 의미, 그 이상은 아니다. 재현은 재현일 뿐이다. 베넷(Joan Bennet)은 그러한 재현에 대하여, "단지 언어가 지니는 우연성(linguistic accident)이 마블로 하여금 그가 원하는 결과를 얻게 해주고 있다." 라고 말한다.[17] 시가 지니는 극적인 요소가 시구조의 모순성을 막아주는 방패역할을 하고 있어, 그 위험성이 바깥으로 들어나지 않고 있는 셈이다. 그러나 이질적인 요소들이 지니고 있는 긴장감은 시에서 해소되지 않고 있어서, 시를 다 읽고 난 후 독자들은 다시 회의

---

17) Joan Bennet, *Five Metaphysical Poets: Donne, Herbert, Vaughan, Crashaw, Marvell* (Cambridge: Cambridge University Press, 1966), p. 124.

에 빠져들어, 허구의 참담함에 씁쓸함을 느낀다.

언어가 가지는 허구성, 즉, 언어의 논리성만을 따르면 어떠한 결과를 맺게 되는가를 보여주기 위해 마블은 마지막 2연을 준비하였다. 이곳에서 시인은 기지를 발휘하여, 연인들의 사랑이 불가능한 이유를 기하학의 은유를 통하여 말하고 있다.

> 선들이 그러하듯, 사선을 긋는 사랑은 모든 각도에서 만난다.
> 그러나 우리의 사랑은 평행을 긋는 사랑이어서, 무한대로 가더라도, 결코 만날 수 없다.
>
> 사랑이 우리를 묶고 있으나, 운명이 시기심으로 갈라놓은 우리 사랑은, 마음으로 결합되어 있으나, (몸은) 반대편에 있는 별들이다.
>
> As lines, so loves oblique may well
> Themselves in every angle greet;
> But ours, so truly parallel,
> Though infinite, can never meet.
>
> Therefore the Love which us doth bind,
> But Fate so enviously debars,
> Is the conjunction of the mind,
> And opposition of the stars.

사선이 언젠가는 만나고, 평행선은 영원히 만날 수 없듯이, 사랑도 마찬가지이다. 화자는 자신의 사랑이 평행선의 사랑이라고 말한다. 그의 사랑은 불가능의 형식인 평행사랑이다. 마음은 합일을 이루었지만, 육체는 합일이 불가능하다고 한다. 그렇다면 육체적인 사랑은 평행선이고, 정신적인 사랑은 사선이다. 그리고 운명은 두 연인의 정신이 만나게는 해주지만, 육체는 만나지 못하게 따로 떼어놓는다. 마블은 이 시에서 육체적인 사랑은 거부되고, 정신적인 사랑만이 존재하는 사랑의 형식에 대하여 이야기하며, 그 사랑은 불가능한 형식의 사랑이라고 말한다. 그리고 이러한 사랑 불가능 형식에 훼방꾼으로 운명을 이야기한다. 기하학의 은유에 의미를 부여하는 것이 운명이다. 운명은 수학적 명증성에 끼어들어가 사랑의 정의에 의미를 부여한다. 사랑의 불가능성을 해석해주는 운명은 사실 허구이다. 마블은 기하학을 시에 끌어들여 사랑의 불가능성을 증명할 뿐이다. 시에서 사랑의 의미는 없고, 사랑의 불가능성의 논리만이 존재할 뿐이다.

*

매너리즘과 바로크는 같은 시대에 함께 하였던 양식사이다. 매너리즘이 르네상스의 고전적인 안정성을 해체하는 과정 그 자체를 보여주었다면, 바로크는 해체하고 통합하는 과정까지 보여주었다. 매너리즘의 세계가 불안정하고 회의적이고, 불균형의 불안함이 있다면, 바로크는 매너리즘의 불안을 안정적이게 하는 통합적인 미학을 추구하였다. 두 사조 모두 감각으로 사고를 통합하려는 시도를 보인 것은 같지만, 매너리즘은 통합의 시도 그 자체를 그대로 노출하고 있는 반면, 바로크는 감각으로 사고를 완전 통합하였다. 바로크는 감격의 미학이라는 호칭을 받을 만큼 통합이 이루어졌다. 그러나 여전히 매너리즘이라는 사조는 인정받지 못하고 바로크와 통합하여 사용되고 있다. 예로, 매너리즘의 화가로 볼 수 있는 호가스(William Hogarth: 1697-1764)의 개가 있는 「자화상」을 보자. 자화상은 그림 속 액자 속에 있고, 액자 앞에 개가 한 마리 그려있다. 개가 그림의 주체이고 개의 그림에 장식처럼 자화상이 액자 속에 그려있다. 우리는 자화상이란 그 텍스트에 문제성을 발견한다. 자화상이란 무엇인가? 액자 속에 있는 것이 진짜 그림이라는 말인가? 페브스너(Pevsner)는 이 그림에 대하여, "개가 화가의 자화상이 그려진 타원의 그림틀 밖에 그려있다. 그림 속 그림이 있는 바로크 기법이다,"[18]라고 말하며, 우리가 매너리즘의 기법이라고 말하였던 것을 바로크 기법이라고 말하고 있다.

현대에 들어와 우리는 매너리즘의 기법이 다시 한 번 유행하는 것을 본다. 현대회화에서 신문지 조각을 더덕더덕 붙여 놓은 콜라지 기법이나, 미래파의 기수였던 뒤샹(Marcel Duchamp: 1887-1986)이 화장실 변기를 화랑에 설치할 때, 우리는 과연 예술작품이란 무엇인가하고, 예술 그 자체에 문제를 제기하는 예술품들을 마주하는데, 이들 모두는 형이상학파 시인들이 시란 과연 무엇인가하고 질문하는 그 형식을 시로 쓴 것과 다르지 않다. 우리는 던이 시에 종교를 끌어들였고, 마블이 기하학을 시에 끌어들여, 시가 과연 무엇인가 하는 것을 시로 썼던 것을 보았다. 두 시인은 그 과정에서 시가 가지고 있는 허구성이나 예술이 가지고 있는 조작을 노출하는 방식으로 매너리즘을 실험하고 있었다.

18) Nikolasus Pevsner, *The Englishness of English Art* (London: Penguin Books, 1956, 1993), p. 58.

17세기 영문학과 바로크(Baroque)

- 감격과 장관(Spectacle)의 미학 -

바로크(Baroque) 예술은 자신의 강령을 큰 소리로 말한다. 트렌트 종교회의(Trent Council)가 웅장하고 권위 있는 소리로 강령을 발표했기 때문이다. 외적인 장중함(splendor)으로 이교도를 압도했다. 이교도를 말로 설득하지 말라했다. 장대하고 화려하고 경이로움(grandeurs)으로 회의론자를 신앙으로 이끌라 했다. 그리고 과장된 목소리(magniloquence)로 진리를 보장했다. 바로크 양식을 설명하는 글들이 내리는 결론은 하나같이 그 양식이 구경거리가 될 만한 멋진 장관(spectacle)임을 보여준다. 매너리즘 예술의 특징이라 할 불확실성들을 해결할 수 있는 해답은, 바로크의 과도할 정도의 과장된 말투(overstatement)뿐이다. 육체와 물질(flesh), 동력과 활력(energy), 부피(mass), 공간(space), 높이(height), 색깔(color), 그리고 빛(light) 등에 모두 감격과 감동할 만한 과도함이 있었다. 핏기 없이 메마른 매너리즘의 형상들과 대조되게, 바로크는 풍요와 풍부함(plenitude)의 양식으로, 모두를 포용하는 멋진 수려함으로 매너리즘 미학을 변형시켜놓았다. 바로크는 최상급을 지향하는 절정의 예술이었다.[1]

---

1) Wylie Sypher, *Four Stages of Renaissance Style: Transformations in Art and Literature 1400-1700* (Garden City, New York: Doubleday & Company, Inc., 1955), p. 181.

바로크, 그리고 매너리즘

중세의 고딕(Gothic)이나 17세기 초 매너리즘(Mannerism) 사조와 같이 바로크(Baroque)라는 사조 역시 하나의 양식사로 그 이름을 부여받기 전에는 다분히 조롱하거나 비방하는 어투의 용어로 사용되었다. 바로크의 어원은 "일그러진 모양의 진주"를 뜻하는 포르투갈어 "barroco" 또는 스페인어 "barruecco"에서 유래하였다. 이 단어가 처음 프랑스어 아카데미 사전에 수록된 것은 1718년이었다. 그리고 1740년 같은 사전은 이 낱말의 의미를 다음과 같이 기록하고 있다: "바로크는 비유적으로 불규칙, 이상함, 불균형의 의미로 쓰인다."[2] 18세기 "프랑스 문학 비평가들과 미술 비평가들은 이탈리아 건축, 즉 바로크 건축을 배척하기 위해 '괴상함'이나 '이상함'이란 뜻으로 '바로크'(baroque)를 사용했다."[3] 그래서 프랑스는 바로크를 하나의 사조로 구분하여 사용하지 않았다. 그러다가 20세기 들어와 프랑스 제네바 학파 마르셀 레이몽을 중심으로 바로크를 하나의 사조로 구분하고, 장 루세를 비롯한 연구가들이 바로크를 활발히 연구하기 시작하였다.

바로크가 하나의 예술사조로 처음 사용된 곳은 야곱 부르크하르트(Jacob Burckhardt)가 그의 책 『키케로네』(Cicerone:1860)에서 르네상스와 바로크를 분리하여 사용하고 나서의 일이다. 그리고 20년 후 1880년 하인리히 뵐플린(Heinrich Wölfflin)이 『르네상스와

2) V. L. 따띠에, 『바로크 예술』, 김정숙 옮김 (서울: 탐구당, 1988), 9쪽.
3) 장 루세, 『바로크 문학』(1953), 조화림 옮김 (서울: 예림기획, 2001), 251쪽.

바로크』(Renaissance und Barock)라는 저서를 내놓으며, 바로크는 르네상스에서 분리되어 하나의 예술사조로 자리매김을 하였고, 이후 연구도 활발히 이루어졌다. 그러나 뵐플린은 이 책에서 건축에 있어서의 르네상스와 바로크의 차이를 설명하고 있을 뿐, 예술 전반에 대하여 이야기하지는 않았다. 그리고 35년 후인 1915년 뵐플린은 자신의 저서 『예술사의 기본 개념들』(Kunstgeschichtliche Grundbegriffe)에서 앞의 책의 내용을 발전시켜 회화와 조각 그리고 건축 등 모든 예술분야에서의 르네상스와 바로크의 차이를 설명하였다. 뵐플린은 이 책에서 모든 예술사를 고전주의, 아니면 바로크라는 이분법적인 방식으로 미학의 기준을 설정하였다. 그는 르네상스를 고전주의 미학과 동일하게 생각하였다. 이렇게 기준을 세우고 보니, 르네상스와 구별되는 중세의 고딕에서도 바로크의 경향을 찾아볼 수 있다는 주장이 나오게 되었다.

독일 표현주의자들은 1910년대에 자신들의 예술사적 기준을 바로크 예술의 미학기준에서 찾았다. 그리고 10년 후인 1920년대 초현실주의자들이 매너리즘에 관심을 두면서 본격적으로 르네상스는 3가지 형태로 구분되어 연구되기 시작하였다. 사실상 뵐플린의 초역사적인 이분법적 사조 구분, 즉, 고전주의 아니면 바로크라는 사고방식을 극복하기 위해서라도 매너리즘은 새롭게 조명되어야 했다. 그러나 일각에서는 아직도 매너리즘을 따로 구분하지 않고 르네상스와 바로크만으로 사조를 나누어, 매너리즘을 바로크에 포함하여 사고하려는 경향이 있다. 예로, 다음의 피터 머레이(Peter Murray)의 글을 보자:

> 매너리즘은 결국 양식 그 자체를 부정하는 양식이다. 바로크는 매너리즘의 그러한 요소까지도 수용하여 그 요소를 새롭게 종합하는 양식이다.[4)]

머레이 역시 뵐플린과 같이 초역사적인 이분법적인 사관으로 예술사를 바라보아서 그런 말을 한 것이다.

『옥스퍼드 영어사전』(OED)은 영국에서 바로크가 처음 사용된 것은 1818년이라며, 르네상스 후기 17세기 건축양식이라고 그 의미를 한정하여 말하고 있다. 그러나 20세기 들어오면서 영문학은 예술사와 관련하여 17세기를 바로크 문학으로 규정하고 연구를 시작하였다.[5] 그러나 연구가들 중 르네 웰렉(René Wellek) 역시 매너리즘을 하나의 사조로 인정하지 않았다. 그는 17세기 형이상학파 시인들 모두를 바로크 양식사에 포함시켜 연구하였다. 그러나 초역사적인 이분법 사고를 극복하기 위해서라도 매너리즘은 바로크와 구별하여 연구되어야 한다. 이처럼 혼란이 있는 이유는 아무래도 매너리즘의 시기를 1520-1620로 잡고, 바로크를 1600-1700년으로 잡을 경우, 중첩되는 부분이 있어서 일 것이다.

매너리즘의 역사를 르네상스와 바로크 사이에 두어 예술사와 문학사를 세분화하는 이유는 두 가지 때문이다. 하나는 사조를 변증법적인 두 개의 이항 대립구조로 보려는 경향에 새로운 대안을 제시할 수 있다. 모든 사조를 이항 대립구조로 이해하면 고전주의, 아니면 반-고전주의이다. 흄(Hulm)은 고전주의 아니면 낭만주의로, 그리고 뵐플린은 르네상스 아니면 바로크의 대립구조로 모든 사조를 이해하였다. 그러나 대립되는 두 구조 사이에 대립을 이어주는 갈등과 긴장의 시기인 매너리즘의 사조를 삽입하면, 새롭게 예술사를 검토해볼 비평적 공간이 생겨난다. 그리고 또 다른 하나는 매너리즘을

---

4) Peter Murray, 'Introduction,' Heinrich Wölfflin, *Renaissance and Baroque*, tr. Kathrin Simon (London Fontana Library, 1964), p.11.

5) René Wellek, 'The Concept of Baroque,' *Concepts of Criticism*, ed. S. G. Nicholas, Jr. (New Haven and London: Yale University Press, 1963), pp. 69-127.

바로크에 포함하여 생각하면, 매너리즘의 특징으로 들고 있는 불안정성까지도 바로크가 떠맡아서, 바로크의 안정성의 의미가 상실하고 만다. 그러한 의미에서라도 매너리즘은 바로크에서 분리하여야 한다.

뵐플린의 예술론에 대한 비평은 많이 있었다. 그러나 그의 르네상스와 바로크 연구에서 매너리즘을 따로 떼어내어 구별하는 연구는 없었다. 그는 건축과 관련하여 1880년 『르네상스와 바로크』(Renaissance und Barock)라는 연구서를 내놓았다. 그는 이 책에서 르네상스 건축의 특징과 대조되는 바로크 건축의 특징으로 4가지를 제시하고 있다.[6] 그가 말하고 있는 네 가지 특징에 대하여 알아보자. (이와 같이 뵐플린이 설명하고 있는 르네상스와 바로크 특징들을 알아보려고 하는 이유는, 이후 모든 예술사와 문학사의 르네상스와 바로크 연구들이, 그가 사용하고 있는 용어들을 그대로 사용하던가 아니면 유사한 용어를 사용하고 있기 때문이다. 아니면 적어도 르네상스와 바로크의 모든 연구가 모두 기본적으로 그를 먼저 언급하고, 그리고 나서 그들의 연구들을 시작하고 있기 때문이다.)

첫째 르네상스 건축이 기하학의 명증성을 지닌 "선형 양식"(linear style)으로 선형 조화(linear harmony)의 미학을 가졌다면, 바로크 건축은 "회화 양식"(painterly style)이다. 바로크 "회화 양식"은 빛과 그림자의 상호작용으로 질량감(masses)을 준다. 그리고 이 질량감이 리듬을 구성하는 운동감을 주기도 하는데, 이 운동의 환상은 평행(parallel)이 아닌 사선(oblique)의 입체감이다. 그렇게 바로크 양식은 깊이를 부여하고 거리감을 확보하여, 규정할 수 없는 모호함과 붙잡을 수 없는 회피 성향을 부여한다. 두 번째로 르

6) Heinrich Wölfflin, *Renaissance and Baroque*, tr. Kathrin Simon (London Fontana Library, 1964), pp. 29-70.

네상스 건축이 질서와 조화와 일관성과 통일성의 미학으로 정적인 균형감을 갖추고 있다면, 바로크 건축은 크기의 장대함으로 위협적일 정도로 압도하는 효과를 불러일으키는 "장대한 양식"(grand style)이다. 그리고 그 장대한 양식은 흥분과 황홀함과 감동을 준다. 그러나 그것은 순간적으로는 강력하지만 시간이 지나면 쓸쓸함과 외로움이 몰려온다. 바로크는 르네상스의 완성과 만족감을 주지는 못한다. 뵐플린은 바로크 건축이 관람자에게 "위협과 위압"을 준다고 말한다.[7] 세 번째로 르네상스가 우아함과 가벼움이 특징이라면, 바로크는 넓고 무겁고 "질량감"(massiveness)을 주는 형식들을 추구했다. 그러다보니 바로크 건축은 물체를 투박하게 다루어 "형태를 모호하게 하는 경향"(amorphousness)이 있었다. 바로크는 완성도 깊은 결정체를 거부하는 방식으로 건축에 운동감을 부여하였다. 그러나 바로크는 물체들을 완성하는 방식으로 만들지는 않았다. 마지막 네 번째로 운동감(movement)이다. 르네상스가 안정감과 영원성을 추구하였다면, 바로크는 방향성의 의미를 부여하는 방식으로 운동감을 주려하였다. 그래서 바로크 건축은 운동감을 주기 위해 불명료성과 불안함의 지경까지 이르는 불안함과 불만족의 형태들로 긴장감을 주었다. 르네상스 건축이 구조적으로 닫힌 구조를 가졌다면, 바로크 건축은 우리의 시야를 무한대의 공간으로 끌고 가는 열린 공간이었다.

뵐플린은 『예술사의 기본 개념들』(1915)에서 앞의 책에서 제시한 4항목들 이외에 하나의 항목을 추가하여 5개 항목으로 르네상스와 바로크를 구별하고 있다.[8] 책의 제목에서 볼 수 있듯이 뵐플린

---

7) *Ibid.*, p. 43.

8) Heinrich Wölfflin, *Principles of Art History: The Problem of the Development of Style in Later Art*, tr. M. D. Hottinger (New York: Dover Publications, Inc., 1950).

은 굳이 르네상스와 바로크의 특징이라고 말하고 있지는 않았다. 왜냐하면 르네상스와 바로크 미학의 특징이 예술사의 기본을 이루는 이항대립의 개념들이기 때문이다. 앞의 책과 다른 점이 있다면, 앞의 책은 건축을 예로 들었고, 이 책에서는 건축을 포함한 회화와 조각도 함께 비교하여 개념들이 다소 차이가 있다. 첫 번째 개념은 "선의 경향"(linear)과 "회화 경향"(painterly)이다. 물론 선의 경향은 르네상스의 미학이다. 선이 중시되어 사물들의 한계가 분명하고, 개개의 사물들은 독립된 개체들로 그 가치를 인정받는다. 그러나 회화 경향은 관계가 중요하다. 개체들은 집합의 관계 속에서 가치를 인정받는다. 바로크 시대에 개체를 구분하는 것은 선이 아니라, 빛과 그림자이다. 빛이 홀로 존재하지 않듯이, 그림자도 홀로 존재할 수가 없다. 르네상스 예술은 자연스럽게 선의 경향이 정적이어서 형태들이 명확하여 영원성을 추구하고 있다면, 바로크 예술의 회화 경향은 동적이서 비-확정성으로 순간을 포착한 것이다. 예로, 바로크 건축물에서 정면의 원주들(columns)이나 벽면에서 불쑥 튀어나온 장식용 기둥들(pilasters)은 건축물에 통합되어 있지 않고 돌출하여 장식적이기는 하지만 건축에 운동감을 준다. 불안정성이 운동감을 준다.

선의 경향과 회화 경향의 글을 읽다보면, 뵐플린이 19세기말 인상주의의 형식적인 면을 설명하기 위해 바로크를 이야기하고 있다는 인상을 받는다. 인상파화가들은 선을 해체하고, 빛의 움직임에 따른 색채의 운동, 즉 색채의 리듬을 회화에 주요한 모티브로 삼았다. 그것은 바로크가 추구하였던 예술의 형식적 측면이다. 그리고 20세기 초의 독일의 표현주의자들은 자신들이 추구하였던 내면의 갈등을 바로크가 추구하였던 내용적인 측면에서 찾았다. 바로크의 불안함과 불안정성, 그리고 불만족에서 오는 외로움과 쓸쓸함 그리고 고립감은 표현주의가 추구하는 내용적인 측면과 일치하는 점들이었다. 뿐만 아니라 현대의 예술사가들 역시 뵐플린의 개념들에 크게 의존하여 르네상스와 바로크를 설명하고 있다.

> 바로크 예술가들의 도피 본능은 정적이고 명암의 강도가 강한 형식들보다, 사라져가는 모습들을 선호하였다. 즉, 비애감에 대한 선호가 그들로 하여금 고통과 감정 그리고 폭력적인 삶과 죽음을 묘사하게 하였다. 그러나 고전주의 예술가들은 충만함을 보여주는 인간의 모습을 보여주고자 하였다.[9]

위의 글에서 바로크의 정의는 마치 인상주의와 표현주의를 정의하고 있는 듯하다. 사라져가는 모습은 인상주의를, 비애감을 내용으로 한 바로크는 표현주의의 내용면과 맞닿아 있다. 그리고 무엇보다도 바로크는, 명확성과 정적인 요소, 그리고 만족감을 주는 안정성의 르네상스와 대비되는 용어로 정의되고 있다.

매너리즘과 바로크나 모두 운동감을 강조하기는 하였다. 그러나 형식이 좀 달랐다. 매너리즘은 선의 경향이 회화 경향보다 강하였다. 매너리즘 화가들은 운동과 동작을 표현할 때, 자신들의 기예를 보여주는 방식으로 운동을 표현하여, 동작의 형상들이 수사적이다. 그것은 매너리즘의 작가들이었던 형이상학파 시인들에게서 우리가 발견하는 특징이기도 하다. 그래서 매너리즘 작품들에서 볼 수 있는 인물들의 동작들은 매우 부자연스럽다. 그러나 바로크의 동작들은 매우 자연스럽다. 바로크는 운동을 자연스럽고 안정적이게 하는 미학 기준들을 빛에서 발견하였다. 바로크는 명암의 효과를 적절히 사용하여 움직임의 효과를 극대화하였고, 불안함과 긴장을 동작의 환상으로 통합하는 미학으로 발전시켰다.

---

9) Germain Bazin, *Baroque and Rococo* (New York & London: Thames and Hudson Ltd., 1964, 1987), p.7.

두 번째로 르네상스의 형상들이 “평면 공간”(plane)에 놓여있는 반면, 바로크의 형상들은 “뒤로 들어간 깊이의 공간”(recession)에 놓여있다. 르네상스는 모두 보여주고, 바로크는 의도적으로 보여주지 않는 부분과 생략되어 있는 부분을 제시하여 관람자의 상상력을 자극한다. 그리고 바로크의 인물들의 자세도 수직적인 자세보다는 기울어진 자세를 취하여 안정적이지 않다. 특히 매너리즘의 인물들은 관람자를 불안하고 불편하게 만든다. 예를 들어 르네상스 회화의 식탁은 관람자들이 보기에 수평으로 놓여 있어 식탁에 앉아 있거나 서 있는 사람들이 평면의 구조로 배치되어 있다. 그러나 바로크 회화의 식탁은 대각선으로 놓여 있어 식탁에 앉아 있거나 서 있는 사람들은 그림의 뒤쪽으로 이동하면서 흐릿하게 보이고 모습도 작아 보인다. 그렇게 바로크 회화는 변화와 운동감을 강화하는 방향의 구조적 특성을 가진다.

세 번째 특징으로 르네상스는 닫힌 형식(closed form)이고, 바로크는 열린 형식(open form)이다. 뵐플린은 기하학적 균형을 이루고 있는 구성의 르네상스 닫힌 형식을 일컬어 “건축”(tectonic) 형식이라 하고, 한쪽으로 치우쳐 기하학적인 균형이 무너져 기울어지면서 운동과 변화를 주는 바로크의 열린 형식을 일러 “비-건축”(a-tectonic) 형식이라고 말하였다. “건축형식”과 “비-건축형식”이란 용어는 르네상스와 바로크를 구분하는 용어로 매우 유명한 말이 되었다. 이와 같은 형식의 다양성이 존재가치에 대한 나름의 다른 가치 기준을 가져온다. 르네상스의 닫힌 형식은 “존재의 가치”(the value of being)를 중요시하는 것이었고, 바로크의 열린 형식은 “변화의 가치”(the value of change)를 중요하게 생각하는 것이었다. 다시 말하여, 전자의 미적 기준은 확고부동함이었고, 후자는 비-확정적인 변화가 주는 운동감이 미적기준이 되었다.[10)]

슈펭글러는 수학의 개념을 빌어 17세기 불란서 계몽주의자 데카르트(René Descarte: 1596-1650)를 고전주의와 맞선 바로크 인물로 지적하고 있다. 바로크 시대인 17세기는 수학적 공간 개념이 발견된 시기이다. 즉, "지평선이나 먼 거리, 즉, 거리감을 유발하는 감정이 결여되어 있었던,"[11] 고전주의가 미지의 위험성을 차단하기 위해 공간을 열어 놓지 않는 방식으로, 닫힌 형식의 수의 개념을 추구하였다면, 바로크는 무리수의 개념을 발전시켜 미지의 세계로 향하는 열린 형식의 수의 개념을 추구하여 미적분을 발견하였다. 이제 공간을 분할하는 것은 선이 아니라, 점들로 이루어진 집합이 되었다. 르네상스의 선의 기하학이 바로크의 점집합의 기하학으로 변하였다. 바로크는 함수라는 상징적인 개념으로, 르네상스의 닫힌 공간을 바로크의 열린 공간으로 열어놓았다.

> 그리스 로마는 기원전 500년 피타고라스(Pythagoras: 580?-500? B.C.)가 발견한 수, 즉, 계량할 수 있는 크기로서의 아폴로의 수를 발견하였고, 서양은 데카르트와 그의 시대 파스칼, 페르마, 데자그르에 의해, 그리스 로마의 수의 개념에 맞먹는, 무한을 동경하는 열정적인 파우스트적 성향을 잘 보여주는 새로운 수의 개념을 발견하였다. 그리스 로마의 수는 순수한 크기를 지닌 의미로서의 개별적인 수로, 개체의 구체적인 존재를 상징한다. 이와 대응하여 개체의 수가 아닌, 관계의 수가 있다. 그리스 로마는 한계를 정하려고 하는 깊은 욕구로, 우주를 셀 수 있는 합계로 생각하였다. 서양의 수는 무한 공간에서 실현된 것으로,.. 함수라는 결정적인 개념이 되고, 그 개념은 어떠한 다른 문화에서도 암시되어 있지 않았던 수의 개념이었다.[12]

---

10) Heinrich Wölfflin, *Principles of Art History: The Problem of the Development of Style in Later*, p. 135.

11) 오스발트 슈펭글러, 『서구의 몰락』(1), 박광순 옮김 (서울: 범우사, 1995), 159쪽.

12) 윗글, 144-5쪽.

위의 글에서 슈펭글러는 예술사를 설명한 뵐플린의 바로크 설명만큼이나 명확하게 바로크 철학을 수의 개념으로 설명하고 있다. 20세기 표현주의자들이 인간의 소외에서 내적공포를 발견하였다면, 17세기 바로크 시대의 파스칼(Blaise Pascal: 1623-1662)은 표현주의 시대와 같은 공포를 무한의 공간에서 발견하였다. 그는 『팡세』(Pensées, 1670)에서 유명한 말을 하고 있다: "무한한 공간의 영원한 침묵이 나를 공포로 몰아간다."

르네상스이든 바로크이든 모든 예술은 통일성을 지향해간다. 문제는 그 통일성이 어떠한 통일성인가하는 점이다. 뵐플린은 네 번째 개념으로 "다양성"(Multiplicity)과 "통일성"(Unity)을 말하고 있다. 이곳에서 "다양성"이란 르네상스의 "복수성의 통일성"(multiple unity)이고, "통일성"이란 바로크의 "통합된 통일성"(unified unity)이다. 뵐플린에게 있어서, 통일성이란 의미는 전체와 부분의 관계로, 다음과 같이, 르네상스와 바로크를 구분하여 말할 수 있겠다.

> 고전주의(르네상스) 예술은 부분들이 어느 곳에도 구속되는 관계를 맺지 않고, 그들 자체로 독립된 존재가치를 지니는 방식으로 통일성을 이룬다. 그러나 바로크는 좀 더 통합적인 전체를 고려한 통일성을 위해, 부분들이 자신의 독립된 존재가치를 포기하는 방식으로 통일성을 이룬다. 르네상스의 형상들은 독립된 존재들이 대등한 관계(coordination)에 있고, 바로크 형상들은 종속관계(subordination)에 있다.[13]

르네상스는 개체들이 독립된 가치를 가지고 통일성을 추구하고, 바로크는 자신의 존재가치를 포기하고 전체의 통일성에 희생하는 방식으로 통일성을 이룬다.

---

13) Heinrich Wölfflin, *Principles of Art History: The Problem of the Development of Style in Later*, p. 159.

명암법은 르네상스에 발견되었다. 르네상스 미술에서 대상에 명암을 드러낼 때 주체가 되는 것은 빛이 아니라 대상이었다. 대상을 잘 드러내기 위해 빛이 조정되었다. 그러나 바로크는 그렇지 않았다. 빛이 대상들을 종속시키는 방식으로 대상들이 그려졌다. 빛이 주체였고, 대상은 빛과 종속관계를 가졌다. 그렇다면 매너리즘 시대에 빛은 어떠했는가? 필요에 따라 빛이 어느 인물에는 적용되고 어느 인물에는 적용되지 않는 방식으로 명암법이 적용되었다. 스페인 화가 벨라스케즈(Velazquez: 1599-1660)의 그림 「시녀들」(1656)을 보면, 빛이 사용되기는 했으나, 그 빛은 그림의 주인공인 공주 한 인물에게만 비치는 방식으로 그려졌다.

마지막으로 뵐플린은 르네상스와 바로크를 구별하는 개념으로 "명료성"(clearness)과 "불명료성"(un-clearness)에 대하여 말하고 있다. 르네상스의 고전미학은 기하학의 명료성으로 좌우 대칭 비례가 뚜렷하고, 모든 부분들은 하나의 독립된 존재의 모습들을 명확하게 드러내어 조금의 결손도 허락하지 않는 절대적 명확성을 지닌다. 그러나 바로크는 우리의 눈을 한 곳에 집중하지 못하도록 시야를 분산시키거나, 아니면 분명히 파악되지 않는 곳으로 우리의 시야를 끌고 가는 방식으로 명료성을 흐리게 하였다. 예로, 바로크 시대의 빛은 대상들의 형태를 변질시키고, 색들조차 형상을 미끄러져가며 형상을 변화시키는 방향으로 색 그 자체가 형상보다 더 중요한 의미를 지녔다. 이처럼 르네상스의 주체가 종속이 되고, 종속이 주체가 되는 방향으로 바로크 미학이 전개되었다. 르네상스의 명료성의 주체가 바로크에 와서 불명료해지고, 르네상스에 불명료하여 종속의 역할을 하였던 것이 바로크에 와서 주체의 역할을 하였다.

매너리즘은 명료성이나 불명료성에 대한 것조차 확고한 신념을 가지지 못하였던 시대였다. 예술 그 자체를 하나의 만들어진 것

(fiction)이라고 생각하여, 모든 것에 대하여 회의를 가졌던 시대였다. 17세기 매너리즘과 바로크 시대를 잘 설명하고 있는 글은 다음이다:

> 시의 음조와 리듬 그리고 이미지는 주제에 대한 작가의 신념이 굳은가, 아니면 회의를 갖고 있는가에 따라 변한다. 자신이 쓴 것이 진실이고 믿을 만하고, 그것은 또한 자신의 신념을 표현한 것이라고 생각하는 시인은, 자신이 쓴 것이 현실을 잘못 표상한 것이라고 느끼는 시인들과는 다른 종류의 시를 쓸 것이다.[14)]

매너리즘의 작가들은 처음부터 자신들이 생산해낸 작품들이 단순히 만들어진 작품들(fiction)이라고 생각하였다. 그들은 예술은 예술이라고 생각하였다. 그러한 의미에서 매너리즘은 빌플린의 초역사적인 이분법적인 이항대립의 예술 개념으로 설명할 수 없는 시대였다. 매너리즘 시대의 시인은 위에 인용한 글의 후자에 속하는 시인들이었다. 왜냐하면 매너리즘 시대 시인은 그의 시가 단지 수사일 뿐이라고 생각했다. 그의 시가 진실을 담고 있다거나, 아니면 그렇지 않다거나 하는 것은 사실 그에게 문제가 되지 않았다.

---

14) Basil Willey, *The Seventeenth Century Background: Studies in the Thought of the Age in Relation to Poetry and Religion* (New York: Doubleday & Company, Inc., 1953), p. 206.

구교 바로크 시인 크래쇼(Crashaw)

> 자신의 번민과 의문들 모두를 연극의 용어로 표현하였던 바로크 시대는, 연극의 극한 표현인 가면과 장식을 이념으로 삼았다. 연극 안에 연극, 작품 안에 작품을 증식시키면서 연극 자체를 연극의 대상으로 만들었다. 바로크는 회전하는 거대한 무대였다. 모든 것이 구경거리였다. 심지어 자기 자신을 죽은 사람으로 간주하고, 죽어가는 자신을 연출하면서까지, 자신의 죽음까지도 구경거리로 만들었다. 왜냐하면 인간을 매료시키는 것은 움직임과 변화이기 때문이었다. 그리고 죽음이 자신을 드러내는 곳은 변화와 이동이었다. 삶이란 흘러가는 것이고, 흘러가는 모두는 불안정이다. 바로크는 움직임과 변화의 이미지이다. 물론 변화에 공포를 느끼고 그곳에서 벗어나려고 하는 사람들이 있다. 변화하는 덧없는 삶에서 변신을 꾀하는 사람들도 있다. 그리고 바로크 시인들은 믿기 어려울 정도의 황홀함으로 불꽃, 구름, 무지개와 거품 등이 지니는 서정성으로 "모든 것은 변한다,"라는 주제를 다채롭게 부각시켰다.[15)]

바로크 예술은 로마에서 시작하였다. 로마의 대표적 예술가 두 명이 있다. 그들은 모두 조각가이고 건축가이기도 했다. 베르니니(Gian Lorenzo Bernini: 1598-1680)와 보로미니(Francisco Borromini: 1599-1667)이다. 서로 상이한 기질의 두 사람은 바로크의 두 가지 양식을 창조했다. 베르니니는 장대하고 엄숙하며 상상력이 돋보이는 작품들을 생산하였고, 보로미니는 섬세하고 세련됨이 돋보이는 작품들을 생산하여 로코코(rococo)와 맞닿는 점이 엿보이기도 하였다.

15) 장 루세, 『바로크 문학』(1953), 307쪽.

그러나 두 사람은 모두 건축과 조각을 바로크 양식으로 해석하였다. 건축은 조각하듯 하였고, 조각은 회화와 같이 하였다. 특히 그들은 르네상스의 안정성을 해체하여 운동성을 강조하는 바로크의 면모를 보여주었다.

로마의 바로크는 70년 동안 교황들이 주도하였다. 바오로 3세(1534-49), 식스투스 5세(1585-90), 그레고리 15세(1621-3), 우르바노 8세(1623-44), 이노센트 10세(1644-55), 알렉산더 7세(1655-67) 등 6명의 교황은 모두 반종교개혁이 있었던 시기에 예술 후원자로 종교예술을 서민의 생활과 일치시키려 노력했던 인물들이다. 반종교개혁의 시기는 또한 북부유럽의 신교운동이 활발히 전개되었던 시기이기도하다. 하우저는 이들 두 유럽의 바로크를, "궁정-가톨릭 바로크"와 "시민-개신교 바로크"로 이분하여 설명하고 있다.[16] 같은 시기에 서로 반대되는 두 종교가 바로크의 어떤 작품들을 생산해냈을까? 영문학에서는 반종교개혁 바로크 문학의 시인 크래쇼(Richard Crashaw:1612-1649)가 있었고, 신교도 바로크 문학의 시인 밀턴 (John Milton: 1608-1674)이 있었다.

크래쇼의 시를 보기 전에 바로크 조각가 베르니니의 조각품, 「성녀 테레사의 황홀경」(Ecstasy of St. Teresa: 1647-52)에 대하여 살펴보자.[17]

추기경 페데리코 코르나로(Federico Cornaro)는 1647년 베르니니에게 6명의 추기경과 1명의 총독을 배출한 자신의 베네치아 가문을 기념하기 위하여 로마에 산타 마리아 비토리아(Sante Maria

16) 아놀드 하우저, 『문학과 예술의 사회사 - 근세(상)』, 백낙청, 반성완 공역 (서울: 창작과 비평사, 1980), 202-44쪽.

17) 이 조각품은 성녀 테레사의 전기에 근거하여 만든 작품이고, 크래쇼 또한 같은 소재로 시 "불타는 가슴"(The Flaming Heart upon the Book and Picture of the seraphical Saint Teresa - as she is usually expressed with a seraphim beside her: 1652)을 썼다.

della Vittoria) 교회를 지어줄 것을 요청하였다. 교회건축 말고도, 그는 선조들 7명의 조각들 이외에, 하나님이 쏜 사랑의 화살에 가슴을 맞은 테레사 수녀의 조각도 부탁하였다. 7명의 선조들 조각상을 보면 모두 평면성을 거부하고 회화성(painterly)이 돋보이는 바로크 작품들이다. 그러나 무엇보다 우리의 눈길을 끄는 것은 성녀 테레사 조각상이다.

성녀 아빌라의 테레사(Saint Teresa of Avilla: 1515-82)는 반종교개혁운동에 참여한 중요한 인물로, 맨발의 가르멜 수도회(Carmelites)를 창설하였다. 그녀는 금욕적인 삶과 일련의 명상으로 천상의 환상을 체험한 인물로 유명하다. 베르니니의 조각품 「성녀 테레사의 황홀경」은 성녀 테레사가 자서전에 쓴 다음의 글을 근거로 조각한 것이다:

> 내가 이런 상태에 있을 때, 임께서 당신 뜻대로 몇 차례 다음과 같은 환시를 베푸셨습니다. 나는 나의 바로 옆에 육체를 지닌 천사 한 분을 보았습니다. 그는 크지 않았고 오히려 작았으며 퍽이나 아름다웠습니다. 그의 얼굴은 활활 타오르고 있어서, 사랑에 불타는 천사들 가운데 제일 높은 격의 천사라는 생각이 들었습니다. 그는 틀림없이 케루빔(Cherubim)이라 불리는 천사 같았으나, 자신의 이름은 밝히지 않았습니다. ... 나는 긴 금 화살을 손에 든 천사를 보았습니다. 그 화살 끝은 불이 붙어 있었습니다. 그는 때때로 그 화살로 내 심장을 찔러 오장육부까지 꿰뚫는 것 같았습니다. 그리고 그가 화살을 뺄 때는 나의 심장마저 빼어내는 듯 했습니다. 그는 나를 온통 하나님의 사랑으로 불타오르게 했습니다. 아픔이 심하여 신음소리가 나에게서 나왔습니다. 그러나 그 고통이 가져온 상쾌함이 어찌나 달콤한지 나의 영혼은 그 고통이 멎지 않기만을 바랬습니다. 그 고통 이하의 것으로는 만족하지 못할 고통이었습니다. 그 고통은 육체적 고통이 아닙니다. 영적인 것입니다. 육체도 영혼의 고통에 자주

참여합니다. 이 고통은 하나님과 나의 영혼 사이에 존재하는 매우 감미로운 사랑의 관계입니다. 나는 나의 말을 믿지 않는 분들에게 이 은혜의 고통을 맛보게 해달라고, 주님의 자비에 간곡히 애원하는 기도를 드립니다.[18)]

베르니니는 산타 마리아 델리 비토리아 교회를 1652년 완성하고, 그 교회 안에 조그마한 성소를 마련하여, 그곳에 천사와 테레사 수녀 조각상을 안치하였다. 그곳에는 4개의 코린트식으로 된 벽기둥들이 세워지고 그 위로는 지붕을 얹었다. 그는 지붕에서 빛이 내려오는 모양의 조각을 만들고, 앞으로는 제단을 하나 만들었다. 그리고 성소 입구 위쪽으로 천사들이 다음의 글이 적혀 있는 띠를 잡고 있게 하였다: "모두를 위한 하늘을 창조하지는 못하겠지만, 당신만을 위한 하늘은 창조할 것이다."(Nisi coelum creassem ob te solam crearem)[19)]

성소 안에는 천사와 테레사 수녀가 함께 있는 조각상이 있다. 테레사 수녀는 오른쪽으로 머리를 두고 대각선으로 황홀하여 입을 조금 벌린 채 수녀 복장을 하고, 구름 위에 두 팔을 기댄 채 앉아있다. 그녀는 맨발의 가르멜 수녀회의 창시자답게 맨발을 하고 대각선으로 앉아 있고, 그녀의 왼쪽에는 사랑의 신 큐비드(Cupid)와 같은 장난스런 얼굴을 하고 있는 날개를 단 아기 천사가 고개를 갸우뚱 기울여, 머리를 뒤로 수그린 채 눈을 감고 있는 그녀를 바라보고 있다. 그는 그녀의 심장에서 막 빼낸 황금 화살을 오른 손에 들고, 왼쪽 손은 그녀의 옷자락을 잡고 서있다. 테레사 수녀의 옷은 그녀의 내적인 고통과 희열을 동시에 드러내 보여주듯이 심하게 구겨져 여

18) 아빌라의 테레사, 『천주 자비의 글: 아빌라 성녀 예수의 테레사 자서전』, 서울 가르멜 여자 수도원 옮김 (서울: 분도 출판사, 1983), 284-5쪽.
19) Charles Scribner III, *Bernini*, (New York: Harry N. Abrams, Inc. Publishers, 1991), p. 90.

러 폭으로 휘날리고 풍성한 변화의 명암이 느껴진다. 불타는 것은 그녀의 심장뿐 아니라, 그녀의 옷도 타오르는 불꽃 모양을 하고 있다. 테레사 수녀의 눈은 감겨져 그녀의 영혼은 그녀의 몸속에 있지 않고 하늘나라를 방황하고 있는 듯하다. 그녀와 천사의 뒤쪽으로는 여러 가닥의 빛줄기들이 조각되어있어, 그 빛들이 그녀의 얼굴 위로 쏟아져 내리는 듯하다. 그녀의 고통은 그녀의 황홀함과 경계를 긋지 않고, 동시에 그녀의 얼굴에 나타나도록 조각하였다. 그곳에는 영적인 고통인 사랑과, 육체의 고통이 함께 어울러져 있다. 영적인 것이 감각적이고 육체적인 것으로 용해되어 있다. 육체적인 언어들이 영적인 언어들로 조각에 융해되어 있다.

영국의 17세기 시인 크래쇼(Richard Crashaw:1612-1649)는 가톨릭 배경의 종교시들을 가장 많이 썼다는 점 때문에 바로크 시대의 시인으로 자주 지목되고 있다. 그의 시 가운데는 "불타는 가슴"(The Flaming Heart: 1652)이란 시가 있다. 이 시가 베르니니의 조각 작품과 관련이 있어 보이지만, 조각품이 교회에 안치된 것은 크래쇼 사망이후였다. 그는 토비 매슈 경(Sir Toby Matthew)이 번역하여 1642년 앤트워프에서 출판한 영어번역본 『불타는 가슴』(Vida: The Flaming Heart or the Life of the Glorious S. Teresa)을 읽었을 것이다.

테레사 수녀의 자서전을 읽고, 베르니니는 조각품을 만들었고, 크래쇼는 시를 썼다. 다음 시에서 화자는 조각가가 아니라, 화가에게 말하고 있다. 화자는 자서전의 내용을 보고 있는 것이 아니라, 그림을 보고 있듯이 말하고 있다. 화자는 자서전을 그림으로 재해석하고 있는 셈이다. 그렇다면 크래쇼는 테레사 수녀의 자서전 텍스트를 어떻게 바로크 양식으로 변용하였는가를 살펴보자.

총명한 독자들이여! 친구처럼 왔다가 작품 제목의 멋진 이름만 보고, 불꽃과 관련한 예쁜 뺨을 가진 오류(fallacy)를 서둘러 칭송하지 마라. 사람들은 저기에 세라핌 천사가 있고, 이곳에 있는 분이 위대한 테레사라고 말한다. 독자들이여, 내 말을 듣고, 조리 있고 그럴 듯해 보이기까지 한 나의 실수(mistake)에 동참하라. 그림을 달리 생각하자. 그림과 같이 표현하면 틀렸다라고 말하자. 천사를 테레사로, 테레사를 천사로 바꾸어 읽자. 성녀를 세라핌 천사로 읽자.

Well-meaning readers! you that come as friends,
And catch the precious name this piece pretends,
Make not too much haste to admire
That fair-cheeked fallacy of fire.
That is a Seraphim, they say,
And this is the great Teresia.
Readers, be ruled by me, and make
Here a well-placed and wise mistake:
You must transpose the picture quite
And spell it wrong to read it right;
Read him for her and her for him,
And call the Saint the Seraphim.(1-12)

크래쇼는 테레사의 자서전에 나오는 내용들 가운데, 천사가 찌르는 화살을 심장에 맞아, 테레사 수녀가 사랑에 불타는 장면을, 그림의 한 장면으로 설정하고, 이 시를 쓰고 있다. 그는 화폭에 그려진 한 장면을 보듯이 테레사 수녀의 자서전을 읽고 있다. 그리고 화가가 그린 그림을 보듯이 책을 읽고 있다. 그가 시의 제목으로 사용하고 있는 "불타는 심장"의 주체에 오류가 있다고 말한다. 불타는 심장은 테레사 수녀가 아니라, 세라핌 천사라고 말하고 있다. 그는 자서전 텍스트를, "불꽃과 관련한 예쁜 뺨을 가진 오류"라고 규정하고, 자신의 자서전 텍스트 읽기 방식을 "조리 있고 그럴듯해 보이기까지 한 실수"(a well-placed and wise mistake)라고 말한다. 흥미롭게도 텍스트를 올바르게 읽기 위해 기존 텍스트를 "오류"로 규정하고, 겸손하게 자신의 텍스트 읽기도 "실수"라고 말함으로, 텍스트 읽기의 다양성을 인정하고 있다.

다음 시에서 화자는 문자텍스트를 이미지 텍스트로 전환하여 읽으면서, 진짜로 그림을 그린 화가에게 질문하듯이 말하고 있다. 글이 그림이 된, 그 그림 읽기가 시의 내용이다.

> 화가여, 당신은 무슨 생각으로 천사가 성녀의 화살을 손에 쥐고 있게 했는가! 천사의 나이와 몸 크기를 보시오. 테레사는 그의 엄마 천사이다. 그녀는 불꽃-여인이다. 천사는 의무감으로 그녀의 멋진 불꽃놀이를 보려고 이곳 지상에 내려왔다. 가장 상상력이 부족한 인간이로다! 당신의 차가운 화필이 제대로 그녀의 글을 옮겼다면, 이렇게 엉성하게 그녀를 그려서 우리에게 보여주는 실수는 저지르지 않았을 것이다. 자, 여기를 보시오. 이 그림에서 당신은 필멸의 육체만을 보여주고 있다. 그리고 여성의 차가운 사랑으로 그녀의 강렬한 사랑의 불길을 조롱하고 있다. 우리는 당신이 허약하고 못난 성녀를 그리려 작정했다고 의심할 정도이다. 그러나 저 불타는 뺨을 가진 멋진 책에서 흘러나오는 불빛을, 당신의 창백한 보랏빛으로 그리려면, 당신은 천사에게서 발견할 수 있는 모든 것을 그녀에게 쏟아부었어야했다: 불타는 젊은 천사가 멋지게 차려 입은 무엇이나, 장밋빛 손가락, 반짝이는 머리털, 타오르는 뺨과 반짝이는 날개, 이들 예쁘고 불타는 모든 것들, 그러나 무엇보다, 이 위대한 심장을 가진 그녀가 화살을 가졌다면 무엇이나 했을, 저기 천사가 들고 있는 불타는 화살을, 그녀에게 주어야할 것이다.

> Painter, what didst thou understand,
> To put her dart into his hand!

See, even the years and size of him
Shows this the Mother Seraphim.
This is the mistress-flame; and duteous he,
Her happy fire-works here comes down to see.
O most poor-spirited of men!
Had thy cold pencil kissed her pen
Thou couldst not so unkindly err
To show us this faint shade for her.
Why, man, this speaks pure mortal frame,
And mocks with female frost love's manly flame.
One would suspect thou meant'st to paint
Some weak, inferior, woman saint.
But had thy paled purple took
Fire from the burning cheeks of that bright book,
Thou wouldst on her have heaped up all
That could be found seraphical:
Whate'er this youth of fire wears fair,
Rosy fingers, radiant hair,
Glowing cheek and glistering wings,
All those fair and flagrant things,
But before all, that fiery dart
Had filled the hand of this great heart.(13-36)

시인은 잘못 그려진 그림을 마음속에 그리면서, 우선 그림의 텍스트가 논리적으로 잘못되었음을 지적한다. 나이로 보거나 몸의 크기로 보거나, 성녀 테레사는 천사의 어머니와 같다. 그리고 테레사는 불꽃의 여인으로, 천사가 불타는 심장을 가진 어머니를 보러 하늘에서 땅으로 내려온 것이라고 한다. 왜냐하면 그녀의 책을 읽은 사람이면 누구나 그녀의 책으로부터 나오는 사랑의 불길로 자신의 가슴이 불타오름을 느낄 것이다. 사랑의 불길의 주체는 그녀이다. 비록 그녀는 지상에 있지만, 그녀는, 천사가 천상에서 가지고 있는 천사의 속성들 모두를 가지고 있다. 그렇게 하늘에서 온 천사는 지상에 있는 천사 테레사 수녀를 본다. 그러므로 사랑의 화살은 천사의 것이 아니라, 그녀의 것이다. 그렇게 우리는 책을 읽을 때마다, 그녀가 쏘아대는 사랑의 화살을 맞고, 우리는 사랑으로 불타오른다.

시인은 이곳에서 문자 텍스트를 그림 텍스트로 전환하면서, 문자 텍스트의 내용의 깊이를 심도 있게 읽어내고 있다. 그는 텍스트가 독자에게 주는 효과 방식으로 텍스트를 재구성하여 말해주고 있다. 이곳에서 화자가 말하는 그림 텍스트는 문자 그대로 읽어내는 텍스트의 독해방식이다. 그러나 텍스트가 독자에게 주는 효과를 그림으로 그린다면 어떻게 그려야 하는가? 시는 그것에 대하여 이야기하고 있다. 그것이 올바른 독해방식이라고 말한다. 왜냐하면 텍스트의 독해는 독자의 것이지, 텍스트의 인물들의 몫이 아니기 때문이다. 시에서 그림 텍스트는 문자 그대로 텍스트를 읽은 독자의 텍스트이다. 그러나 이 시는 문자 그대로 읽는 그림 텍스트 독자를 비판하고, 진정한 독서가 무엇인지를 보여주고 있다.

바로크 문학이 연극에서나 볼 수 있는 장대한 장면들(spectacles)을 자주 서술하는 까닭은, 그 장면들을 통하여 문학의 창조 과정을 보여주려고 하였기 때문이다. 작품이 어떻게 만들어지고 있는가를 보여주려고, 장면들을 보여준다. 그렇게 바로크 문학은 문학이란 무엇인지를 노출하는 방식으로 문학을 창조하여, 장 루세가 말하듯이, "바로크 작품은 작품인 동시에 그 작품이 창조과정이기도 하다."[20] 크래쇼는 그의 시에서 문자 텍스트를 그대로 읽어 그린 그림 텍스트를 비판하고 있다. 그는 훌륭한 독자가 무엇이고,

---

20) 장 루세, 『바로크 문학』(1953), 조화림 옮김, (서울: 예림기획, 2001), 309쪽.

저급한 독자가 무엇인지를 말해주고 있다. 그렇다면 창조적인 독서 방식을 가진 이상적인 독자란 어떠한가? 그는 그의 시에서 예술작품 창조과정을 보여주는 창조과정의 시를 통하여 독자를 새롭게 정의하고 있다.

> 자, 각자의 권리가 요구하는 대로 해주어라. 얼굴의 홍조는 천사의 것이고, 불꽃은 그녀의 것이니, 잘못된 너의 그림을 꺼내어 수정해라. 너의 천사 세라핌을 나의 방식으로 바꾸어라. 너의 잘못된 그림을 수정해라. 천사에게 베일을 주고, 성녀에게는 화살을 주어라.
>
> 우리가 사는 이 세상도 이제 이곳 지상에서 새로운 세라핌 천사의 보금자리를 마련할 수 있음을 천사에게 보여주자. 부끄러워하는 천사에게, 이제는 사랑의 라이벌로 연인의 붉은 뺨을 가진 그에게, 그를 가려줄 베일을 주어라.
>
> 그녀에게 화살을 주어라. 아름다운 젊은이여, 너의 화살로 너를 쏜 사람은 그녀이다. 그녀의 화살을 맞고 살며 죽는, 현명하고 깊이 감동한 당신들, 그녀의 희귀한 사랑의 인생을 읽고서, 당신의 감식력 대단한 영혼이 그곳에서 경험한 것이 무엇이냐? 말하라 그리고 목격자가 되어라. 그녀가 화살을 쏠 때마다 당신들에게 세라핌을 보내지 않았느냐? 책 속에는 불멸의 무기 더미들이 빛나고 있다! 사랑으로 엮어놓은 모든 행들마다 천상의 위대한 포병들이 대기하고 있도다. 자, 독자에게 불을 지르려는 그녀에게 화살을 주어라. 그리고 부끄러워하는 그에게 베일을 주어라.
>
> 최악의 실수들이 오히려 자주 행운을 가져오는 것이 운명이라면, 모든 것이 다 계산된 것이어서 어쩔 수 없다면, 천사를 고집하며, 과오에 부끄러움이 없이, 나의 말에 귀 기울이지 않을 작정이라면, 차라리 그녀가 사랑으로 고통 받는 천사가 되게 해라. 천사는 온통 번쩍이는 것들로 치장하고, 빛나는 뺨을 가지고, 반짝이는 날개들과 장밋빛 손과 빛나는 창을 가지고 있게 하라. 그리고 성녀는 단지 불타는 가슴만 간직하게 하라.

Do then as equal right requires,
Since his the blushes be, and hers the fires,
Resume and rectify thy rude design,
Undress thy seraphim into mine.
Redeem this injury of thy art,
Give him the veil, give her the dart.
Give him the veil, that he may cover
The red cheeks of a rivaled lover,
Ashamed that our world no can show
Nests of new Seraphims here below.
Give her the dart, for it is she
(Fair youth) shoots both thy shaft and thee.
Say, all ye wise and well-pierced hearts
That live and die admidst her darts,
What is 't your tasteful spirits do prove
In that rare life of her and love?
Say and bear witness. Sends she not
A Seraphim at every shot?
What magazines of immortal arms there shine!
Heaven's great artillery in each love-spun line.
Give then the dart to her who gives the flame.
Give him the veil who kindly takes the shame.
But if it be the frequent fate
Of worst faults to be fortunate;
If all's prescription, and proud wrong
Hearkens not to an humble song,
Give me the suffering Seraphim.
His be the bravery of all those bright things,
The glowing cheeks, the glistering wings,
The rosy hand, the radiant dart;
Leave her alone the Flaming Heart.

천사보다 성녀가 더 사랑의 불꽃으로 더 활활 타올랐다. 그러니 천사는 부끄러움의 은유인 홍조 띤 얼굴을 하고, 그 부끄러움을 가리게 해줄 베일을 받아야하고, 그가 쥐고 있는 화살을 성녀에게 주는 것이 옳다. 천사가 곧 독자이다. 독자는 성녀 테레사의 책을 읽으면서 책의 내용들 때문에 자신의 가슴이 타오름을 느낄 것이다. 천사도 그럴 것이다. 책에서 테레사 성녀가 사랑의 화살을 우리의 가슴에 쏘아대어서 우리의 가슴이 사랑으로 불타오른다는 표현을, 책의 갈피마다 포병들이 숨어서 우리를 향하여 사랑의 대포를 쏘아대고 있다고 했다. 그렇게 생각하면, 화살은 천사가 들고 있어야 하는 것이 아니라, 성녀 테레사가 들고 있어야 한다. 그러나 관습상 창을 테레사 수녀가 들고 있을 수 없다면, 성녀가 하나님에 대한 사랑으로 고통 받고 있는 연인의 모습으로 그려달라고 한다. 그녀는 하나님을 사랑하는 연인이다. 그리고 그녀는 하나님에 대한 사랑 때문에 사랑으로 불타는 심장을 간직하고 있게 된다. 그녀는 하나님의 사랑으로 불타는 심장을 가지고, 하나님을 그리워하는 고통을 받지만, 오히려 그 고통이 그녀에게는 행복이다.

다음의 시는 개념들이 감각의 언어를 입은 바로크의 은유들로 가득하고, 바로크 시학에서 볼 수 있듯이, 수동과 능동이 구별이 없고, 사랑으로 죽는 것이 오히려 산 것이라는 역설임을 이야기하고 있다. 그리고 사랑이라는 주제를 설명하기 위해, 사랑의 은유 그 자체가 생명을 지닌 듯이 식물의 넝쿨과 같이 살아서 숨 쉬는 수사의 극치를 보여주어서, 우리는 이곳에서 바로크의 진수를 경험한다.

> 그녀의 가슴이 사랑으로 불타게 하라. 허드레 화살 하나가 아니라, 사랑이 모두 들어있는 화살 통 전부를 그녀에게 맡겨라. 사랑의 전투장에서 사랑의 상처보다 더 고상한 무기는 없다. 사랑

의 피해자가 되는 것이 가장 적극적으로 사랑하는 것이다. 사랑에 상처받은 자만이 남들에게 사랑의 상처를 줄 수 있다. 오! 마음이여! 사랑의 상처를 받음과 사랑의 상처를 주는 일이 똑같이 균형을 이루며, 상처와 화살로 똑 같이 커다란 사랑이 되어, 사랑으로 정복하는 이 글들 속에 살아 숨 쉬고 있다. 사랑을 주고받는 자, 모두 똑같이 살아있다. 그들은 하나의 승리의 불꽃이 되어, 여러 언어들 사이를 걸어 다닌다. 이곳에서 살아라, 위대한 마음이여! 그리고 사랑하고, 사랑으로 죽고, 사랑으로 죽여라. 그리고 사랑으로 피 흘리고, 사랑으로 상처받아라. 사랑에 굴복하고, 사랑으로 정복하라. 그 사랑이 어디에서 왔든, 사랑이란 불멸의 삶이, 사랑과 사랑의 순교자 무리들 사이를, 살아서 걸어가게 하라. 사랑의 신비한 죽음이 줄지어 일어나게 하고, 현명한 영혼들이 당신이 살아간 사랑의 삶을 보고, 사랑으로 살해되는 영혼들이 되게 하라. 오! 달콤한 화재(sweet incendiary)여! 단단하고 차갑게 죽어가는 이 심장의 시체 위에 너의 솜씨를 보여 다오. 진리의 빛들로 가득한 너의 많은 책갈피들 사이에서 유희하는 모든 흩어진 빛들의 다발들이 모두 합하여 이 가슴을 빨리 부수고 들어와, 나로부터 나와 나의 죄 모두를 훔쳐 가다오! 이 멋진 은혜로운 도둑질(gracious robbery)이 당신이 베푸는 자비가 되고, 나를 폐허로 만드는 일이 나의 최상의 행운이 될 것이다. 오! 사랑하고 싶어 못 참는 딸이여! 빛과 불길이란 당신의 지참금, 당신 안에 있는 지혜와 능력의 독수리, 자비와 사랑의 비둘기, 사랑과 관련된 당신의 모든 죽음들과 생명들, 지적인 빛에 대한 갈증, 무엇보다도 더 큰 사랑의 갈증, 사랑의 강렬한 욕망이 담을 수 없이 흘러넘치는 그릇들 (brim-filled bowels of fierce desire), 당신이 죽기 전 마지막 날 아침에 마셨던 액체 형태의 사랑의 불길, 떠나가는 당신의 영혼을 붙잡아 당신을 하나님과 함께 하게 하였던 천국의 마지막 키스, 당신이 하나님과 함께 하였던 그 천국, 오, 세라핌 천사의 아름다운 자매여, 우리가 당신과 함께 하였던 하나님, 아, 그들 모두 말고 그 이외에 내게 남아 있는 그 무엇도 나에게 남겨두지 말아라. 내가 당신의 자서전을 읽고, 나는 죽고 더 이상 내가 사는 것이 아니게 하라!

Leave her that, and thou shalt leave her
Not one loose shaft, but love's whole quiver.
For in love's field was never found
A nobler weapon than a wound.
Love's passives are his activ'st part,
The wounded is the wounding heart.
O heart! the equal poise of love's both parts,
Big alike with wounds and darts,
Live in these conquering leaves, live all the same;
And walk through all tongues one triumphant flame.
Live here, great heart; and love and die and kill,
And bleed and wound; and yield and conquer still.
Let this immortal life, where'er it comes,
Walk in a crowd of love's amd martyrdoms.
Let mystic deaths wait on 't, and wise souls be
The love-slain witnesses of this life of thee.
O sweet incendiary! show here thy art,
Upon this carcass of a hard, cold heart;
Let all thy scattered shafts of light, that play
Among the leaves of thy large books of day,
Combined against this breast, at once break in
And take away from me myself and sin!
This gracious robbery shall thy bounty be,
And my best fortunes such fair spoils of me.
O thou undaunted daughter of desires!
By all thy dower of lights and fires;
By all thy eagle in thee, and all the dove;
By all thy lives and deaths of love;
By thy large draughts of intellectual day,
And by they brim-filled bowls of fierce desire,
By thy last morning's draught of liquid fire;
By the full kingdom of that final kiss

That seized thy parting soul, and sealed thee His;
Fair sister of the seraphim,
By all of Him we have in thee,
Leave nothing of myself in me!
Let me so read thy life that I
Unto all life of mine may die!(69-108)

성녀 테레사는 수동과 능동이 교차하는 하나님의 사랑으로 늘 불타는 인생을 살았다. 사랑을 하나님으로부터 받을 때는 수동의 삶이었고, 그녀의 책을 읽고 사랑의 불길로 상처를 받은 사람들에게 사랑의 상처를 입히는 능동의 삶을 살았다. 그녀는 상처를 입히는 자이고 동시에 상처를 받은 자였다. 그녀와 함께 사랑으로 사는 자는 자신의 이전의 삶을 살해하고 새사람으로 사는 자이다. 왜냐하면 신의 사랑으로 신과 합일에 도달하는 자는 황홀경을 사는 자로, 그는 더 이상 자신으로 사는 것이 아니라, 하나님의 사랑으로 사는 것이기 때문이다. 그녀는 자신을 따르는 자들을 하나님의 사랑으로 살해하였고, 그들로 하여금 불멸의 삶을 살게 하였다. 하나님과 함께하는 삶은 불멸의 삶이기 때문이다. 화자는 테레사 수녀의 책을 읽으며 그녀가 쏜 사랑의 화살을 맞고 사랑의 상처를 받았다. 그렇다면 화살은 천사가 아니라, 그녀가 쥐고 있어야 한다. 그의 상처는 그녀가 만든 것이다.

위의 시 39행은 기독교 수사학을 바로크적으로 해석한 것이다. 「신약」에서 사도 바울은 "새 사람이 되라,"고 거듭 이야기하고 있다. 새 사람이 되기 위하여 과거의 영혼은 죽고, 새롭게 하나님의 자녀로 태어나라고 한다. 영적으로 죽어 있던 삶으로부터 신의 사랑으로 가득한 영적인 삶을 살아야, 그곳에 구원이 있다고 했다. 테레사 수녀가 하나님의 사랑으로 황홀함에 도달했을 때, 그녀는 살아

있는 것이 아니라 죽은 것이었다. 그녀의 황홀경은 옛 사람이 죽고 하나님이 함께 하는 사랑의 삶을 사는 신비적인 죽음의 순간이다. 그것이 하나님과의 합일이다. 그때 그녀는 신비의 죽음을 경험하고, 신비의 삶을 사는 것이다. 그렇게 하나님의 사랑의 상처를 받은 그녀는 그녀의 책을 통하여 남들에게 상처를 주기도 한다. 사랑의 상처를 받은 자만이 사랑의 상처를 줄 수 있다. 상처가 없으면, 상처를 줄 수 없다.

바로크 시대에 반종교개혁은 종교의 언어들을 감각적인 의식(rites)의 언어로 바꾸어놓는 것을 정당화하였다. 개념들이 감각의 옷을 입었다. 위의 시도 바로크 은유들로 넘쳐난다. 사랑에 불이 붙어 있는 것을 "달콤한 화재"(sweet incendiary)란 은유로, 하나님의 사랑으로 우리가 죄로부터 구원받는 순간을 "은혜로운 도둑질"(gracious robbery)이란 은유로, 그리고 하나님의 사랑을 갈구하는 욕망을 "강렬한 욕망이 담을 수 없이 흘러넘치는 그릇들이 되는"(brim-filled bowls of fierce desire) 사랑의 욕망으로 등등, 여러 개념들이 모두 은유를 통하여 감각의 옷을 입었다. 그리고 수동과 능동이 구별이 없이 하나가 되고, 고통이 희열이 되는 등 역설의 언어가 유희하는 언어축제를 열어가면서, 시의 언어들은 의미를 확정하는 종지부를 찍지 못하고, 새로운 의미를 찾아 계속하여 허덕이며, 다양한 의미의 시의 지평을 열어주고 있다. 그러나 그 시어들은 매너리즘의 회의의 소리가 아니라, 믿음을 확신하는 소리이다. 그렇게 바로크는 확신에 찬 목소리로 우리를 믿음의 열기 속으로 끌고 갔다. 바로크는 매너리즘과 같이 수사를 위한 수사가 아니다. 바로크의 수사는 확신에 찬 믿음을 표현하기 위하여 끝임 없이 최고의 새로운 수사를 찾아 나서, 운동하고 변모하고 과시하고 과장이 없지 않은 "장관의 수사"(spectacle)였다.

신교 바로크 시인 밀턴(Milton)

매너리즘 시대가 자신의 수사에 대하여 믿음을 갖지 못하였다면, 바로크는 자신의 신앙을 표현하기 위해 매너리즘의 수사까지도 가져다 사용하였다. 그럴 수밖에 없었던 것이, 매너리즘 시대 이전에는 모방이 미덕이었다. 그러나 매너리즘 시대는 모방에 대하여 비판적인 자세를 취하였다. 문학작품 그 자체까지도 문제 삼는 문학을 생산해내었던 시대이었다. 바로크 시대는 믿음을 고백하는 시대였다. 그래서 크래쇼(Crashaw)에서 보듯이 매너리즘의 수사들을 그대로 사용하여 자신의 신앙을 표현하였다. 매너리즘의 수사가 회의가 깔려있는 가식의 수사(artificial rhetoric)라면, 바로크의 수사는 이념들이 감각의 옷을 입고, 그 감각의 몰입 속에서 회의조차 할 수없이 과도함이 회의를 묻어버려, 무엇을 회의하였는지조차 잊게 하였다.

20세기 독일의 표현주의자들이 말하는 바로크는 과장되고, 화려하며, 심리적인 주제가 주요한 모티브를 이루고, 괴팍할 정도로 감각적인 수사에 몰입하였던 시대의 사조를 의미하였다. 1953년 장 루세는 바로크 문학의 특징으로 다섯 가지를 들고 있다. 첫째로 바로크는 완성을 거부하는 불안정으로 출발하지만, 다른 모습을 해체하면서, 결국은 움직임과 불안정성, 그 자체가 형식이 되었다. 둘째 관중도 배우와 함께 작품에 참여하기를 기대하였다. 우리가 크래쇼(Crashaw)의 시에서 보았듯이, 화자가 끝임 없이 독자를 자신의 시로 끌어들여 의미 창조에 참여하도록 요구하였다. 셋째 안정을 거부하고 변모하는 움직임, 그 자체가 총체적 형식을 이룬다. 넷째 고전주의의 작품에는 시간이 영원한 반면에, 바로크 시간은 시간 그 자체가 주제가 되어 변화와 불안정과 움직임을 보여준다. 마지막 다섯째는 바로크 문체와 관련한 내용이어서 이곳에서 인용하여 따로 떼어내어 주의 깊게 살펴볼 필요가 있다.

> 우리는 바로크에서 안주할 수 없음과, 획득된 결과에 대한 지속적인 문제 제기, 그리고 끊임없이 달라지는 균형점에의 숨 가쁜 추구의 감정을 발견한다. 그러한 감정은 우리에게 마침내 결집된 힘들의 휴식 안에서가 아니라, 추구 그 자체, 즉 추구를 구성하는 단절들과 결합된 움직임들 속에서 기쁨을 찾을 것을 요구한다.[21]

바로크는 고전주의 시대의 안정성을 파괴하는 방향으로, 의미가 하나의 완성된 의미를 부여받기 전에 그 의미를 해체하는 방식으로 끊임없이 움직이고 변화하는 의미 그 자체의 운동을 미학으로 삼았다. 그리고 표현주의는 그런 바로크에서 불안의식을 끄집어내어 바로크를 심리적으로 해석하였다. 그렇다면 전시대 19세기는 바로크를 어떻게 해석했을까? 다음으로 빌플린의 글을 보자.

> 바로크는 다양한 영향을 주려고 한다. 바로크는 우리에게 충격을 주어서 우리를 멀고 다른 곳으로 이끌고 간다. 그 충격은 직접적이고 압도적이다. 바로크가 주는 충격은 강화된 충격 정도가 아니라, 감격(excitement)이고, 황홀함(ecstasy)이고, 도취감(intoxication)이다. 르네상스가 주는 충격은 좀 더 느리고, 좀 더 조용하고, 좀 더 지속적이어서, 우리는 그 충격 속에 영원히 머무르고 싶어 한다. 그러나 바로크가 주는 충격은 순간적이다. 바로크가 주는 순간적인 충격은 강력하다. 그러나 곧 우리는 황

21) 앞의 책, 310쪽.

> 폐감에 빠진다. 바로크는 현재의 행복한 상태를 느끼게 해주는 것이 아니라, 장차 다가올 것에 대한 기대감을 주어, 충만함보다는 불만족과 불안정을 가져다준다. 우리는 해방감이 아니라, 긴장된 감정 상태로 빨려 들어가는 기분이 든다.[22)]

뵐플린의 바로크 정의는, 우리가 지금까지 말하였던 것과는 다르게 많은 부분, 매너리즘의 정의와 겹쳐 있다. 그리고 안정성의 미학인 르네상스와 고전주의 미학을 편애하는 성향이 엿보인다. 그렇게 뵐플린의 바로크는 매너리즘과 같이 압도적인 감각의 과잉의 상태가 빚어내는 공허함에 대하여 이야기하고 있다. 그러나 루세는 바로크가 변화와 변신의 과시를 통한 움직임으로 고전주의의 닫힌 형식을 열어주고 있다고 했다. 루세에게 있어서 불만족과 불안정은 고전주의의 정적인 완성의 만족과 안정성을 해체한 방식임과 동시에 또한, 그것은 바로크의 동작을 강조하기 위함이다. 변화를 이야기하기 위해, 고정된 것은 무엇이나 부정하고, 스스로 변장하고 변신하는 것이 바로크이다. 끊임없이 변화를 이야기하는 것만이 바로크가 안정적인 고전주의에 저항할 수 있는 유일한 방식이었다.

밀턴(Milton)의 『실낙원』(Paradise Lost)에 등장하는 인물들 모두는 바로크 인물들이다. 그들은 끊임없이 움직인다. 움직이고 있다는 그 사실 하나가 그들의 정체성을 드러낸다. 그들은 변화하고 변신하고 과시하고 끊임없이 자신의 의지를 추구하는 곳에서 자신의 정체성을 확인한다. 그들에게 완성되어 안정적인 것은 아무것도 없다. 사이퍼(Sypher)는 "바로크 상상력의 도구는 의지라고 말하며," 『실낙원』에서 사탄(Satan)의 다음 장면이 바로크 예술의 핵심이라고 말한다.

---

22) Heinrich Wölfflin, *Renaissance and Baroque*, tr. Kathrin Simon, (London Fontana Library, 1964), p. 38.

... 전투에서 실패했다고 뭐 달라지겠는가? 모두 다 잃은 것은 아니다; 정복 불가능한 의지가 있고, 복수의 여지가 있고, 불멸의 증오가 있으며, 결코 복종하지 않고 굴복하지도 않을 용기가 있다: 그리고 그밖에 굴복당하지 않을 것이 무엇이 더 있을까?

... What though the field be lost?
All is not lost; the unconquerable will,
And study of revenge, immortal hate,
And courage never to submit or yield:
And what is else not be overcome?(I, 105-9)

바로크는 고전주의의 닫힌 형식을 열어가면서 틈 사이를 뒤집어 새로운 공간을 열어주는 방식으로 시의 공간을 넓혀갔다. 외부가 막히면 내부를 열어 놓았고, 내부가 막히면 외부를 열어놓았다. 즉, 사탄은 천국에서 쫓겨나자 에덴을 향하여 나아갔고, 죄가 존재하지 않는 에덴에서 죄를 지어 에덴에서 쫓겨난 아담과 이브는 죄 많은 세상으로 나아왔다. 위의 시에서 사탄은 자신의 실패는 외적인 것이지 내적인 것은 아니라고 말한다.

밀턴은 찰스1세를 단두대에 올린 공으로 크롬웰 공화정 때 재상을 지냈고, 찰스2세의 왕정복고에도 살아남았다. 물론 찰스2세 때 밀턴은 실명하여 앞이 보이지 않는 무력한 노인이었기에 찰스2세로부터 해악을 당하지는 않았다. 그는 혁명의 실패를 『실낙원』에 담아냈다. 그는 사탄의 뒤에 숨어서 자신을 숨긴 채 자신의 생각을 『실낙원』에 표현하였을 가능성이 크다. 자신을 사탄이라고 말할 수 있을 만큼 용기 있는 자가 누가 있겠는가?

밀턴(John Milton: 1608-1674)은 이탈리아 시인 아리오스토(Ludovico Ariosto: 1474-1535)가 그의 『광란의 올란드』(Orlando

Furioso: 1532)에서 쓴 시 구절을 차용하여, 자신도 『실낙원』(Paradise Lost: 1667)에서 이전에 쓴 적이 없는 소재를 가지고 시를 썼다고 말하고 있다: "아직까지 산문이나 운문으로 쓴 사람이 없는 소재들"(Things unattempted yet in prose or rhyme.)을 사용한다. 밀턴의 『실낙원』 총 12권의 주제는, "하나님의 영원한 섭리를 노래하고,/ 하나님이 인간들에게 하신 일들이 모두 옳았음을 말해주는 것"(That to the height of this great argument/ I may assert Eternal Providence,/And justify the ways of God to men. I, 24-6)이다.

타락한 천사 사탄은 하나님 다음으로 제2인자였으나, 자신에게 왕위를 물려주지 않고 자신의 아들에게 왕위를 물려줄 것이라는 소문을 듣고, 자신을 따르는 하늘에 있는 천사들 1/3을 데리고 하나님에 대항하여 싸우다가, 자신의 부하 천사들과 함께 지옥으로 떨어진다. 밀턴의 『실낙원』은 사탄이 타락한 천사들과 함께 지옥에 떨어진 시점부터, 타락한 천사 사탄의 유혹에 빠진 아담과 이브가 에덴동산을 떠날 때까지를 다루고 있다. 주제를 말하고 있는 제1권 1-26행을 보자.

> 인간의 첫 불복종, 그리고 금지된 나무 열매, 끔찍하게도 그 열매를 맞보아 세상에 죽음을 끌어들인 일, 에덴의 상실과 함께 우리 모두는 불행해졌지만, 예수가 우리를 구원하게 되리니, 그때 우리는 다시 축복의 자리를 찾을 수 있겠다. 성령 뮤즈여, 위에 말한 것들을 노래하라. 호렙(Oreb)이라 하기도 하고 시나이(Sinai)라 부르기도 하는 그 언덕 어느 곳에선가 처음으로 선택받은 유태인들에게, 태초에 어떻게 하늘이 혼돈에서 탄생하였는지를 가르치도록 목자 모세(Moses)에게 영감을 부여해준, 성령 뮤즈여 노래하라. 솔로몬 성전이 있었던 시온(Sion) 언덕과, 하나님 말씀이 전파되었던 곳 가까이 흐르는, 예수가 장님을 눈

뜨게 한 실로암(Siloa) 시내에 대한 이야기가 당신을 더 기쁘게 할 수도 있겠지만, 나는, 당신의 도움으로, 그 누구도 시도하지 않은 노래를 부르려합니다. 이야기 중간부분을 싹 뚝 자르고, 고전주의 뮤즈들의 노래들보다 더 높이 오르려고, 산문과 시로 써진 적이 없는 이야기들을 노래하려합니다. 오, 당신, 말로만 믿는 자들보다 곧은 마음과 순수한 마음을 가진 자들을 더 사랑하시는 성령이시여, 당신은 알고 계시오니, 나를 가르치소서. 당신은 처음부터 존재하셔서, 강한 날개를 활짝 펴서 비둘기와 같이 거대한 세상을 품으셨다가 세상을 잉태하셨습니다. 내가 모르는 것을 밝히 알려주시고, 낮게 누워있는 나의 영감을 들어올려 세워주소서. 나는 이 멋진 주제를 높이 치켜들어, 하나님의 섭리를 주장하고, 하나님이 인간들에게 하신 일들이 모두 옳았음을 말하려합니다.(I, 1-26)

Of man's disobedience, and the fruit
Of that forbidden tree, whose mortal taste
Brought death into the world, and all our woe,
With loss of Eden, till one greater Man
Restore us, and regain the blissful seat,
Sing Heav'nly Muse, that on the secret top
Of Oreb, or of Sinai, didst inspire
That shepherd who first taught the chosen seed,
In the beginning how the heav'ns and earth
Rose out of Chaos: or if Sion hill
Delight thee more, and Siloa's brook that flowed
Fast by the oracle of God; I thence
Invoke thy aid to my advent'rous song,
That with no middle flight intends to soar
Above th'Aonian mount, while it pursues
Things unattempted yet in prose or rhyme.
And chiefly thou O Spirit, that dost prefer
Before all temples th' upright heart and pure,

Instruct me, for thou know'st; thou from the first
Wast present, and with mighty wings outspread
Dove-like sat'st brooding on the vast abyss
And mad'st it pregnant: what in me is dark
Illumine, what is low raise and support;
That to the height of this great argument
I may assert Eternal Providence,
And justify the ways of God to men.(I, 1-26)

이곳에서 시인은 이전에는 써진 적이 없는 내용들의 시를 쓸 것이라고 말한다. 그러나 그 주제가 기독교적인 것이어서, 그는 뮤즈로 고전적인 뮤즈가 아니라, 기독교의 성령을 뮤즈로 불러 자신에게 영감을 줄 것을 요청한다. 왜냐하면 기독교에서 말하는 세상은 성령으로 창조되었기 때문이다. 밀턴은 『실낙원』을 완성하기 20일전에 다음과 같이 말하였다.

> 『실낙원』은 젊은 혈기나 술기운으로 쓸 수 있는 것이 아니다. 천박한 아마추어의 펜을 가지고 쓰거나 운율을 팔아먹고 사는 식객의 혈기로 쓸 수 있는 것도 아니다. 기억의 여신인 뮤즈나 뮤즈의 딸들인 사이렌(Siren)들을 불러 쓸 수 있는 것도 아니다. 그 작품은 영원한 성령(Eternal Spirit)에 대한 신앙심에서 우러난 기도로 쓸 수 있는 것이다.[23)]

시를 처음 시작하는 곳이니까 그렇겠지만, 시는 계속하여 자신이 앞에서 말한 시의 내용을 설명하는 방식으로 이야기가 전개하고 있다. 마치 자신이 말한 그 한 마디 말로는 의미를 구성하지 못하기라도

23) John Milton, "The Reason of Church Government Urged against Prelaty"(1642), *The Portable Milton*, ed. Douglas Bush (New York: The Viking Press, 1949, 1961), p. 129.

하듯이, 앞에서 한 말을 다시 설명하는 방식으로 이야기를 풀어내는 방식으로 시를 구성하고 있다. 바로크의 문체들이 화려하고 장황하며 불안정한 장식의 수사라고 말하는 이유는, 제시된 의미들이 완성을 거부하고 변화의 움직임을 통하여 의미의 다양한 총체성을 구체화하려는 바로크 미학에서 비롯된 것이기 때문이다. 위의 시에서 화자는 자신이 쓰고 있는 시가 다른 시와는 다르다는 차이를 부각시키고 있다. 그렇다면 다른 시가 어떠하고 자신의 시가 어떠하다는 내용을 이야기하여야 한다. 그러니 자연히 시의 길이가 길어질 수밖에 없다.

장황한 바로크 문체의 특징을 가장 잘 보여주는 장면은 『실낙원』 제1권 마지막 부분이다. 하나님과 싸우다 패하여 지옥에 떨어져 있다가, 대천사 사탄(Satan)의 지시를 받기 위하여 사탄이 머무르고 있는 지옥궁전(Pandemonium)에 모여드는 타락한 천사 무리들의 모습이다. 그들은 그들의 대장 사탄과 함께 회의를 갖기 위해 이곳에 모여들었다.

> 그동안 날개를 단 전령 천사들이 대장의 명령을 받고 멋들어진 예식과 함께 트럼펫을 불어대며 모든 무리들에게, 사탄과 그의 참모들이 머무는 수도 지옥궁전에서 중대회의가 열릴 것이라는 사실을 공표하였다. 소환된 사람들은 다양한 집단들과 정돈된 부대들로부터, 지위와 투료로 뽑힌 가장 훌륭한 천사들이었다. 그들은 수백 수천으로 무리지어 와서 참석했다. 문들과 입구들은 넓었지만, 들어올 수 있는 곳은 모두 그들로 꽉 들어찼다. 특히나 가장 공간이 넓은 강당은 땅과 하늘이 모두 천사들로 빽빽하게 들어차 서로 밀치며 들어서서 날개들이 스치며 내는 바스락거리는 소리가 진동했다.(강당은 천사들로 뒤덮인 전쟁터와 같았지만, 용맹을 떨친 장군들은 무장을 한 채 말들을 타고 들어왔다. 그들은 말위에 얹은 의자에 앉아있었다. 그들의 모습은,

목숨 걸고 싸우러나가거나 창을 들고 질주하는 최고의 이교도 기사들을 무색하게 했다.) 그들의 모습은 태양이 황소 별자리(Taurus)를 지나가는 때인 봄철에 벌들이 무리를 지어 벌통 주위에, 자신의 많은 새끼 벌들을 세상바깥으로 내어놓을 때와 같았다: 봄철에 벌들이 새로 내린 이슬들과 새로이 피어난 꽃들 사이를 이리저리 날아다니거나, 그들이 지은 성채의 교외에 해당되는, 잘 다듬어진 널빤지 위를 새로이 채취한 꿀로 문지르며, 국가의 중대한 문제들을 설명하고 상의하는 것과 같다. 공중을 나는 무리들이 강당에 너무 빽빽이 들어차 장소가 협소하였다. 그러나 그것도 신호가 내려질 때까지만 그랬다. 아, 기적이다! 이제, 지구의 거인들 자식들보다도 키가 더 커보였던 천사무리들이 가장 작은 난쟁이들보다도 더 작은 모습들로 축소되어, 협소한 강당에 셀 수도 없이 많이 모여 있었다. 천사들은 인도의 히말라야 산 너머에 사는 난쟁이 족속들과 같았고, 밤늦게 귀가하다가 샘터나 숲 가까이에서 만나곤 하는, 축제를 벌이는 요정들과 같았다. 머리 위에 달이 떡 하니 버티고 앉아 있다가, 달빛으로 땅 아래로 조금 더 가까이 다가가 이리저리 움직이는 동안, 농부가 꿈속에서 보았던 요정들과 같았다. 그때 그들 요정들은 즐거워 춤추는 일에 몰두하였고, 즐거운 음악으로 농부의 귀를 매료시켰다. 그러면 농부의 가슴은 즐거움과 공포로 쿵쾅거렸다. 이와 같이, 육체를 지니지 않은 정령 천사들이 그들의 거대한 몸체를 가장 작은 모습들로 축소시켜서, 그 지옥 궁정의 강당에 셀 수 없이 많이 모여 들었다. 그러나 저 깊숙이 안쪽에는 그들과 같은 크기를 가진 멋진 천사 대장들과 제2급 천사들(cherubim)이 외진 곳에 앉아서 비밀회의를 하고 있다. 그리고 천 명이나 되는 반신(demi-gods)들이 들락날락하더니 또다시 방을 채웠다. 잠시 침묵이 흐르고, 소환장이 낭독되더니, 총회의가 시작되었다.

Meanwhile the winged heralds by command
Of sovran power, with awful ceremony
And trumpet's sound throughout the host proclaim

A solemn council forthwith to be held
At Pandemonium, the high capitol
Of Satan and his peers: their summons called
From every band and squared regiment
By place or choice the worthiest; they anon
With hundreds and with thousands trooping came
Attended: all access was thronged, the gates
And porches wide, but chief the spacious hall
(Though like a covered field, where champions bold
Wont ride in armed, and at the Soldan's chair
Defied the best of paynim chivalry
To mortal combat or career with lance)
Thick swarmed, both on the ground and in the air,
Brushed with the hiss of rustling wings. As bees
In springtime, when the sun with Taurus rides,
Por forth their populous youth about the hive
In clusters; they among fresh dews and flowers
Fly to and fro, or on the smoothed plank,
The suburb of their straw-built citadel,
New rubbed with balm, expatiate and confer
Their state affairs. So thick the aery crowd
Swarmed and were straitened; till the signal giv'n,
Behold a wonder! They but now who seemed
In bigness to surpass Earth's giant sons
Now less than smallest dwarfs, in narrow room
Throng numberless, like that Pygmean race
Beyond the indian mount, or fairy elves,
Whose midnight revels, by a forest side
Or fountain some belated peasant sees,
Or dreams he sees, while overhead the moon
Sits arbitress, nearer to the earth
Wheels her pale course: they on their mirth and dance

Intent, with jocund music charm his ear;
At once with joy and fear his heart rebounds.
Thus incorporeal Spirits to smallest forms
Reduced their shapes immense, and were at large,
Though without number still amidst the all
Of that infernal court. But far within
And in their own dimensions like themselves
The great Seraphic Lords and Cherubim
In close recess and secret conclave sat,
A thousand demi-gods on golden seats,
Frequent and full. After short silence then
And summons read, the great consult began.(I, 752-98)

회의에 참석하기 위해 지옥궁전에 모여드는 타락천사들의 모습은 봄철의 벌떼들과 같이 그 숫자가 많다. 그들을 어찌 다 묘사할 수 있겠는가? 화가가 그들 모두를 제한된 하나의 캔버스에 그려 넣으려면 그들 모습을 축소하여야 할 것이다. 밀턴은 이곳에서 미술에서의 원근법을 문학의 원근법으로 처리하는 방식으로, 변신의 수사학을 사용하였다. 그러나 무엇보다도 밀턴의 문체를 바로크적이게 만드는 것은 하나의 주제를 반복하여 변주하며 새로운 비유를 찾아나서는 그의 문장구조이다. 비유와 비교가 지나쳐 괴상하기까지 한 바로크의 특성을 잘 표현하고 있는 다음의 글은 밀턴의 문체를 설명하기에 부족함이 없다.

> 바로크의 형상들은 격렬한 강도로 온전히 자체들의 삶을 누리고 있다. 그들은 괴물처럼 성장하는 식물들과 같이 번성한다. 그들은 자라면서 조차 별개의 형상들로 자라난다. 그들은 모든 방향으로부터 작품공간으로 침투하고, 그 공간을 꿰뚫는다. 그들은 모든 가능성을 가지고 있는 듯하다. 공간을 정복하는 일, 그 자

> 체가 그들에게는 순수한 기쁨이다. 그들은 재현의 대상에 사로 잡혀 있다. 그들은 재현 대상을 광적으로 "비유하는 일"(similism)에 몰두하고 있다.[24)]

인용에서 앙리 퍼시옹(Henri Focillon)이 바로크 문체의 특성으로 지적하고 있듯이, 밀턴은 하나의 주제를 설명하기 위해 상당한 분량의 설명과 부연을 하고 있다. 어느 하나의 인물이나 어느 하나의 사건도 그냥 지나침이 없이 다양한 시각으로 다양한 면모들을 말하고 있다. 회의에 참가는 천사들을 묘사하기 위해 29행이 씌어졌다. 많은 천사들이 모여들었다는 표현 대신에, 봄철의 벌들의 삶을 길게 이야기하고 있다. 우리가 잠시 천사들을 잊을 정도로 벌들의 삶과 행동들의 묘사가 길게 이어져있다. 이후에도 천사들이 작은 모습으로 변하였다는 이야기를 하기 위하여, 난쟁이를 등장시키고, 농부의 삶이 소개되고, 농부들은 다시 요정들과 관계를 맺고, 요정들 이야기가 주를 이루다가, 다시 달과 꿈과 요정이야기를 한다. 앙리 퍼시옹의 말처럼, 밀턴은 "재현의 대상에 사로 잡혀," 그의 이야기는 식물처럼 무성하게 자라서 재현의 공간으로 확장하고 있다. 밀턴은 재현하는 그 자체를 즐거워하고 있다.

루이스(C. S. Lewis)는 밀턴의 문체 가운데, 독자들을 숨 가쁘게 몰고 가는 재현의 반복이 제의적(ritualistic)이고 주술적(incantatory)이라며, 그것이 밀턴의 문체를 장엄(grandeur)하게 하고, 고양(elevation)되게 한다고 말한다. 밀턴은 장엄함의 효과를 위하여 다음 3가지 방법들을 사용했다고 그는 말한다.

---

24) Henri Focillon, *The Life of Forms in Art*(1934), tr. Hogan and George Kubler (New York: Zones Books, 1992), p. 58.

1. 고어들을 포함하여 다소 낯선 낱말들과 낯선 문장구조를 사용하였다.
2. 화려하고, 거리감이 있고, 무섭고, 육감적이고, 유명한 사물들을 나타내는 고유명사들을 사용하고 있다.
3. 우리의 감각적인 경험들(빛, 어둠, 폭풍, 꽃, 보석, 성적인 사랑 등등)을 상승시키고, 그들과 관련한 암시를 나타내는 자료들을 사용하였다. 경험들을 최고치로 끌어올리는 담대함을 보였다. 그리하여 종속이나 휴식이 없는 감각적 흥분이 뒤따른다. 작품을 읽는 동안 우리는 지극히 강도 높은 감각적인 경험을 하고, 극치의 풍부한 음조를 경험한다.[25]

바로크의 가장 두드러진 특징은 독자에 대한 배려이다. 바로크 문학은 독자들에게 최고의 감각적인 경험을 선사해주기 위해 가능한 모든 수사를 다 동원하고 있다. 루이스가 언급하였듯이, 이교도의 신화들이 등장하고, 라틴어 문장구조를 사용한다든지, 낯선 고유명사들을 사용한다든지 등등을 통하여, 그는 독자에게 장중함(grandeur)이란 감각적인 경험을 안겨주었다.

신교의 청교도주의자로 우상파괴를 주장하였던 밀턴이 어떻게 반종교개혁주의자들이 주장하는 의식(ritual과 ceremony)과 성상들(sacred images)을 그의 시에 사용하여 감각적 경험을 중요시하는 바로크 미학을 추구하였는가 하는 점은 늘 의문으로 남는다. 사이퍼(Sypher)는 그 이유를 다음과 같이 이야기하고 있다.

밀턴의 반종교개혁의 시적 상상력이 그의 반-반종교개혁 윤리를 잠재우는 일이 『실낙원』에서 벌어진다. 이곳에서 시인 밀턴은 빛나는 이미지들을 만든 사람이다. 그러나 청교도주의자 밀턴은 이미지 파괴를 강력히 주장한 사람이다 - 우상파괴주의자

25) C. S. Lewis, *A Preface to Paradise Lost* (Oxford: Oxford University Press, 1942, 1971), p.40-1.

> (Eikonoklastes). 이와 같은 밀턴의 이중성은 존 던(John Donne)의 이중성과는 다르다. 존 던은 늘 자신의 내부에 갈등을 간직하고 있었다. 그는 불안정한 매너리즘의 자아가 주는 긴장감으로 고통을 받았다. 반대로, 밀턴은 그의 감각적인 상상력이 가져온 풍요에 스스로 매료되었다. 그는 바로크 감각과 청교도주의 사이에 존재하는 모순들을 충분히 인식하지 못하였다. 밀턴의 회화적 사고와 개념적 사고 사이에는 늘 모순이 되는 점이 있다.[26)]

매너리즘은 종교를 비롯한 모든 것들에 대하여 확신이 없는 회의의 시대의 사조였고, 바로크는 뉴턴의 수학적 사고에 근거하여 모두가 수학으로 설명할 수 있다고 생각하였던 확신과 믿음의 시대였다. 바로크는 어떻게 믿느냐가 관건이었다. 바로크는 신앙과 신념의 근거로 무엇보다 "감각적 경험"이 중요하였다. 그래서 바로크는 운동성과 변화와 과시와 공간 확장이 중요하였다. 바로크의 감각적 그리고 물리적 경험이 주는 장중함이 매너리즘의 회의적인 면들을 극복하게 해주었다.

청교도주의자 밀턴은 자신의 신앙문제 있어서는 전혀 회의나 의심이 없었다. 문제는 자신의 신앙을 어떻게 물리적으로 그리고 감각적으로 스스로에게 확신을 줄 수 있는가가 문제였다. 밀턴은 자신의 신앙의 문제를 바로크적으로 해결하려했다. 『실낙원』의 마지막 내용인 제12권의 끝 부분을 보자.

> 우리의 어머니 이브는 그렇게 말했고, 아담은 듣고 매우 기뻤으나 답변은 하지 않았다. 왜냐면 라파엘 대천사가 가까이 있었고, 제2천사들이 모두 빛나는 모습을 하고, 저쪽 언덕으로부터

---

26) Wylie Sypher, *Four Stages of Renaissance Style: Transformations in Art and Literature 1400-1700*, p. 195.

그들이 있는 곳으로 내려왔다. 천사들은 유성과 같이 땅으로 미끄러져왔다. 마치 강에서 올라온 저녁 안개가 늪지 위를 미끄러져 지나가다가, 일터에서 집으로 돌아가는 일꾼의 발끝에서 빠르게 땅을 뒤덮듯이 하였다. 하나님의 높이 들려진 칼이 앞으로 다가와 그들 앞에서, 리비아(Libya)의 불붙은 공기와 같이 뜨거운 열기와 함께 열기를 내며, 유성과 같이 격렬하게 불타올라, 서늘한 땅을 뜨겁게 태우기 시작하였다. 라파엘 천사는 서둘러 양쪽 손에 아담과 이브를 잡고 곧장 동쪽 문 쪽으로 나아가, 빠르게 절벽 아래로 가서는 낮게 놓인 평지 쪽으로 내려서더니, 그들만 남겨두고 사라졌다. 아담과 이브는 뒤를 돌아다보았다. 낙원 동쪽이 모두 보였다. 최근까지만 해도 그들이 행복하게 머물렀던 곳, 그곳은 이제 휘두르는 불타는 칼로 가로막혀 있었다. 동쪽 문에는 무서운 얼굴들을 한 천사들이 모여 있었고, 무기들은 불타올랐다. 그들의 눈에서 저절로 눈물이 떨어졌다. 그러나 그들은 바로 눈물을 닦았다. 세상은 이제 그들 앞에 모두 놓여있었고, 그곳은 그들이 쉴 곳으로 선택할 곳이었다. 섭리가 그들을 안내할 것이다. 그들은 손을 맞잡고 내키지 않는 발걸음으로 천천히 에덴을 떠나 세상을 향해 쓸쓸히 걸어갔다.

So Eve our mother Eve, and Adam heard
Well pleased, but answered not; for now too nigh
Th' Archangel stood, and from the other hill
To their fixed station, all in bright array
The Cherubim descended; on the ground
Gliding metéorous, as evening mist
Ris'n from a river o'er the marish glides,
And gathers ground fast at the laborer's heel
Homeward returning, High in front advanced,
The brandished sword of God before them blazed
Fierce as a comet; which with torrid heat,
And vapor as the Libyan air adust,
Began to parch that temperate clime; whereat

In either hand the hast'ning angel caught
Our ling'ring parents, and to th'eastern gate
Led them direct, and down the cliff as fast
To the subjected plain; then disappeared.
They looking back, all th'eastern side beheld
Of Paradise, so late their happy seat,
Waved over by that flaming brand, the gate
With dreadful faces thronged and fiery arms:
Some natural tears they dropped, but wiped them soon;
The world was all before them, where to choose
Their place of rest, and Providence their guide:
They hand in hand with wand'ring steps and slow,
Through Eden took their solitary way.(XII, 624-49)

바로크는 운동감을 주기위해 스스로 기울어지고, 닫힌 공간을 열어주기 위해 공간에 틈을 내고, 극단의 최고치 감각을 독자에게 선사하기 위해 부연하고, 연결하고, 단절시키고, 그리고 그 단절을 연장하기 위해 새로운 이미지를 시적 공간으로 끌어들였다. 최고의 수사를 망설이지 않는 바로크 비유는 독자에게 장중함을 주고 과시에 가까운 장관(spectacle)을 연출하였다. 그래서 바로크 시에는 많은 부분, 연극의 요소들이 많이 들어있다. 바로크는 또한 비유를 통해 이미지를 구축할 때, 그 이미지는 하나의 이미지로 만족하지 못하고, 끊임없이 이미지들을 축적한다. 그래서 그 이미지들이 그 자체의 생명력을 가지고 살아있는 듯이 보인다. 이와 같이 과도하게 과장되고, 크게 말하였던 것은 모두 안정성을 해체하는 방향으로 운동감을 주기 위함이었다.

*

17세기 바로크의 불안정의 감각은 18세기 로코코에 와서야 안정감으로 균형을 맞추게 된다. 그러나 우리는 17세기가 얼마나 힘겨운 시대였는가를 인식할 필요가 있다. 종교재판이 시작되고, 마녀사냥이 시작되었던 시대였다. 한편으로는 반종교개혁의 과장된 허풍으로 화려함과 과시가 만연하였고, 프로테스탄트는 반종교개혁주의자들과 차별화하려고 청빈과 도덕과 금욕을 강조하며 절제된 삶을 요구하였다. 한치 앞도 바라 볼 수 없이 꽉 막혀 있었던 시대를 살았던 사람들에게 있어서, 새로운 질서를 위한 흔들림과 운동과 변화가 필요하였다. 틈을 보여주어야 했다. 바로크의 변신과 과시와 불안정과 불만족 그리고 불균형은 17세기 사람들이 숨 쉴 수 있는 공간이었다. 에덴의 동쪽을 나와 세상으로 향해 나아가는 아담과 이브와 같이 그 길이 외롭고 쓸쓸하더라도, 그들은 갇힌 공간이 아닌 열린 공간이 필요하였고, 그렇게 큰 소리를 치고, 그렇게 큰 공간의 확장을 갈구하지 않으면, 변화가 없을 시대를 살았다. 프로테스탄트나 반종교개혁이나 모두 17세기를 살아간 사람들에는 꽉 막힌 공간이었다. 그렇게 해서 18세기 로코코 시대는 무신론자들을 양산하는 시대가 되었다. 자연(Nature)에서 질서를 찾아, 자연이란 말이 가장 많이 사용했던 시대가 18세기이다. 자연(Nature)은 신이 되고, 법칙이 되고, 질서가 되고, 본질이 되고, 시적 상상력의 원천이 되었다.

18세기 영문학과 로코코(Rococo)

- 행복의 미학 -

로코코의 특징은 프랑스인들이 "무엇이라고 규정할 수 없지만 그러나 바로 반응할 수 있는 재능"(je ne sais quoi)이라 부르는 "멋을 아는 취향"(taste)이라 할 수 있다. 로코코는 바로크 시대를 대표하는 특징이라 할 수 있는 과장과 화려함(grandeurs)으로부터는 한발 물러섰지만, 막 등장하기 시작한 중류층의 예법을 조금도 상스럽게 만들지는 않았다.(그들 중류층은 화려한 루이 14세의 군주제를 그대로 받아들이지는 않았다.) 그들은 루이 14세 시절보다 좀 작고, 과장이 심하지 않은 극장을 필요로 하였고, 베르사유 궁전의 화려한 오솔길 대신에, 화가 와토(Watteau)의 그림에서 볼 수 있듯이, 작고 유쾌한 파티가 열리는 곳을 배경으로 하고 있는 조용하고 시적인 공간들을 선호하였다. 그 파티에는 3박자 느린 춤곡(minuet)과 도자기의 청아함을 가진 차분한 로코코 활동이 고스란히 들어있다. 로코코는 바로크 특징인 절정(climax)의 미학을 부정하였다. 바로크와 달리, 로코코 시대의 예술가들은 학자인 체하거나 현학적인 체하는 기질이 아니어서 이론을 만들어내지도 않았다. 그들은 이론보다는 취향을 우선시하였다. 이론이 부재하더라도 로코코는 양식으로 보는 것이 옳다. 로코코는 18세기 후반 조금 못 미쳐 최종적으로 일관된 양식을 갖추었다. 그리고 19세기의 로코코는 하나의 양식이 아니라, 다수의 양식들로 분화하였고, 19세기 말에 와서 로코코는 아르누보의 네오-로코코 양식으로 자리를 잡았다. 로코코는 하나의 이정표라고 할 수 있는 순환하는 양식으로, 과학이 우리의 세계관에 깊이 영향을 주었던 계몽주의와 함께 시작하였다. 뉴턴(Sir Isaac Newton: 1642-1727)은 로코코가 한창 융성할 때도 살아있었다.[1)]

---

1) Wylie Sypher, *Rococo to Cubism in Art and Literature: Transformations in Style, in Art and Literature from 18the to the 29th Century* (New York: Vintage Books, 1960), p.4.

유럽예술 역사가들은 로코코 양식을 프랑스 왕 루이 15세가 치세하였던 1715부터 1774년까지의 프랑스 장식 예술이라 말하고 있지만, 정작 로코코가 시작한 프랑스는 자신의 로코코 시대를 1789년까지 늘려 잡고 있다. 1789년은 프랑스 혁명으로 루이 16세가 사망한 해이고, 화가 다비드(Jacques Louis David: 1748-1825)가 그의 미술작품 「호라티우스의 맹세」(Serment des Horaces)를 살롱에 출품한 해이기도하다. 1784년 로마에서 완성하여, 1789년 프랑스 살롱에 전시한 다비드 작품은 고전주의의 특징이라 할 수 있는 단순성과 정적인 미학을 보여주고 있어서, 프랑스 신고전주의(Neoclassicism) 성명서 역할을 한 작품으로 알려져 있다.

프랑스 문예사와 영국의 문예사는 연대기에 있어서 차이를 보여준다. 프랑스의 로코코는 영국 문예사에 있어서는 계몽주의 시대이며, 이성의 시대로, 신고전주의시대에 해당된다. 그러나 프랑스 로코코는 신고전주의 바로 이전 시대를 지칭하며, 로코코와 신고전주의를 분리하여 생각하고 있다. 그리고 프랑스 신고전주의가 프랑스 혁명이 일어난 1789년을 출발점으로 삼는 반면에, 영국은 1789년을 신고전주의가 끝나고 낭만주의가 시작한 해이다. 그러나 공식적으로는 영국낭만주의가 시작되었던 해는 1798년 낭만주의 시인, 워즈워스(Wordsworth)와 콜리지(Coleridge)가 함께 『서정시집』(Lyrical Ballads)을 출판하면서, 워즈워스가 쓴 시집의 서문이 영국낭만주의 성명서가 되었다. 흥미롭게도 프랑스의 낭만주의의 시작은 영국의 낭만주의가 끝난 해인 1830년이다. 그러므로 영국의 신고전주의의는 18세기이고, 프랑스의 신고전주의는 1789년부터 1830년까지로 19세기를 이른다.

절대왕정시대와 계몽주의

18세기 철학자들은 중세 스콜라철학자들과 같이, 지식이란 하나님의 뜻을 드러내 보여주는 것이라는 믿음을 굳게 가지고 있었다. 역사가 죽은 자들을 가지고 장난치는 술책이라고 생각하기는 했지만, 그들은 자신들이 갖고 있는 믿음과 타협하지 않는 역사로부터는 배우려하지 않았고 배울 수도 없었다, 모든 시대의 사람들이 자신들이 살아가는 시대의 믿음을 갖고 살아가듯이, 그들의 믿음도 그들의 경험과 그들의 필요에 따라 생겨난 것이었다. 그러나 그들의 경험과 필요는 당시 교회와 국가가 주장하는 기존의 전통적인 강력한 철학과 심각할 정도로 맞지 않았다. 그래서 그들의 믿음의 강령들은 기존의 철학들의 강령들과 모두 반대의 의미들을 지녔다. 1) 인간은 태어날 때부터 타락하지는 않았다. 2) 인생의 목적은 죽은 후에 행복한 삶을 사는 것이 아니라, 살아서 행복하게 사는 것이다. 3) 사람은 이성과 경험의 안내를 받아야만 이 세상에서 행복하게 살 수 있다. 4) 행복한 인생의 첫 번째 필수조건으로, 정신은 무지와 미신의 속박으로부터 벗어나야하고, 육체 또한 조직화된 사회규제들의 불필요한 억압으로부터 벗어나야 한다. 이와 같은 신념과 함께, 흄(Hume)이 우리에게 말하고 있는, "인간 본성의 항구적이고 보편적인 원칙들은" 역사를 연구함으로 발견될 수 있고, 어려운 일도 아니다. "보편적 인간"이란 전통적으로 이들 원칙들을 갖추고 있는 인간이다. 철학자들은 "보편적인 원칙들"이 무엇인지를 연구하기 이전에 이미 그들이 무엇인지를 알고 있었다. 그들은 "보편적 인간"이 무엇인지를 자신이 생각하는 대로 만들어 놓아서, 이미 그 인간이 어떠한지를 이미 잘 알고 있었다. "보편적인 인간"이란 태어날 때부터 선하며, 쉽게 계몽되며, 이성과 상식을 따르는 경향이 있다는 사실을, 철학자들은 본능적으

> 로 알고 있었다. 그리고 보편적 인간은, 또한, 관대하고 인간적이며, 관용을 갖추고 있고, 억지로 힘으로 강요하기 보다는 설득하면 더 쉽게 따른다. 무엇보다 그는 선량한 시민으로 덕성을 갖춘 사람이다. 그는 자신이 주장하는 권리를, 다른 모든 사람들도 마찬가지로 자연스럽게 절대적으로 주장할 수 있는 권리라고 생각했다. 그러므로 모두가 다 잘 살기 위해서, 그는 정의로운 국가가 강요하는 의무를 지키고, 강제에 순종하는 일이 필수사항이다.[2)]

유럽 18세기 정치는 절대왕정시대(Absolutism)이고, 철학은 계몽주의시대(Enlightenment)이고, 예술은 로코코시대(Rococo)였다. 당시 유럽의 왕들은 자신들의 권력 확장에 장애가 되는 고위 성직자와 봉건귀족들을 견제하기 위하여, 전통과 관습에 반대하는 부르주아 출신의 계몽 사상가들(philosophe)의 사상을 옹호하였다. 계몽주의 사상가들도 이성(Reason)이라는 합리주의 정신에 근거한 법질서에 따라 절대왕정을 옹호하거나 정당화하였다. 그리고 그들은 왕을 대신하여 권력의 중심에 있는 귀족과 성직자를 공격하였다. 공격 강도면에서보면 귀족보다는 성직자들을 향한 것이 더 강하였다. 그들은 과학의 발전과 발견을 근거로, 과학적인 방법을 이용하여 기독교 세계관을 뒤흔들어 성직자의 권위를 위태롭게 하였다. 당시 프랑스의 계몽사상은 전 유럽의 사상적 모델이 되었고, 루이 15세의 프랑스 로코코 문화는 프랑스문화이고, 또한 유럽의 문화였다.

중세 스콜라 철학에서 신은 자연을 창조하고, 자연 밖에서 자연을 통제했다. "자연은 창조된 자연"(natura naturata)이었다. 그러나 18세기 계몽주의의 자연은 창조된 자연이 아니라, 처음부터 "그

---

2) Carl L. Becker, *The Heavenly City of the Eighteenth Century Philosophers* (New Haven and London: Yale University Press, 1932, 1966), p.102-3.

자체의 창조적인 형성력을 지니는 자연"(natura naturans), 즉, 독립된 자연으로, 자연 그 자체였다. 신은 자연의 바깥에 존재해 있는 것이 아니라, 자연에 내재하여 자연의 움직임과 함께하였다. 자연에 대하여 계몽주의자들은 두 가지 중 하나를 선택하여, 자연 그 자체가 신이라는 범신론자(Deist)가 되던가, 아니면 신을 부정하고 자연만을 신봉하는 무신론자(Atheist)가 되었다.

18세기는 사회와 개인의 문제가 가장 격렬하게 논의되었던 시대이다. 인간은 자신의 개체성의 상실을 요구하는 사회제도 속에서 어느 정도의 희생을 감수하여야 하는가? 인간은 사회를 떠나 살 수 없지만, 사회 이전에 인간이 있었지 않은가? 그렇다면 인간은 자신의 개체성을 잃지 않기 위해 사회제도 안에 견제세력을 가져야 한다. 그리고 이렇게 견제하려는 궁극적인 목적은 인간의 행복이다. 계몽 사상가들은 기존의 종교의 교리를 부인하고, 내세가 아닌 지상에서 살면서 행복을 추구할 권리를 주장하였다. 그리고 인간은 자신의 행복을 보장받기 위하여 국가까지도 전복할 권리까지도 보장받게 되었다. 이 사상이 가장 잘 표현된 곳이 미국독립선언문(1776)이고, 프랑스혁명이다(1789).

지상에서 행복할 권리를 추구하면서, 18세기 사람들은 감정과 쾌락의 중요성을 강조하였다. 로코코는 인간의 감정과 쾌락을 금기로 하거나 억제하였던 기존의 관습과 제도를 비판하였고, 근본적으로 자유를 요구하였다. 로코코 예술과 문학은 자유를 억압하는 모든 폭력으로부터 자유롭기를 주장하였다. 계몽 사상가들은 "일단 사회가 자유롭게 되고, 이성의 지배를 받으면, 그 사회는 진보와 정의와 행복한 생활이 보장된다고 믿었다."[3] 그리고 아담 스미스(Adam

---

3) 프랭크 E. 매뉴얼, 『계몽사상 시대사』(The Age of Reason: 1951), 차하순 옮김 (서울: 탐구신서, 1990), 55쪽.

Smith: 1723-1790)는 자유방임을 주장하는 경제학 『국부론』(An Inquiry into the Nature and Causes of the Wealth of Nations: 1776)을 쓰기도 했다. 이와 같이, 계몽주의자들은 인간이 자연의 법칙에 따라 이성적으로 판단하여 생활하면, 행복하게 된다는 소박한 믿음을 가지고 있었다.

로코코 예술

18세기는 사교(society)의 시대였다. 사교는 살롱을 통하여 이루어졌고, 살롱문화가 곧 로코코 예술과 로코코 문학이었다. 살롱문화를 통하여 도덕적인 규범은 느슨해지고, 문학과 예술 모두에 성애(eroticism)의 표현이 아무런 여과 없이 나타났다. 오히려 성애 표현의 대담성은 도시의 세련됨으로 취급되었다. 투박하고 진지하고 솔직하고 정직한 것보다는, 성숙하고 세련되고 도회적이고 우아하며 꾸밈이 있는 예의바름(decorum, manner)이 로코코 문화를 풍성하게 하였다. 흔히 바로크 미학을 남성적이라 하고, 로코코 미학을 여성적이라 하는 이유는, 로코코의 세련미를 두고 한 말이다. 다음은 18세기 살롱문화의 사교덕목들을 특징짓는 로코코의 특징들을 종합적으로 나열한 목록들이다.

> 18세기 시대정신과 형식을 말할 때 비평가들은 다음을 특징으로 말하고 있다: 관능적이고 교활한 면이 엿보이는 회화, 정교한 세밀화, 지극히 연약함, 변덕스러운 가벼움(opuscules fugitifs), 예쁘게 보이려는 귀여움(mignardis), 부자연스러울 정도로 억지로 꾸미거나 달콤한 말로 여자를 유혹하는 마리보(Pierre Marivaux: 1688-1763) 말투, 모든 일을 능수능란하게 처리함, 여자의 환심을 사는 말투(galanterie), 사치스러움, 부드러움, 변덕의 취향(got voltigeant), 연애 유희(jolies bagatelles), 즉흥성, 지적 유희, 유쾌함을 주는 오묘함, 가려진 외설, 만개한 음탕함, 고상하게 보이려고 부끄러워함, 미숙함으로 보이는 대담함 등이 그들이다.4)

살롱 문화란 귀족 여성들이 문필가와 예술가뿐만 아니라, 문학과 예술을 애호하는 사람들을 자신들의 집에 초대하여 문학과 예술을 이야기하며 사교활동을 하는데서 비롯되었다. 이탈리아에서 처음 시작되었던 살롱문화는 프랑스로 유입되어 17세기에는 귀족 여성들이 주재하였지만, 18세기 들어와서는 귀족여성들을 흉내 내어 돈 많은 부르주와 여성들이 주도하였다. 더구나 살롱 문화를 주재하는 여성들은, 공직은 물론 아카데미 회원이 되는 일까지 떠맡아 하였다. 마리보와 몽테스키외가 아카데미 회원이 된 것은 탕상 부인과 랑베르 부인의 살롱을 통해서였고, 데팡 부인은 달랑베르가 학술원 서기가 되는데 도움을 주었다. 그렇게 프랑스 로코코는 살롱문화와 동격이었다.

> 재치와 우아함, 그리고 로코코 문화가 지니고 있는 강한 저널리즘 성격과 풍자성뿐 아니라, 문체에서 때때로 나타나는 천박한 성격이나 손쉬운 느낌을 주고자 하는 경향 등 - 더불어 독자로서 어느 정도 지식을 갖춘 아마추어 문예애호가라면 이해할 있을 만큼 명석하게 기술하고자 하는 부단한 노력 - 이들 모든 특성들은 바로 그 같은 문학을 탄생시킨 그 시대의 사회 환경과 직접 관련을 맺고 있다. ... 이렇게 해서 출현한 문학은 현저하게 사교문학이었고, 놀이, 생기, 재치가 넘치는 문학이었다. 그러나 그와 같은 문학은 깊은 개인성이나 혹은 철학적으로 심오한 문제를 탐구하는 일을 피하는 단점도 있다.[5]

---

4) Helmut A. Hatzfeld, *Literature through Art: A New Approach to French Literature* (London and Oxford: Oxford University Press, 1952), p. 102.

5) 루이스 A. 코저, 『살롱/카페/아카데미: 지식과 지식사회』, 이광주 옮김 (서울: 지평문화사, 1993), 38-9쪽.

로코코 문화는 일반 대중의 취향을 고려한 중산층 문화로, 무엇보다 상식(common sense)이 중요한 덕목이었던 시대였다. 그렇게 로코코 문화는 사적인 생활로 깊숙이 파고들어, 문학작품들도 가정사의 내부를 들어다 볼 수 있는 소위 규방문학들이 많이 등장하였다.

영국에는 규방문학으로 왕정복고시대 희극(Restoration Comedy: 1660-1700)이라고도 하는 풍속희극(Comedy of Manners)이 있었다. 풍속희극은 "교양 있는 상류계층의 남녀 사이의 애정관계와 정사, 그리고 음모가 이야기 줄거리이다. 이때 남녀 사이의 대화에서 펼쳐지는 기지(wit)가 웃음을 자아낸다. 즉, 드라마에 등장하는 기지(wit)를 부리는 남녀, 질투하는 남편, 공모하는 라이벌, 모양을 낸 멋쟁이들이 사회의 기준과 예법을 무너뜨릴 때 웃음을 자아내며, 풍속희극의 플롯이 정점에 도달하는 줄거리 구성을 갖는다."[6] 물론 왕정복고시대 이전 르네상스시대 셰익스피어의 두 작품 「사랑이 헛수고였다」와 「헛소동」도 풍속희극으로 분류되기는 하지만, 프랑스 극작가 몰리에르(Molière: 1622-73)의 영향을 받아, 왕정복고시대에는 콩그리브(William Congreve)와 위철리(Wycherley)가 각각 「세상사」(The Way of World)와 「시골 아내」(The Country Wife)에서, 18세기에는 골드스미스(Oliver Goldsmith)와 셰리단(Richard Brinsley Sheridan)이 각각 「그녀는 정복하려고 허리를 굽히다」(She Stoops to Conquer)와 「스캔들 학교」(A School for Scandal)에서, 19세기에는 오스카 와일드(Oscar Wilde)가 「정직이 중요하다」(The Importance of Being Earnest:1895)에서, 그리고 현대에 와서는 쇼(George Bernard Shaw)를 비롯한 카워드(Noel Coward) 등이 끊임없이 실험하고

6) M. H. Abrams and Geoffrey Galt Harpham, *A Glossary of Literary Terms* (Wadsworth Cengage Learning, 2009), pp. 50-1.

공연하였던 드라마 장르이다.

흥미롭게도 프랑스 왕 루이 14세 시대에 17세기 바로크 건축이 외적인 장엄함과 고뇌에 가득 찬 극적인 동기들을 건축에 도입하였다면, 루이 15세 시대의 18세기 로코코 건축은 중류층 부르주아의 무료함을 달래주는 장식성으로 유쾌한 흥을 불러일으키는 취향으로 발전하였다. 건축물 내부는 로코코 회화를 옮겨놓은 듯, 벽과 천장은 구별 없이 넝쿨식물 줄기들로 덮여있는 장식을 하고, 무수한 곡선들이 안개와 같이 미묘한 분홍빛과 파스텔 색조들로 여인의 레이스 드레스를 보고 있는 듯하다. 벽면의 모퉁이는 아라베스크 무늬로 장식되고, 벽의 빈공간은 액자 그림들을 걸어놓았다. 로코코 회화와 건축은 자연에서 볼 수 있는 나뭇잎이나 나뭇가지 구름 등으로 장식효과를 극대화하였다.

로코코 회화에서 우리가 자주 마주하는 장면은, "공원과 같은 야외를 배경으로 하여 펼쳐진 우아한 사교 장면"(Fête Champêtre)이다. 대표적인 작품들로 와또(Jean-Antoine Watteau: 1684-1721)의 「키테라 섬을 향해 떠나는 배」(1717), 프랑수아 부쉐(Francois Boucher: 1703-1770)의 「퐁파두르 부인의 초상」(1758), 그리고 프라고나르(Jean-Honoré Fragonard: 1732-1806)의 「그네」(1768)가 있다. 이들 세 작품들 모두 야외소풍을 주제로 삼고 있다. 공원 전경은 유한계급의 인물들이 파티를 벌이는 하나의 살롱이다. 공원 모퉁이는 살롱의 규방(boudoir)으로 변하여 사랑의 유희를 즐기는 공간이다. 공원의 나무들과 잎사귀들은 회화 속 인물들을 신화의 인물로 변형시켜 놓는다. 로코코 회화에서 자연의 전원은 야외 소풍이란 이상적인 도시적 세련미와 조화를 이루며 변질된 신화의 세계를 창조하고 있다.

부쉐(Boucher)의 제자인 프라고나르(Fragonard)는 스승의 우아함을 유희적으로 해석하여 관능적인 아름다움을 이야기하듯, 로코코 특징을 잘 보여주는 작품 「그네」(1768)를 그렸다. 그림의 사면은 나무줄기들이 그림의 틀과 같이 에워싸고, 나무들 잎사귀는 작은 물방울들과 같이 안개 속에 싸여 자궁 속과 같이 편안한 분위기로 현실이 아닌 또 다른 이상적인 에로틱한 시적공간을 만들어 놓았다. 그림의 뒤쪽으로 구름이 연기처럼 피어오르고, 그림의 가운데 요정과 같이 모자를 쓴 한 소녀가 분홍빛 드레스를 입고, 대각선으로 몸을 비스듬히 누워서 그네를 타고 있다. 그녀의 부서질 것 같은 얇은 면 드레스와 레이스는 남성 관람자의 에로틱한 기분을 한껏 부풀리고 있다. 큐피드와 같이 장난스러운 얼굴을 한 그녀는 그림을 대각선으로 가르며 왼쪽 발에 신었던 유리 구두를 공중으로 벗어던지고, 오른 발에 신겨진 한 쪽 구두도 아슬아슬하게 발끝에 걸려있다. 로코코 회화의 모든 여인들의 얼굴과 같이 그녀는 깜찍한 어린 소녀의 얼굴이다. 그림 뒤쪽 멀리 구름이 안개와 함께 바다 위로 피어올라 용암과 같이 용솟음치고, 구름을 비껴 햇살이 그녀의 얼굴과 몸에 가득 쏟아져 내려 분홍빛 드레스는 더욱 색정적이다. 그림의 오른쪽 가장자리에는 햇살이 나무 기둥을 황금빛으로 바꾸어 놓고, 햇빛 속에서 나뭇잎들이 황금의 기포를 터뜨리고 있다. 나무들을 자세히 보면 종유석처럼 빛나는 나무줄기들이 뒤틀려있다. 나무들은 마치 황금덩이들을 여러 개 비비꼬아 놓은 듯하다. 그리고 나무 숲 깊숙이 성직자 한 사람이 그네의 밧줄에 또 다른 두 개의 보조 밧줄을 매어 앞으로 나아가는 그네를 뒤로 당기는 모습이 보인다. 왜 그는 성직자이어야 하는가? 그는 마치 매춘을 조장하고 있는 듯하다. 그리고 그네를 타는 그녀 아래로 나체의 두 아기가 있다. 조각상과 같다. 천사의 날개를 달고 있는 두 아이는 소라조개같이 생긴 나무토막의 양쪽에 기대어 앉아있다. 한 아이는 그의 위쪽으로 그네를 타는 여인을 바라보고, 다른 한 아이는 나무토막에서 떨어질까 두려워 한 손으로 여인을 바라보는 아이를 부여잡고, 다른 한 손은 자신의 몸을 가누기 위해 나무토막을 꼭 잡고 있다. 관람자를 대신하여 왼쪽 맨 아래 귀퉁이에 누워서 여인의 치마폭 사이로 손으로 가리키고 있는 귀족이 보인다. 그는 나무숲에 비스듬히 누워 모자를 든 왼손으로, 그네를 타고 있는 그녀와 닿을 듯 손을 뻗고 있다. 그리고 언제라도 자신을 일으키겠다는 자세로 오른 손으로 눕힌 자신의 몸을 지탱하고 있다. 그녀가 왼발을 쭉 뻗어 하늘 향하여 힘차게 구두 한쪽을 벗어던진 것은 그를 향하여서인듯하고, 다른 오른쪽 편 다리는 뒤로 한껏 당겨 남자의 왼손이 자신에게 닿지 않도록 하려는 몸짓이 오히려 자신의 치마폭 내부를 최대한 남자에게 보여주어 남자를 유혹하고 있다. 그는 그녀가 그에게 보여주는 에로틱한 장면에 정신 못 차리고 있는 관람객이다. 그리고 귀족의 머리 위쪽으로는 큐피드 상이 보인다. 큐피드는 조각대 위에 엉거주춤한 자세로 엉덩이를 수직으로 들고, 왼손은 입가에 대고 있다. 큐피드는, 치마 안쪽으로 여자의 치부가 보일 듯 말듯 아슬아슬하게 그네를 타고 있는 여인의 유혹하는 곡예에 마음을 졸이며, 도덕적인 상념에 사로잡혀, 그녀의 치마를 들어 올리고 있는 그녀의 왼발 끝을 쳐다보고 있다. 사실 그녀는 자신의 치마 안쪽을 보여주기 위해 왼쪽 발은 하늘을 향해 높이 들고, 오른 발은 아래로 힘껏 내려 뒤로 당기고 있다. 성적유희를 보여주는 것은 단순히 여자와 남자뿐만이 아니다. 빛의 유희도 거들고 있다. 그림 전체의 색조는 빛이 창출하는 노란색 계열이다. 빛은 여인의 옷을 가볍게 부풀려 분홍빛으로 물들이고, 모든 인물들은 노란빛 안개 속에 평화롭게 싸여있다. 화폭에 노란빛은 바다 위를 스쳐가는 바람처럼 부드럽게 그림의 전체 분위기를 들뜨게 한다. 금가루에 온통 마술에 걸려있는 듯, 회화의 어느 선이나 색들 모두 그 가벼움으로 부유하지 않는 것이 없다. 우리는 꿈인지 신화의 세계인지 구별할 수 없는 그림의 세계로 빨려 들어가 자신도 모르는 사이에 도덕성을 잃고 만다. 로코코는 성애로 가득한 꿈의 세계를 그려놓았다.

디드로(Denis Diderot: 1713-1784)의 소설 『라모의 사촌』(Rameau's Nephew: 1761)에서 주인공 라모의 사촌은 로코코 시대의 교육의 목적은 교훈을 얻는 것보다, 즐거움을 얻는데 있다고 말하고 있다: "아무런 문제나 위험 없이 모든 즐거움으로 유인하는 것이 좋은 교육이 아닌가?"[7](p. 78) 그리고 그는 자신의 즐거움을 만끽하기 위하여 자신의 연애기술을 자랑하고 있다: "나는 젊은 처녀를 유혹하기 위하여 사용되는 모든 술수를 다 알고 있다. 처녀를 유혹하고, 다음으로 그녀의 어머니를 유혹한다. 그녀의 어머니는 내가 자신의 딸을 유혹하고 있다는 사실을 모르고 나를 도와주려할 것이다. 나는 연애를 시작하며, 연애편지(billet-doux)를 전달하는 전통방식을 포기했다."(p.45) 랑끄레(Nicolas Lancret: 1690-1743)의 그림 「음악교습」에서 볼 수 있듯이, 당시 연애를 주제로 한 그림에는 음악가들이 빈번히 등장하였다. 라모의 조카는 이들 음악가들이 자신보다 더 연애기술이 뛰어나다고 말하고 있다: "나와 비교가 되지 않는 바람둥이들이 있다. 그들이 누구이겠는가? 그들은 말로만 음악선생이다."(p.23) 18세기 로코코는 행복을 안겨줄 "연애가 하나의 장르"(genre galant)가 되어 예술과 문학의 주요한 주제는 행복의 미학이었다.

18세기 유럽 예술은 로코코시대였고, 철학은 계몽주의시대이고 이성주의시대였다. 그리고 영국문학은 신고전주의시대

---

7) Denis Diderot, "Rameau's Nephew," *Diderot: Rameau's Nephew and Other Works*, tr. Jaques Barzun & Ralph H. Bowen (New York: Doubleday & Company, Inc., 1956).

(Neoclassicism)였다. 현재 우리가 고전주의의 미학의 개념들로 알고 있는 질서(Order)와 규칙(Regularity), 단순함(Simplicity), 조화(Harmony)와 균형(Balance), 그리고 대칭(Symmetry) 등의 개념들 뿐 아니라, 동적성향(Dynamic)이 강한 바로크와 반대 개념으로 제시하고 있는 고전주의의 정적인 성향(Static)의 개념도 모두 18세기에 만들어진 개념들로, 우리가 아직도 사용하고 있다. 이와 같이 고전주의를 부활하는 움직임으로 고전주의를 새롭게 해석하는 데 기여한 사건들 가운데 하나는, 유럽의 상류층 젊은이들이 통과의례처럼 교육을 목적으로 유럽전역을 여행하였던 일이다. 찰스 2세가 즉위한 1660년대부터 1840년대 기차의 출현이 있기까지, 통치계급의 상류층 자제들은 유럽여행(The Grand Tour)이라는 문화지배를 통하여 차별화와 계층화를 추구하였다. 이들을 위한 여행안내서들이 당대에 많이 출판되어 이탈리아와 그리스의 고전주의 문화가 유럽에 소개되었다. 문화체험을 통한 교육여행의 유행은 낭만주의 시대까지 이어져, 영국의 낭만주의 시인들 키이츠(John Keats: 1795-1821)와 셸리(Percy Bysshe Shelley: 1792-1822)는 이탈리아에, 그리고 바이런(George Gordon Byron:1788-1824)은 그리스에, 여행 중에 죽어서 자신의 몸을 그곳에 묻었다.

18세기 유럽의 여행객들이 로마에 가면 반드시 들려야 하는 피라네시(Giovanni Battista Piranesi: 1720-1778)가 운영하는 판화가게가 있었다. 피라네시는 끌로드 로랭(Claude Lorrain: 1600-1682)의 영향을 받아, 로마의 명소들을 판화로 만들어 팔았다. 그는 그의 상상력을 동원하여 로마의 명소들을 폐허들로 그려서 판화에 담았다. 후에 이러한 폐허에 대한 취향은 낭만주의 시대에 와서는 중세풍의 고딕소설(Gothic novel)에서 화려하게 꽃을 피웠다. 그리고 18세기에는 정원의 조성에도 영향을 미쳐 정원에는 늘 시골풍경과 폐허풍경을 담겨있었고, 중국정원의 영향으로 정원에는 작은 언덕들과 작은 호수들이 인공적으로 만들어졌다. 우리는 괴테(Johnn Wolfgang von Goethe:1749-1832)가 60세에 쓴 소설 『친화력』(Die Wahlverwandtschaften:1789)에서 정원과 관련한 다음 글을 본다.

> 사모님이 바위산 저택 맞은편에 세우신, 이끼가 덮인 오두막은 오늘 완성될 것입니다. 모두가 참으로 훌륭히 지어졌습니다. 남작님도 보시면 마음에 드실 것입니다. 아래쪽으로 마을이 있고, 약간 오른쪽에 있는 교회가 아주 멋진 풍경입니다. 자칫 눈길이 오두막으로 눈이 가면 교회의 첨탑을 지나치기 쉽습니다. ... 그리고 오른편으로 골짜기가 열려있고, 나무숲과 풍성한 풀밭 저편으로 밝게 먼 풍경이 보입니다. 바위산을 오르는 비탈길이 솜씨 좋게 만들어졌습니다.[8]

로코코는 자연을 인공적으로 재배열하여 자연스러움을 추구하였다. 괴테가 보여준 인공정원보다 먼저 영국의 시인 알렉산더 포웁(Alexander Pope: 1688-1744)은 1718년 리치몬드의 테임즈 강가에 위치한 트익커넘(Twickenham)에 정원을 만들었다. 그는 정원안에 서머셋(Somerset)에서 가져온 종유석과 석순으로 동굴을 만들어 놓았다. 그리고 동굴 지하화랑은 "박물학의 진열장인 동시에 물리적인 매개물로, 복잡한 시대정신의 표현이었다. 그는 정원을 우주의 축소판으로 만들었다."[9] 18세기의 예술가들과 작가들은 모두 자신의 작품 속에 우주를 담아보려고 했다. 그들은 뉴턴의 과학으로, 우주가 그들이 이해할 수 있을 정도로 가까이에 다가와 있다고 생각하여, 작품들 가운데 우주를 담아보려 하였다.

---

8) J. W. 괴테, 『친화력』, 서석연 옮김 (독서당, 1995), 17-8쪽.
9) 피에르 그리말, 『정원예술』, 이재희 옮김 (탐구당, 1986), 126쪽.

로코코와 계몽주의

> 13세기에 자주 등장하는 낱말들은, 하나님, 죄, 은총, 구원, 천국 등이었다. 19세기에는 물질, 사실, 실상, 진화, 진보였다. 그리고 20세기는 상대성, 과정, 조정, 기능, 그리고 융합이었다. 18세기에 계몽을 자처하는 누구나 만족스런 결론에 도달하기 위해 언급해야 하는 낱말들은, 자연, 자연법, 제1원인, 이성, 감성(sentiment), 인성, 완성 등이었다(그리고 마지막 3낱말들은 단지 좀 더 부드러운 마음씨를 가진 사람들에게만 필요한 것들이었다).[10)]

17세기 경험주의자 존 로크(John Locke:1632-1704)는 그의 책 『인간 오성론』(An Essay Concerning Human Understanding: 1690)에서, 인간은 오성의 한계를 넘어서는 형이상학적인 가설을 버리고 감각적으로 입증될 수 있는 사실만을 진리로 믿을 것을 주장하였다. 그는 이성과 신앙을 엄격히 구분하였다. 뽈 아자르가 말하고 있듯이, 그에게 "이성이란 감각과 성찰이라는 타고난 재능을 가지고 습득되는 것으로, 이성은 개념의 연역을 통해서 인지된 명제와 진리가 진실인지 아닌지를 가늠하는 일을 한다. 그리고 신앙이란 이성의 영역이 아니다. 특별한 은총으로 신의 말씀을 믿는 것이 신앙이다. 신이 인간에게 드러내 보여주는 진리가 계시이다."[11)] 로크는 신앙인으로 계시를 믿고, 성경을 믿고, 기적을 믿었다.

---

10) Carl L. Becker, *The Heavenly City of the Eighteenth Century Philosophers*, p.47.
11) 뽈 아자르, 『유럽의식의 위기(I)』, 조한경 옮김 (민음사: 1990), 27-8쪽.

그러나 18세기가 되면 이야기가 달라진다. 뉴턴의 과학적 사고는 종교와 철학과 문학에도 영향을 미친다. 우주는 하나의 질서에 따라 움직이는 기계와 같다. 흄(David Hume: 1711-1776)의 글을 보자:

> 세상을 둘러보라. 세상의 전체와 그 전체의 부분들 모두를 생각하라. 세상은 하나의 커다란 기계에 지나지 않음을 발견하게 될 것이다. 그 하나의 기계는 다시 더 작은 기계들로 무한히 세분되며, 세분된 것들은 또 다시 세분되고 세분되어, 인간의 감각이나 능력으로 추적하거나 설명할 수 없을 정도로 무한히 세분될 것이다. 모든 기계들과 그들의 세밀한 부분들은 서로 정확하게 맞물려 있어, 그들을 생각하는 인간은 그 체계를 칭송하지 않을 수 없다. 모든 자연은 수단과 목적이 일치하여, 인간이 만들어낸 생산물들과 정확히 닮았다. ... "자연의 저자"(the Author of Nature)는 인간의 마음을 닮았다. ... 이와 같은 논리로, 경험론으로 우리는 신의 존재를 입증할 수 있다. 신은 인간의 마음이나 인간의 지적 능력과 유사하다.[12)]

위의 글에서 보듯이, 18세기 신은 이해 불가능한 17세기 신이 아니다. 자연이 곧 신이다. 자연을 연구하면, 곧 그것이 신을 연구하는 것이다. 신은 선험적으로 존재하는 것이 아니다. 자연의 연구 성과가 곧 신의 연구 성과이다. 그리고 자연을 연구하는 것은 또한 신과 인간을 연구하는 것이다. 이제 어느 한쪽을 연구하면, 다른 두 가지를 모두 연구하는 것이다. 자연에 질서가 있듯이, 인간에게도 질서가 있고, 그 질서가 바로 신이다, 라고 18세기는 생각하였다. 그리고 가장 중요한 단어는 자연(Nature)이었다. 인간도 자연이고 신도

---

12) David Hume, *Dialogues Concerning Natural Religion*, ed. Norman Kemp Smith, (Indianapolis & New York: The Bobbs-Merrill Company, Inc., 1947), p. 143.

자연이었다. 자연(Nature)이 본질(Essence)이란 뜻을 가지게 된 것도 18세기이다.

자연에 질서가 있고, 인간에게도 질서가 있고, 신에게도 질서가 있고, 사회도 질서가 있다고 생각하여, 사회 질서를 연구하는 사회학이 18세기에 탄생하였다. 모든 사회 이데올로기는 인간이 만든 것이고, 계몽주의자들의 눈에, 종교조차 사회질서가 만들어낸 이데올로기에 지나지 않았다. 계몽주의자들은 성직자들이 인간들이 알 수 없는 계시의 의미를 이용하여 인간들을 두려움에 종속시켰고, 인간들은 무지하여 성직자들의 협잡을 인정하였다고 주장하였다. 디드로(Denis Diderot: 1713-1784)는 그의 소설 『수녀』(La Religieuse: 1780)에서 두 쪽에 달하는 분량으로 수도원과 수녀원 체제를 비판하고 있다.

> 수녀원은 국가 형성에 필수불가결한 것입니까? 예수 그리스도가 수도사와 수녀를 만드셨습니까? ... 예수가 그렇게 미쳐있는 처녀들을 아내로 두고자 하겠습니까? 인류가 그렇게 많은 희생자를 만들 필요가 있습니까? ... 수도원의 침묵과 억제와 무위의 생활은 동물적 기능을 억제시키기는커녕 다른 여러 가지 출구가 있는 속세보다 더 심화하고 있지는 않습니까? ... 부자유와 혐오와 히스테리로 가득 찬 곳이 그곳 아닙니까? 비열한 굴종과 전제적인 압제가 횡행하는 곳이 그곳 아닙니까? ... 잔인함과 호기심으로 가득한 곳이 그곳 아닙니까?[13)]

그리고 디드로는 책의 후반부, 거의 절반 분량을 여성의 동성연애에 대하여 할애하고 있다. 수녀원은 바로 레즈비언의 온상으로, 인간의 동물적 본성을 억제하여 결국 변태성욕자들의 발원지가 되었다고

---

13) 드니 디드로, 『수녀』, 이봉지 옮김(도서출판 장원, 1993), 125-6쪽.

디드로는 말한다. 자연의 질서를 따르지 않고, 자연의 질서에 역행하는 모든 사회질서는 무질서와 혼란을 가중시킨다고, 계몽주의자들은 한 입으로 주장하였다. 사회제도에도 어김없이 자연이 기준점이 되고 있다. 계몽주의자들의 글들 속에서 늘 "자연이 늘 문제를 제기하는 낱말(test)이었고, 또한 기준이 되는 낱말(standard)이었다."[14)]

뉴턴의 기계적인 질서에 따라 움직이는 자연은 변하지 않음이며, 영원불멸의 상징이고 은유이다. 그러니 모든 것의 기준점은 자연이다. 서론도 자연이고, 본론도 자연이고, 결론도 자연이다. 그러므로 기존의 이념들이나 제도들은 전통이나 관습의 소산으로, 인간이 만들어 놓은 부자연한 허구이다. 이제 자연이 인간에게 드러내 보여주는 법칙과 질서에 따라 이들 허구들이 새롭게 조명을 받아야 할 것이다. 이들 허구들은 과오와 무지와 어리석음으로 우리의 선배들이 자신들을 얽어매어 놓았다. 그래서 루소(Rousseau)는 『사회계약론』(Social Contract: 1762) 제1권 1장에서 다음과 같이 이야기하고 있다.

> 인간은 자유롭게 태어났다. 그러나 그는 지금 쇠사슬에 묶여 억압 받지 않는 곳이 없다. 자신이 다른 사람들을 지배하고 있다고 생각하는 사람들이 있다면, 그들이야말로 다른 사람들보다 더 노예의 삶을 살고 있는 것이다. 어떻게 이런 일이 일어났는가? 나는 모른다. 어떻게 다른 사람을 지배하는 일이 합법화되었는가? 나는 그 질문에 대답하겠다. 지배하는 것과 지배의 결과에 대하여 내가 어떻게 생각하는지 말하라면 다음과 같이 말하겠다. "사람들이 복종을 강요받고 복종하면, 아무 문제가 없다. 그러나 그 복종의 사슬을 벗어버릴 수 있게 되자마자 벗어버리면, 더 문제가 없다. 복종하지 않을 권리와 같은 방식으로

---

14) Carl L. Becker, *The Heavenly City of the Eighteenth Century Philosophers*, p.53.

자유를 다시 얻게 되었기에, 사람들은 자신의 자유를 되돌려 받는 것은 정당하고, 그 자유를 빼앗았던 사람들은 정당성을 잃는다." 그러나 사회계약은 모든 다른 권리들의 근거가 되는 신성한 권리이다. 그러나 그것은 선험적 권리(a natural right)는 아니다. 그것은 계약에 근거한 권리이다.[15)]

루소의 글에도 어김없이 자연(Nature)이 등장한다. 자연(Nature)은 계급도 재산도 차이도 차별도 없는, 사회가 만들어지기 이전의 평등한 상태이다. 자유롭게 태어난 인간이 바로 자연의 은유이다. 진리는 자유이다. 그러나 인간이 진리를 제도화하여, 구속의 사슬로 자신을 묶어, 진리를 허구의 진리로 만들어 놓았다. 계몽주의자들은 제도화된 일체의 것들에 문제를 제기하였다. 그리고 인간의 행복과 관련하여 억압의 요소가 있다면, 종교이든 법률이든 관습이든 전통이든 모두 도덕적으로 선일 수 없다고 했다. 그들은 거짓된 제도에서 인간을 해방시키기 위해 거짓 이념과 거짓 관습을 들추어내고, 인간을 거짓의 구속의 사슬에서 해방시켜 인간을 자유롭고 행복한 삶으로 인도하는 것을 지상과제로 삼았다. 어떻게 해야 인간은 행복할 수 있는가? 18세기는 그 문제만을 생각하였다. 행복이야 말로, 18세기가 추구하였던, 기준이고 목표이고 원인이고 결과이었다.

---

15) Jean-Jacques Rousseau, *The Social Contract*, tr. Maurice Cranston, (NewYork: Penguin Books, 2006), p.2.

18세기 영국 시

> 18세기 사람들이 생각하기에 뉴턴이 빛의 본질을 발견하였다는 사실이 의미를 가지는 것은, 그가 프리즘을 가지고 그 사실을 발견하였다는 점이었다. 자연이 처음으로 인간들 가까이로 다가왔다. 놀라운 자연의 사소한 모든 것들이 분명하게 드러나 알아볼 수 있게 되었다. 자연이란 결국 평범한 사람들도 매일 관찰하고 취급하는 평범한 것들이 되었다. 자연법칙이라는 것도 이러한 사물들이 일관되게 보여주는 방식일 뿐이었다.[16)]

과오와 무지의 사슬에 얽매어 있는 노예상태의 인간을 이성의 밝은 빛으로 인도하여, 그들을 해방시키는 일을 지상과제로 삼았던 18세기에 시를 쓴다는 일은 쉽지 않았다. 프랑스의 18세기 유명한 작가들, 볼테르(Voltaire: 1694-1778), 마리보(Marivaux: 1688-1763), 몽테스키외(Montesquieu: 1689-1755), 디드로(Diderot: 1713-1784), 루소(Rousseau: 1712-78) 등은 모두 산문작가들이다. 그리고 영국도 사정은 마찬가지이다. 『로빈슨 크루소』(Robinson Crusoe: 1719)를 쓴 디포우(Daniel Defoe: 1660-1731), 『걸리버 여행기』(Gulliver' Travels: 1726)를 스위프트(Jonathan Swift: 1667-1745), 그리고 최초의 소설로 언급되는 『파멜라』(Pamela:1740)를 쓴 리차드슨(Samuel Richardson: 1689-1761), 『톰 존스』(Tom Jones: 1740)를 쓴 휠딩(Henry Fielding: 1707-1754), 그리고 『트리스트람 쉔디』(Tristram Shandy:

16) Carl L. Becker, *The Heavenly City of the Eighteenth Century Philosophers*, p.58.

1759-1767)의 작가 스턴(Laurence Sterne: 1713-1768)도 모두 18세기 산문작가들이었다.

18세기 대표적인 시인으로 알렉산더 포웁(Alexander Pope: 1688-1744)이 자주 거명되는 이유는 많지 않은 시인들 가운데 그가 당대를 대표할만한 시작품들을 많이 썼기 때문이다. 그는 그의 시 「비평론」(An Essay on Criticism, 1709)에서 자연은 진리의 근원이고, 아름다움의 원천이며, 신성의 빛이 있는 곳이라고 말한다.

> 제일 먼저 자연을 따르라. 그리고 판단할 때 늘 변함없는 자연을 기준으로 삼아라. 과오가 있을 수 없는 신성한 빛, 자연은 분명하고, 변함없으며, 보편적인 빛이어서, 모든 것들에 생명과 힘과 아름다움을 부여하여, 예술의 근원이 되고, 목적이 되고, 실험의 장소가 된다.

> First follow Nature, and your judgement frame
> By her just standard, which is still the same:
> Unerring Nature, still divinely bright,
> One clear, unchanged, and universal light,
> Life, force, and beauty, must to all impart,
> At once the source, and end, and test of Art.(68-73)

자연(Nature)은 신이 창조한 질서이다. 그리고 인간은 이성을 가지고 자연에서 질서를 찾는 일을 한다. 결국 자연과 이성과 신은 하나이다. 그러므로 예술은 자연에서 예술의 원인과 목적을 찾을 수 있다.

포웁의 「인간론」(An Essay on Man, 1733)의 첫 번째 서신(Epistle) 마지막 10장에서 시인은, "자연이 곧 예술이다", 라고 말하고 있다(All Nature is but art, unknown to thee.).

10. 질서(Order)가 완전하지 않다고 말하지 말고, 그렇게 부르지도 말라. 우리가 완전하지 않은 것이 축복이다. 자신의 부족한 점을 알라. 하늘이 우리에게 이와 같은, 이 정도의 무지와 허약함을 주었다. 인정하라 - 이 세상에서, 아니면 저 세상에서, 우리는 우리가 감당할 만큼을 받아 안전하고, 모두를 알고 있어 합당하게 나누어주시는 하나님의 손 안에 있어, 우리는 태어나서나 죽음의 순간에도 마음이 편안하다. 자연은 단지, 우리에게는 알려지지 않은, 예술이다(All Nature is but art, unknown to thee). 우리는 일어난 모든 일들을 알 수 없고, 그 일들이 어디를 향하여 가는지도 모른다. 모든 것들에 존재하는 불화와 평화를 우리는 이해하지 못한다. 부분적으로는 해가 되는 듯해도, 전체적으로 보면, 모두가 유익하다. 잘못된 이성의 반감에서, 잘난 체하며 말하는 것인지는 알 수 없으나, 한 가지 분명한 사실이 있다. "무슨 일이 일어났던지 그 결과는 모두 다 옳다."

10. Cease then, nor ORDER imperfection name:
Our proper bliss depends on what we blame.
Know thy own point: this kind, this due degree
Of blindness, weakness, Heaven bestows on thee.
Submit - In this, or any other sphere,
Secure to be as blest as thou canst bear:
Safe in the hand of one disposing Power,
Or in the natal, or the mortal hour.
All Nature is but art, unknown to thee;
All chance, direction, which thou canst not see;
All discord, harmony not understood;
All partial evil, universal good:
And, spite of pride, in erring reason's spite,
One truth is clear: Whatever IS, is RIGHT.(279-292)

포웁의 자연은 신과 같이 인간이 이해할 수 없는 원칙(principles)을 가지고 있다. 그리고 자연과 신이 가지고 있는 원칙을 밝혀내는 일을 하는 것이 이성이다. 그리고 그 원칙은 자연과 신이 가지고 있는 질서이다. 그렇게 18세기에 자연과 신은 이성이고 질서의 은유가 되었다. 18세기의 작가들은 이성과 질서에 대한 굳건한 믿음을 갖고 있었다. 그들은 그들의 작품들에 의도적으로 인간들이 마주하는 우연과 무질서와 무의미와 무목적성의 사건들을 과장되게 표현하였다. 그러나 그들이 말하였던 작품내용의 무질서는 겉으로 들어난 현상일 뿐이라는 믿음을 갖고 그렇게 표현한 것이었다. 그래서 이성과 질서에 바탕을 둔 희극과 풍자의 작품들이 아이러니의 효과를 극대화 하는 경우가 많았다. 그러므로 신비와 비이성과 무질서를 바탕으로 한 비극은 18세기의 사고를 가지고는 쓰기 어려운 문학 장르였다.

그러나 질서라는 말에 자연과 이성을 포함시키면, 개체의 의미는 사라져버리고 만다. 질서란 전체를 전제로 개체를 무력화하는 권력의 은유이다. 18세기를 절대왕권의 시기로 규정하는 것도 이와 같은 질서의 은유와 무관하지 않다. 다음은 18세기 사고의 분위기를 말할 때 자주 인용하는, 사무엘 존슨(Samuel Johnson: 1709-1784)의 『라셀라스』(The History of Rasselas, Prince of Abyssina: 1759)에 나오는 글이다.

> 시인이 하는 일은 개체(individuals)가 아니라, 종(species)을 검토하는 일이다. 즉, 시인은 보편적인(universal) 특성들과 일반적인(general) 모습들을 말한다. 시인은 튤립의 줄무늬를 일일이 세거나, 녹음 짙은 숲에서 다양한 음영들을 서술하지 말아야 한다. 시인은 자연을 서술함에 있어, 사람들 마음에 자연 그 자체의 본연의 모습을 불러낼 수 있는 방식으로, 자연의 두드러지게

> 드러난 특징들을 제시하되, 누구는 말하고 누구는 말하지 않는, 그런 세부적인 차별성들은 무시하여도 무방하다. 무시하려는 사람이나, 꼼꼼히 지적하려는 사람, 그들 두 사람이 모두 똑같이 인정하는 그런 특징들만을 서술하여야 한다.[17)]

그렇다면 이와 같은 포웁이 존슨의 생각이 당대에는 어떻게 받아들여졌을까? 1755년 11월 1일 포르투갈의 수도 리스본에서 대지진이 있었다. 이 지진으로 3만 명에서 4만 명에 이르는 생명이 죽음을 맞았다. 하루에 50-72잔의 커피를 마신 사람으로 유명한, 풍자가로, 무관용과 무모한 종교교리와 당대의 프랑스 제도권을 비판하였던, 볼테르(Voltaire: 1694-1778)는 포르투갈의 수도 리스본에 지진이 일어났을 때 「리스본에서 있었던 재난에 관한 시」(Poème sur le désastre de Lisbonne)란 180행의 시를 2행 각운의 영웅시 운율(heroic couplet)로 썼다. 그리고 다음과 같이 포웁의 시구를 인용하여, "무슨 일이 있던지 모두가 다 옳다,"라는 명언을 생각해보자,'라고 시의 부제를 달았다.

리스본 지진에 대한 시[18)]
"일어난 무슨 일이나 다 옳다,"라는 명언을 생각해보자

> 저주받은 땅에 살수 밖에 없으니 인간은 불쌍하다! 질병과 불행의 구렁텅이에 빠져 최악이다! 끔찍함에 처절함이 더해지고, 슬픔에 처연함이 더해지는 것이 과연 무엇인지 보여주는 장면이다. 인간이란 결국 끝 모를 불행의 희생자일 뿐이구나 하고 생각하니, 지금까지 철학은 모두 거짓이었고 헛일을 한 셈이다.

---

17) Samuel Johnson, *The History of Rasselas, Prince of Abyssina* (New York: Barron's Educational Series, Inc., 1962), p. 49.
18) Voltaire, *The Portable Voltaire*, ed. Ben Ray Redman (New York: Penguin Books, 1949, 1983), pp.556-569.

나의 탄성의 노래가 그것을 증명할 것이다. 다들 와서 저 부서져 넘어진 벽들과, 폐허들로 쌓인 돌 더미들과, 산더미 같이 포개진 여자들과 아이들, 그리고 무거운 돌 아래 짓눌려 삐죽 보이는 인간들의 사지들 보라. 죽어가며 괴로워하는 셀 수 없이 많은 인간들이, 몸은 뭉그러지고 찢어져, 숨을 쉬려고 해도 쉴 수 없이, 내려앉은 지붕아래 묻혀 이미 숨이 끊어져, 처참한 고통으로 그들의 불행한 인생을 마감하고 있다. 말해보시오. 그들의 처참한 목멘 울부짖음을 듣거나, 그들의 유해들로부터 피어오르는 연기를 보았을 때, 그때 당신은 하나님이 자신의 영원한 섭리로 이런 잔인한 일들을 준비하셨다고 주장할 수 있겠는가? 이들 참혹한 현장들을 보고도, 그들의 죽음이 그들의 죄 때문이라고 말할 수 있겠는가? 죽은 어미의 젖을 부여잡고 피 흘리며 울고 있는 아기를 보고, 그 아기가 죄 지었다 말할 수 있겠는가? 죄악이 들끓는 파리(Paris)보다, 폐허가 되어버린 리스본이 더 많이 사악한 무리들을 보유하고 있었다고 말할 수 있겠는가? 사치와 풍요가 눈앞을 가리는 런던(London)에서 우리는 리스본보다 더 심한 방탕함을 만나지 않는가? 지구가 리스본을 삼켜버렸다. 그래도 프랑스의 멍청한 아이들은 매일같이 축제를 벌이고, 아무 생각 없이 춤추기를 계속한다. 그들은 죽어가는 인간들의 비애를 보고도, 의연한 용기를 보여주는 방관자들이로다! 대단한 평정심을 가지고 너희는, 이들이 왜 불행한 일을 당했는지, 그 원인을 찾으려하는구나! 그들과 마찬가지로 너희도 가혹한 운명을 경험한 적 있다면, 좀 더 인간적인 면모를 갖고, 공감의 미덕을 보여줄 수는 없는가? 지구가 입을 벌려 나의 몸을 집어삼키려하면, 나는 그런 운명에 대항하여 저항하려 할 것이다. 잔혹한 운명이라 할, 죽음의 덫과 사악한 자의 불같은 증오로부터 피할 수 없이 둘러싸여 고통과 슬픔의 노예가 되어버렸다면, 나는 탈출구를 찾으려 울부짖었을 것이다. 인류가 불행으로부터 벗어날 수 있다고 주장하는 것은 남을 선동하는 오만함이라고, 당신은 말한다. 타호 강(Tagus) 강둑에 가서 그런 멋진 진리를 주장하시라. 피로 얼룩진 해변에 있는 시체의 잔해들을 뒤져 그런 진리가 있는지 찾아보라. 처참하게 산채로 땅속에 묻힌 불쌍한 인간들에게 가서, '선하신 하나님, 당신의 피조물을 구해주소서,' 라고 그들이 외쳤는지를 그들에게 물어보라. 좋다. '하느님, 우리의 고통을 불쌍하게 생각하세요,' 라고 그들 모두 외쳤다고 하자. 그리고 당신은 이렇게 말한다, '일어난 일 모두가 틀린 것이 하나도 없다. 다 일어날 만 해서 그렇게 일어난 것이다. 영원한 진리는 늘 부분이 아니라, 전체를 생각한다.' 그렇다면, 리스본이 끔찍하게 몰락하고, 그 일로 당신들은 무슨 이득을 얻었는지 말해보라. 우주를 창조하시고, 운명의 법칙을 규정하시는 능력의 하나님이 보시기에, 이 인간들은 지구에 있어서는 안 될 존재라고 생각하여 지진을 일으켜 인류를 파괴했다고 당신은 확신할 수 있는가? 당신은 하나님의 영원하신 마음을 당신 마음대로 규정하려는가? 왜 하나님은 자비로우시면 안 되는가? 전능하신 능력의 하나님이 무엇이 부족하신가? 나는 겸손히 하나님께 간구하련다. 유황과 불로 가득한 구덩이의 격노하는 불길을 사막에다 모두 쏟아 부어달라고, 존경하는, 나의 사랑하는 하나님께 기도하련다. 비참함에 짓눌려 신음할 때 인간은 오만하지 않고, 자신의 고통만을 생각한다. 다음과 같은 말들이 재난으로 슬퍼하는 인간들의 마음을 진정시킬 수 있겠는가? 슬퍼하지 마세요. 다른 사람들을 행복하게 하기위하여, 당신들의 그 찬란한 궁정들이 다 무너져 내린 것입니다. 무너진 탑들은 다른 누군가의 손에 의해 다시 지어질 것입니다. 언젠가 당신들의 성안은 수많은 사람들로 다시 꽉 찰 것입니다. 하나님이 보시기에 당신들은 당신들의 시신들을 먹고사는 벌레들과 다름없이 불쌍한 존재들입니다. 그런 끔찍한 말들은 조금도 위로가 되지 않을 것이다. 고통 받아 슬퍼하는 영혼들의 상처는 더 깊어질 뿐이다. 나의 비참한 처지로 내가 슬퍼할 때, 나의 처지가 변함없는 운명의 법칙이라고 말하지 마라. 그것은 거짓 철학이고, 가치 없는 지혜이다. 전권을 휘두르는 하나님은 어떤 형태로든 외부로부터 지배를 받지 않으신다. 모든 일들은 하나님이 원하시는 방식으로 축복을 받는다. 하나님은 정의로우시고, 쉽게 분노하시는 분이 아니시다. 왜 하나님은 우리가 감당할만한 고통을 주시는가? 이것은 우리가 풀어야할 운명의 매듭이다.

당신이 우리의 불행을 부인한다고 해서, 당신이 우리의 불행을 해결해주는 것은 아니다. 당신이 그 존재를 부인하고 있는, 인간의 불행의 근원을 찾아내려고, 인간들은 무진 애를 썼다. 그의 손으로 모든 것을 지배할 수 있는 하나님이 바람의 힘을 빌려 바위산들을 맥없이 무너지게 하였고, 천둥번개로 참나무들을 땅위에 쓰러뜨리게 하였더라도, 그들 바위산들과 참나무들 모두, 그 일로 고통스러워하지 않는다. 그러나 나는 아니다. 나는 나의 마음이 아플 때, 손으로 직접 나를 만드신 하나님의 도움을 간구한다. 우리는 모두 전능하신 하나님의 아들로 같은 운명을 가지고 태어나서, 고통을 받을 때, 하나님을 우리의 아버지로 부른다. 공예가가 만든 도자기가, 자신이 왜 이렇게 약하게 만들어졌고, 불행하고, 천박하게 만들어졌는지를 공예가에게 묻지 않는다. 도자기는 생각하지 못하고, 말도 하지 못한다. 만들어진 도자기는 언젠가는 파괴될 것이다. 공예가가 도자기에 생명을 부여할 수 없고, 생각할 수 없는 도자기 역시, 그 무엇을 바랄 수 없다. 도덕가는 고집스레 말하려 할 것이다. 다른 사람이 즐거운 것은 당신이 고통을 받아서이고, 나의 육체가 어머니 대지와 섞이면, 나의 시체는 수많은 벌레들을 생산할 것이다. 죽음이 무지막지하게 나의 목숨을 끊으면, 벌레들이 나의 살을 먹을 것이라는 것이 작은 위안이 된다. 불행을 상기시키면, 위안이 되지 않고, 고통을 증가시킬 뿐이다. 내 생각에, 당신은 당신의 고통을 조심조심 억누르고, 당신의 슬픔을 가슴에 태연히 묻어두고 있다. 그러나 나는 이 거대한 우주, 그리고 이 보편적인 질서 속에서, 작은 부분에 지나지 않는 나를 중요한 존재라고 주장하지는 않겠다. 이 세상에 사는 모든 다른 존재들도 나와 같이 불행한 인생을 살아가며, 나와 같이 준엄한 규칙에 지배를 받아 고통스럽게 살다가 모두 죽는다는 사실을 나는 안다. 만족할 줄 모르고 허기에 눈이 벌건 까마귀가 떨고 있는 먹이를 잔인한 발톱으로 찢어내면서 그 자신은 이것이 올바른 행동이라고 생각할 것이다. 까마귀보다 더 강한 주피터(Jupiter)의 새 독수리는 까마귀를 잡아먹으며, 자신이 올바른 행동했다고 생각할 것이다. 인간은 총을 들어 총알을 장진하고, 솟아오르는 독수리를 쏘아 땅 위에 떨어뜨린다. 들판에는 온몸이 상처투성이인 한 인간이 죽은 시체들 사이에 피를 흘리며 누워있고, 새들이 날아와 그의 상처투성이 사지를 쪼아 먹는다. 그는 살아서 힘을 뽐내었던 자연의 제왕이었다. 그와 같이 세상의 모든 피조물들은 태어나서 똑같이 고통을 견디며 살다가, 죽어가며 고통스러워한다. 이 끔찍한 혼란 속에서 당신은 개인의 고통이 모두에게 행복을 가져다준다고 주장하고 싶은가? 아! 그렇다면 그 행복은 아무 쓸모없다! 상처받은 이성(Reason)의 눈빛과 떨리는 목소리로 당신은 '일어난 무슨 일이나 다 옳다,'라고 말하고 싶은가? 우주가 당신의 그 부질없는 주장을 틀렸다 말하고, 당신의 마음도 당신이 그 동안 주장하였던 그 말이 잘못되었다 말한다. 인간들, 동물들, 그리고 4원소들 모두 끔찍한 싸움을 멈추지 않는다. 지구는 불행의 온상이다. 우리는 그 불행의 비밀스런 원인을 찾으려고 하지만 소용이 없다. 그 불행은 우리 창조주가 우리에게 준 선물인가? 우주의 패권을 두고, 제우스(Zeus)에게 패하여 에트나(Etna) 산 밑에 묻혀있는 타이폰(Typhon)이 우리의 불행의 씨앗인가? 아니면 악한 악령 아리마니우스(Arimanius)가 우리의 운명을 고통으로 지정하였는가? 나는 그와 같은 무시무시한 괴물들에 놀라지 않는다. 인간들이 자신들이 두려워한 것들을 신들로 만든 괴물 신들, 나는 그들을 믿지 않는다. 그렇다면 사랑의 근원인 하나님은 어떠한가? 위로부터 인간에게 축복을 내려주시더니, 이제는 여러 가지 질병으로 인간들을 괴롭히신다. 아, 어떻게 하나님의 깊은 생각을 인간들이 깨달을 수 있겠나? 하나님은 전능의 왕이시다. 어떻게 완전한 존재가 불행을 생각할 수 있나? 그렇다고 다른 존재들, 괴물들로부터 온 것도 아니다. 그러나 슬프게도 불행은 진리이다! 세상에 불행은 존재하고, 나의 영혼은 모순들 때문에 어지럽다! 아주 옛날 하나님이 인간들과 함께 살고 계신 때가 있었다. 그러나 사악함이 인간의 마음을 망쳐놓았다. 오만해진 궤변가가 외친다, 하나님이 그렇게 하실 리 없다. 그리고 그는 말한다. 하나님이 하실 수는 있으시겠지만, 그분은 그렇게 하시기를 거부하신다. 이와 같은 논의가 끝나기도 전, 하나님은 숨겨놓은 천둥번개로 리스본의 기초를 찢어내실 것이다. 30개 도시의 파괴된 잔해들이 파편들과 불덩이가 되어 하늘을 향해 높이 치올라가고, 타호 강(Tagus)은 핏물이 되고, 카디즈 바다(Cadiz)의 파도가 솟구쳐 해변까지 흘러올라갈 것이다. 인간은 태어나길 죄인으로 태어났고, 그래서 하나님은 이 땅의 인간들을 불행으로 빠뜨리셨다. 아니면, 피조물과 공간을 지배하시는 하나님은 인간에게 자비심을 갖고 계시지 않으시고, 무관심하시며, 사랑하지도, 화도 내시지 않으시며, 자신이 처음 만들어놓은 그대로 변함없이 진행되게 하신다. 말하자면, 물질은 처음부터 하나님의 의지와 반대되는 결함을 갖고 있고, 인간의 사악함도 바로 그 결함에서 유래한 것이다. 아니면, 인간이 살아가는 이 허망한 세상은 단지 하나님을 향해가는 통로일 뿐이다. 우리의 고통도 일시적인 것이어서 곧 끝나게 될 것이다. 죽음이 우리를 더 행복한 곳으로 인도할 것이다. 그러나 우리가 이 저주 받은 구렁텅이 지구를 떠날 때, 어느 누가 자신은 행복한 곳으로 갈 수 있는 일들을 이 세상에서 실천했다고 주장할 수 있겠는가? 위험과 고난이 인간을 둘러싸고 있다. 의심과 당혹함이 그의 마음을 뒤흔든다. 우리는 자연에서 진리를 찾아보려하였지만 소용이 없었다. 하나님만이 자신의 뜻을 인간에게 설명해 주실 수 있다. 하나님만이 인간의 영혼을 밝히시고, 현자를 가르치시고, 약한 자를 위로하실 수 있다. 하나님이 없으면, 잘못만 저지르는 인간은, 운명의 장난감이 되어, 부서진 갈대로 지팡이 삼으려한다. 가장 질서정연한 법칙의 지배를 받는 우주에 어떤 비밀이 숨겨져 있기에, 지속적인 무질서, 즉, 끝나지 않는 불운이, 어떻게 우리의 헛된 즐거움들을 현실의 고통들로 뒤섞어 놓았는지를 라이프니츠(Leibniz: 1646-1716)도 말해주지 못한다. 불행하게도, 왜 덕성은 사악함을 공유하는가? 왜 선행을 행해도 불행하고, 악행을 행해도 불행한가? 나는 '발생한 무엇이나 다 옳다,'는 말이 옳다고 생각지 않는다. 현자라면 누구나 이것이 옳지 않음을 나만큼은 알고 있다. 플라톤(Platon)은 말하기를, 아주 먼 옛날 인간들은 자신의 몸에 멋진 날개들을 달고 다녀서, 어떠한 공격을 받아도 상처받지 않고, 죽음에 정복당하지 않았으며, 인간에게 고통이 접근하지 못했다고 말했다. 아, 그러나 예전에는 그렇게 멋졌던 인간이 지금은 어떻게 변해있는가? 인간의 생각은 하늘과 지구를 오가지만, 운명에는 굴복한다. 달 아래 놓여 있는 이 세상을 둘러보라. 자연은 모두 파괴될 운명에 놓여있다. 신경과 뼈로 되어 있는 인간의 육체는 허약하여, 4원소들이 공격하면 저항할 수가 없다. 적당한 흙과 뒤섞인 액체 덩어리인 이 육체는 빨리, 그리고 쉽게 용해되어버린다. 허약한 감각들은 죽음과 고통의 공격에 상처 없이는 견디어낼 수 없다. 플라톤(Platon)과 에피쿠루스(Epicurus)는 이것이 인간 육체의 본질이라고 말하지만, 나는 그렇게 생각하지 않는다. 자연에 대한 두 철학자의 생각보다, 회의주의자 베일(Bayle)의 생각이 옳다고 생각한다. 의심하는 것 말고, 베일로부터 내가 배운 것이 무엇이 있는가? 위대하고 현명한 베일은 모든 체계를 뒤엎었다. 그는 자신의 강령들로 그들과 맞서고 있다. 델릴라(Delilah)의 명령을 따르는 눈먼 노예 삼손(Samson)과 같이, 철학자들은 자신의 손으로 파괴한 더미들에 깔려버렸다. 이와 같은 신비한 이야기들을 인간들은 이해할 수 없다. 운명의 책은 늘 인간의 눈에 가려져 있다. 인간은 자신이 무엇이고, 누구인지 알 수가 없다. 어디서 왔는지, 어디로 가는지도 모른다. 인간은 구체의 지구 위에 고통 받는 원자들로, 운명의 놀이기구로 있다가, 죽음이 와서 그들 모두를 집어삼킨다. 그러나 인간은 생각하는 원자이다. 꿰뚫어보는 눈을 가지고 하늘에 회전하는 모든 것들을 계산한다. 인간은 생각만으로도 천국까지 오를 수 있다. 그러나 인간의 본성은 알려진 것이 없다. 과오와 치솟는 오만함으로 저주받은 통치자들이 이 세상을 나누어 갖고, 그곳 세상에서 지속적인 고통에 휩싸여 불쌍한 인간들은 자신도 모르는 행복에 대해 이야기하고, 불만으로 가득하여, 모두들 자신들이 생각하는 행복을 찾아 나선다. 이 세상에 다시 태어날 자는 아무도 없다. 지나간 과거를 생각해보면, 슬픔과 두려움으로 가득한 인생에서, 일시적인 즐거움의 손길로 우리의 눈물들을 씻어내곤 했지만, 그 즐거움은 가벼운 날개를 활짝 펴고는, 이내 급히 날아가 버려서, 상실감에 상실감이 쌓이고, 슬픔에 슬픔이 쌓였다. 과거에 있었던 슬픈 기억을 떠올리기만 하면, 마음은 검은 우울함으로 뒤덮인다. 다가올 미래가 현재의 불행을 행복으로 보상해줄 것이라는 기대가 없다면, 그리고 운명이 조용한 무덤 속에다 생각하는 존재인 인간을 집어넣어 그 존재 자체를 말살시킨다면, 현재는 슬픔뿐이다. 장차 모두가 잘 되리라는 희망을 갖고 산다면, 현재는 문제가 될 것이 없다. 그러나 지금 일어나는 모두가 다 옳다고 말하는 것은 헛된 환상이다. 현자들은, 하나님의 가르침만이 옳을 수 있다는 잘못된 진리의 빛을 나에게 보여주고 있다. 나는 겸손히 한숨지으며, 겸허히 고통을 받아들이고, 더 이상 하나님의 섭리의 진위를 운운하지 않겠다. 한창 젊은 시절 나는 지금보다 더 밝은 곡조의 노래를 불렀다. 그때 내가 노래했던 그 가벼운 쾌락의 법칙들이 사람들을 잘못된 길로 인도했을 수도 있다. 그러나 세월 따라 풍속도 변한다. 이제 나이도 먹고 나는 현명해졌다. 이제 나는 과오가 있을 수 있는 인간의 약점을 나도 가질 수 있음을 인정한다. 나는 이 어두운 세상에서, 진리의 빛을 찾아 나선다. 불평하지 않고, 나는 운명의 길을 따라 갈 것이다. 옛날 어느 이슬람 왕이 죽음이 가까웠을 때, 하늘을 향하여 다음의 말로 기도하였다고 한다. '높으신 분이시여, 당신의 위대함은 경계가 없도다. 나는 그 누구도 당신에게서는 찾아 볼 수 없는 것들을 당신 앞에 가져다 놓겠습니다. 부족함과 단점, 슬픔과 무지와 불행입니다.' 그러나 그 왕은 인간이 지상에서 유일하게 갖고 있는, 최고의 값진 축복의 말을 빠뜨렸다, - '희망.'

볼테르는 시의 서문에서 다음과 같이 포웁의 시에 대한 입장을 말하고 있다: "시 '리스본 대지진'의 저자는 유명한 시인 포웁에 대하여 반대 입장으로 이 시를 쓴 것이 아니다. 아니 그는 포웁을 늘 좋아했고, 존경했다. 그는 포웁이 시에 쓴 내용을 거의 모든 점에 있어서 동의한다. 그러나 그는 인간의 불행을 포웁이 보다 더 공감한다. 그는 포웁이 말한 '일어난 무슨 일이나 다 옳다'라는 말이 가져올 남용에 대하여 우려하는 말을 하였다. 우리가 사는 세상에는 악이 있다고 모든 사람들이 주장하는 오래된 슬픈 진실을, 그 자신 믿고 있다. 그리고 '일어난 무슨 일이나 다 옳다,'는 말을 문자 그대로 이해하고, 행복한 미래에 대한 소망이 없다면, 그 말은 우리의 현재 불행이 가지는 의미가 없다는 사실 또한 믿는 것이 되고 만다."(p.558) 볼테르는 이 시에서 현재의 부조리와 악을 인정하는 보수적인 이성주의를 비판한다. 그는 자연과 인간을 하나의 질서로 보는 것에 대하여 비판한다. 자연의 질서가 곧 인간의 질서는 아니다. 자연의 질서와 인간의 질서를 동일한 것으로 취급하려고하니 하나님의 섭리라는 괴물 이론을 도입하게 된다. 그는 하나님의 섭리는 인간이 알 수 없다고 말한다. 그러니 자연의 질서를 인간의 질서와 동일하게 취급하려는 하나님의 섭리이론은 잘못된 것이라고 말한다. 이 세상에 일어난 모든 일이 다 옳다는 말은 진실이 아니다. 이 세상은 악도 존재한다. 그리고 이 악을 제거할 희망이 미래에 존재한다고 그는 믿고 있다. 그래서 그는 시의 끝에 "희망"이라는 말을 적어 놓았다.

18세기 계몽주의자들은 자신의 감각을 의심하지 않았다. 그들은 낭만주의자들과 반대로 자신의 마음의 작용에 근거한 이념들을 의심하였다. 이념들은 모두 창작물이라 생각했다. 관찰 가능한 사실들만을 믿었다. 자연은 마음의 작용과 관련 없이 선험적으로 주어진 것이다. 그들은 경험가능한 감각의 대상인 자연이야말로 가장 믿을 수 있는 인식의 근원이고, 진리의 종착지였다. 잘못된 사고로 비춰진 모든 사고들은 미신이고 신화여서, 그들은 감각의 대상으로 환원된 자연의 질서만을 진리로 인정하였다. 자신의 사고와 의도와는 무관하게, 인간은 태어나자마자 기존해 이미 만들어진 제도화된 세계 속에 편입된다. 제도화되어 일반화된 세계가 자신의 생각과 다르다면 어떻게 할 것인가? 자신이 사는 세상의 질서가 보편성을 지니지 못할 때, 인간은 질서를 회복하는 체제와 제도의 혁명이 필요하다. 미국혁명과 프랑스혁명이 그들이다. 그러나 자연에서 질서를 찾는 일과 사회에서 질서를 찾는 일은 다르다. 사회질서란 그 체제를 합법화하는 논리로 전개될 가능성이 짙다. 프랑스 혁명이후 그리고 같은 시기에 영국에서 계몽주의자들이 절대왕정을 합법화하였던 것도 같은 논리였다. 18세기 자연과 이성이라는 두 이데올로기는 현재 상태를 인정하고, 질서라는 이념으로 보편성을 추구하였다. 세세한 부분들이 불협화음을 조장할지라도, 그것들은 하나의 자연이나 이성이라는 질서 속에 수용하는 절대주의의 입장이었다.

> 고전주의 시대의 말투는 늘 설득하는 말투의 연속이라고 단정해 말할 수 있다. 대화의 가능성이 전제되고, 세상에 인간이 홀로 살 수는 없다는 생각에, 그곳에서의 낱말들은 그 자체의 고유한 의미를 가지는 절대의 무게감을 갖지 않았다. 고전주의 언어는 늘 타인과의 만남에서 비롯된 언어로, 직접 만나 이루어지는 사회언어이다. 말하는 상대를 기분 좋게 해주는 언어이다. 그렇게 고전주의 시대의 문학 작품과 문학 장르는 모두 집단적으로 이루어지는 언어활동에 근거하고 있다. 고전주의 시대 문학작품은 다양한 계층의 사람들이 모두 향유하는 것이어서, 사회의 다양성을 수용할 수 있어야 하고, 소통이 가능하여야 함으로, 구어로 전달되는 방식을 취하고 있다. 고전주의 시대의 언어는 엄격하게 규격화되어있기는 하였지만, 본질적으로 구어이다.[19]

현재 우리가 시대를 구분하여 사용하고 있는 문학사와 예술사의 용어들, 일테면 고전주의 중세, 르네상스, 바로크, 로코코, 신고전주의, 낭만주의 등은 모두 19세기에 만들어진 용어들이다. 이전에는 사용하지 않았던 용어들이다. 인용한 바르트(Barthes)의 글에서 고전주의란 어휘도 중세이전의 고전주의를 뜻하는 것이 아니라, 낭만주의 이전 신고전주의를 뜻하는 말이다. 그러나 신고전주의 미학이 곧 고전주의의 미학이다. 고전주의 언어는 설득의 언어였다. 곧 수사학(rhetoric)의 언어로 보편성의 의미가 확보된 언어였다. 언어는 관계(relationship)의 언어로, 예법(decorum)이 중요하였다. 고전주

19) Roland Barthes, *Writing Degree Zero*, tr. Annette Lavers and Colin Smith (New York: Hill and Wang, 1968, 1979), p.49.

의라는 영어 "classicism"에서 보듯이, 고전주의 언어는 계급(class)의 언어로 질서가 중요한 언어였다. 의미가 투명하고 정확하여, 보편성과 일반성의 특성을 지녀야 했다. 이곳에서 투명성과 정확성은 낭만주의 시대나 현대에 우리가 생각하고 있는 개체의 독특한 절대성과는 다른 의미이다. 고전주의 언어는 서로 이해 가능한 사회성을 지니고 있는 보편성과 일반성에 근거한 투명성과 정확성이다.

다음에 보게 될 18세기 대표적인 두 소설가들의 두 작품들이 가지는 특징을 보면, 모두 작품 속에 화자로 저자가 등장하여, 독자를 작품 속에 불러들여 독자에게 직접 말하는 글쓰기를 하고 있다. 먼저 발표된 휠딩(Henry Fielding)의 작품 『톰 존즈』(Tom Jones: 1740)의 제1권 1장의 전문을 보자.

> 작가는 자신을, 개인적으로 또는 선의로 식사를 대접하는 신사로 생각할 것이 아니라, 모든 사람들이 돈을 내고 식사하는 대중식당의 식당주인쯤으로 생각해야한다. 잘 알다시피, 전자의 경우 신사는 자신이 좋아하는 음식을 상대에게 대접하게 되고, 이 식사가 손님의 입맛에 맞지 않는 경우라도, 대접받는 손님은 그 음식에 대해 불평하지 말아야 한다. 아니 반대로, 그가 교육받은 사람이라면, 그는 자신의 앞에 놓인 음식이 맛있었다고 칭찬하여야 한다. 그러나 대중식당의 주인에게는 반대의 일이 벌어진다. 주인이 내놓은 음식이 남들에게는 아무리 맛나고 특별하더라도, 자신의 돈을 지불하고 식사를 하는 사람은 그 음식이 자신의 입맛에 우선 맞아야 한다. 자신의 입맛에 맞지 않으면, 그는 불평하고 불만을 터트릴 권리를 사용할 것이다. 그리고 내놓은 음식의 맛에 참지 못하고 저주의 말을 퍼부을 것이다.
>
> 그러므로 자신의 고객을 실망시켜 고객으로부터 불만의 소리를 듣지 않으려는, 상식이 있는 주인이라면 제일 먼저 고객이 들어오면 식단표를 제시할 것이다. 그리고 고객도 식당에 들어가면

먼저 식단표부터 훑어볼 것이다. 자신이 원하는 음식이 있다면, 식당에 앉아서 식당이 제공하는 음식을 즐길 것이다. 아니면 자신의 입맛에 맞는 식단표를 제공할 더 좋은 식당을 찾아 나서야 할 것이다.

우리는 우리에게 기지와 지혜를 제공해줄 수 있는 사람들로부터 지혜와 기지를 기꺼이 받아들이듯이, 우리는 이들 음식점주인들로부터 기꺼이 음식을 소개받을 것이다. 그리고 우리가 음식을 먹기 전에 먼저 식단표를 받아 즐거워하듯이, 우리는 독자에게 이 책(volume)과 다음 책들에서 제공될 모든 요리들에 들어가는 세부 요리들을 말해주어야 할 것이다.

우리가 이곳에서 독자에게 제공할 차림표는 한 가지, "인간본성"이다. 현명한 독자라면 그가 아무리 입맛이 까다롭더라도, 내가 한 가지 음식만 제공한다고 해서 놀라거나 트집을 잡거나 화내기 않을 것이다. 식도락가이신 브리스틀의 한 노신사라면, 바다거북이가 수프로 사용할 등살과 뱃살만 가지고 있는 것이 아니라, 다양한 음식을 위한 다양한 부위가 있음을 알 것이다. 그와 같이 현명한 독자라면, 인간본성이라는 한 가지 이름으로 글들이 이곳에 모아져있을지라도, 요리사가 같은 동물과 식물로 다양한 요리들을 만들어내듯이, 저자도 한 가지 주제로 풍성한 글들을 써낼 것임을 알 것이다.

이 보다 더 맛있는 음식이 있다면, 이 음식은 너무나 평범하고 특별하지 않다고 반대할 수도 있겠다. 그러나 모든 로망스, 소설, 희곡 그리고 서가에 넘쳐나는 시집들의 주제는 인간본성이 주제가 아니고 무엇이겠는가? 아무리 맛있는 요리의 이름을 가졌더라도, 그 요리가 더러운 음식점 거리에서 발견되었다면, 그 요리는 평범하고 별 볼일 없는 음식으로 분류되어, 식도락가라면, 그 요리를 거부할 것이다. 베이욘(Bayonne) 햄이나 볼로냐(Bologna) 소시지를 일반 상점들에서 발견하기 어렵듯이, 일반 저자들 사이에서 진정한 인간본성의 글을 발견하기는 어렵다.

그러나 같은 요리의 은유를 사용하여, 여기 있는 저자의 요리에는 모든 것이 다 들어 있다. 포우프 씨가 우리들에게 말하고 있듯이, 진정한 기지란 자주 생각해 보기는 했지만, 그렇게 잘 표현되었던 때는 없었던 것으로, 이제는 잘 사용할 수 있게 된

기법이다.

공작의 식탁에서 자신을 음식으로 제공할 수 있는 영광을 누리게 된 동물은, 다른 식탁이었다면 별 볼 일 없는 요리로 전락할 수도 있다. 그리고 그의 몸통이의 일부는 마을 한구석 더러운 정육점에 걸려있을 수도 있다. 두 사람이 모두 같은 소고기 요리를 먹고 있지만, 귀족의 요리와 평민의 요리 사이의 차이가 무엇일까? 귀족의 소고기 요리에는 조미료가 추가되고, 기름과 향료가 발라지고, 고명이 얹어지고, 장식이 추가된다. 귀족의 요리는 식욕을 부추겨 침이 나오게 요리되고, 평민의 요리는 날 것으로 맛이 없다.

같은 방식으로 마음을 즐겁게 하는 기술은 주제에 있는 것이 아니라, 그 주제를 멋지게 풀어내는 작가의 솜씨에 있다. 식도락가로, 현대 또는 로마 황제 헬리오가바루스(Heliogabalus: 203-222)가 추천하는 가장 훌륭한 요리사가 주장하는 최고 원칙들 가운데 하나가 다음 작품에서도 발견되고 있다면, 독자들은 얼마나 즐거워할까? 식도락가들 사이에서 가장 잘 알려진 최고 요리사가 말하기를, 배고파하는 손님들 앞에 처음에는 맛없는 음식들부터 내놓기 시작하여, 식욕이 떨어질 즈음해서, 음식에 최고의 향료와 최상의 조미료를 조금씩 높여가며 맛을 높여가야 한다고 했다. 같은 방식으로 우리는 처음에 시골에서 볼 수 있는 아주 평범하고 단순한 방식의 날 것의 인간본성으로 독자의 입맛을 인도하다가, 점차로 궁정과 도시가 제공하는 애정과 악덕이 뒤섞인 고위층 불란서와 이탈리아 방식으로 주제를 다지고 양념하여 끓여낼 것이다. 앞에서 최고 요리사가 사람들이 먹는 음식의 순서를 정하듯이, 우리의 독자들도 똑 같이 더욱 더 다음 장면들을 읽고 싶어 하도록 차례를 정할 것이다.

서론은 이 정도로 충분하니, 이제 우리의 식단을 좋아하는 독자들이 더 이상 지체하지 않고 음식을 먹도록 하자. 그들이 즐겁게 먹을 수 있도록, 우리가 준비한 요리의 첫 요리를 식탁 위에 내놓도록 하자.[20)]

18세기 신고전주의 시대는 이성(Reason)으로 모두를 설명할 수 있다고 생각하였다. 모두가 투명하였다. 그러니 소설 글쓰기에서 모든 것을 투명하게 만들어 상대를 설득하는 수사기술(rhetoric)이 중요하다.[21] 그래서 "톰이 문제를 일으키고 집을 떠나지만, 톰은 화자가 가장 중요하게 여기는 기준(norm)에서 벗어나는 행동은 하지 않을 것이다. 화자는 톰의 마음은 변함없이 올바른 결정을 하고 있다고 말한다. 그리고 화자는 톰이란 존재의 도덕적 그리고 문학적 정당성도 확신에 찬 어조로 말하고 있다."[22]

늘 우리에게 의문이 드는 것은, 18세기 소설은 어떠한 이유로 화자가 글 속에 끼어들어 이야기를 끌어가는 방식을 취하게 되었을까? 왜 그래야 했을까? 그 이유를 채트먼(Chatman)은 다음과 같이 아주 명확히 말해주고 있다:

> 고전주의 시대 이야기 형식을 보면, 모두가 동의하는(대중의 그리고 일반적인) 행동기준으로 볼 때 개연성이 없는 행동을 하면 분명한 설명이 반드시 필요하였다. 아니면 예의상으로도 필요하였다. 그것은 "일반화"(generalization)라고 부를 수 있는 이야기 논평(narrative commentary)의 형식을 취하였다. 명백히 정상적이지 않은 현상을 일반인이 이해할 수 있도록 설명해줄 일반적인 진리가 필요했다. 내가 "일반화"에 인용부호를 첨가한 이유는, 일반화하는 경우에 사용되는 "진리"란 "입증되는" 방식에 따라 다양하고, 반대의 경우일 수도 있어서이다.[23]

---

20) Henry Fielding, *Tom Jones* (New York: A Signet Classic, 1963), pp.27-9.

21) 위의 인용문에서 보듯이, 음식의 재료는 이야기(story)이고, 요리는 담론(discourse)이다. 그리고 담론은 수사이다. 어떤 이야기(story)를 어떻게 풀어내느냐(discourse)가 중요하다.

22) Wayne C. Booth, *The Rhetoric of Fiction* (Chicago and London: The University of Chicago Press, 1961), p.217

23) Seymour Chatman, *Story and Dicourse: Narrative Structure in Fiction and Film* (Ithaca and London: Cornell University Press,

다음으로 "1760년 영국과 유럽을 폭풍으로 휘감았던 광기어리고, 너무나 괴팍한, 어중이떠중이 잡동사니"[24] 작품으로 불렸던 스턴(Laurence Sterne: 1713-1768)의 『트리스트람 쉔디』(The Life and Opinions of Tristram Shandy, Gentleman: 1759-1767)의 제1권 제1장을 보자.

> 나의 아버지와 나의 어머니 두 분이 의무적으로 똑같이 그 일에 관여하셨으니, 그들이 나를 낳으려고 할 때, 그들이 지금 무슨 일을 하고 있는지를 조금이라도 생각하셨기를 바란다. 그들이 그때 하고 계셨던 일에 얼마나 많은 사건들이 관련되어 있는지를 조금이라도 생각하셨다면, - 이성을 가진 존재의 탄생이 그 일에 관련되어 있고, 그 존재의 육체의 형성과 기질, 그의 두뇌와 그의 심성 또한 연관되어 있었다. 그리고 그들이 잘못 알고 있을까봐 말하는데, 그의 가문의 운명들조차 그 두 사람이 그 당시 최고로 가졌던 기분과 마음의 상태에 따라 변화했을 수 있다. 그들이 이 모두를 신중히 생각하고 적절히 행동했다면, 현재 독자가 지금 보고 있는 나의 모습과는 다른 모습으로 세상에 있는 나를 보았을 것이다 - 정말이다. 독자들이여, 여러분 가운데 많은 분들이 생각하고 계신 것처럼 이 일은 그렇게 간단한 일이 아니다. 여러분도 알다시피, 동물적 속성이 어떻게 아버지로부터 아들에게로 유전되는지, 등등에 대하여 들으셨을 것이다 - 그리고 그렇다면, 대단히 중요한 일이었다. 자, 내가 말하건데, 인간의 상식과 몰상식 가운데 10중 9, 이 세상에 그가 태어나고 태어나지 못하고는, 자식을 잉태할 때의 부모의 동작과 행동에 달려있다. 당신이 취한 다양한 선택들이 일단 작동되면, 올바른 길이든 아니든, 그 선택된 길은 대단히 중요하다 - 선택한 길을 우리는 미친 듯이 덜커덕 거리며 나아간다. 거듭 거듭 같은 발걸음으로 나아가는 까닭에, 그 길은 곧 정원의 오솔길과

1978), p.51.

24) Wayne C. Booth, *The Rhetoric of Fiction*, p. 221-3.

같이 평탄하고 안전하게 만들어지고, 그 길에 익숙해지면, 악마라도 우리를 그 길에서 벗어나게 할 수 없다.

"저기, 여보!"라고 나의 어머니가 말씀하신다, "시계태엽 감는 것 잊지 않으셨지요? - 빌어먹을! -" 나의 아버지가 비명의 소리를 내며, 소리쳤다, 그러나 곧 목소리를 부드럽게 하고 말씀하셨다, - "천지 창조이래, 어느 여자가 그런 어리석은 질문으로, 작업을 시작하려는 남자의 일을 방해했을까?" 자, 당신의 아버지는 무엇을 말했을까? - 아무 말도 하지 않았다.[25)]

스턴(Sterne)의 『트리스트람 쉔디』는 다음의 3가지 요소가 뒤섞여 있다: "그 작품은, 분해된 희극으로, 일종의 희극구성(comic plot)을 갖추고 있다. 다음으로 그 작품은 일관되지 않은 삐뚤어진 마음을 가진, 한 인간을 일관되게 과장하여 그려내고 있다. 그리고 마지막으로 그 작품은 전체적으로, 하류 삼류작가와 같이 변덕을 부리는 화자가 만들어낸 우스꽝스런 산물이다. 달리 말해 첫 요소에는 구성을 파괴하는 논평(commentary)이 구성을 형성하고, 나머지 두 요소에는 글 쓰는 행위를 드라마와 같이 표현하는 일이 일관되게 주요 요소로 작용하고 있다."[26)] 휠딩(Fielding)은 자신의 논평(commentary)에서만 독자를 불러 자신의 글쓰기 행위를 말하고 있지만, 부스(Booth)가 말하고 있듯이, 스턴은 소설 내용 전체가 독자와의 대화가 있어, 작품 전체가 글쓰기 행위 그 자체에 대한 이야기이다. 그러니 스턴의 경우, 독자가 없다면 이야기도 없다. 독자가 이야기를 구성하는 필수적인 작품내부 인물이다. 독자와의 이야기가 소설을 에세이와 같은 형식을 갖게 하고 있다. 우리가 스턴의 작품을 신고전주의시대로 분류할 수 있는 것은, 그 작품이 에세이와 같

---

25) Laurence Sterne, *The Life and Opinions of Tristram Shandy, Gentleman*,(New York: A Signet Classic, 1980), pp. 9-10.

26) Wayne C. Booth, *The Rhetoric of Fiction*, p.229.

이 독자의 일반적인 상식에 호소하고 있다는 점이다. 그리고 독자와의 관련성이 소설의 언어를 구어적이게 하고 있다는 점도 인정해야 할 것이다. 그러나 무엇보다도 신고전주의적이게 하는 것은, 작가(implied author)의 태도이다. 화자이기도 한 주인공은, 소설 제목에서 볼 수 있듯이, 안정적이고 상식(common sense)에 근거한 품격을 지닌 "신사"(gentleman)이다. 계급(class) 소설이다. 그는 자신의 설명이 가능한 상식에 근거한 이야기를 이야기하고 있다.

*

18세기 비평에 자주 등장하는 두 낱말 기교(art)와 기지(wit)가 중요하였던 이유는 신고전주의의 수사학(rhetoric)의 중요성과 관련이 있다. 신고전주의의 수사학과 관련하여 많은 기교와 기법이 로코코 예술을 가벼움과 유희의 세계로 이끌어갔다. 무엇이든지 설득하기만 하면 문제가 될 것이 없다. 무엇보다 목표가 중요하여, 수단과 방법을 가리지 않는 온갖 비도덕적이고 무도덕한 행위가 기지와 기법으로 포장되었다.

18세기는 신비에 대한 공포에 사로잡혀있었다. 그리고 신비의 자리에 이성을 가져다 놓았다. 도덕조차 신비의 옷을 입은 허위로 치부되어 분석대상이 되었다. 18세기에는 은유가 들어갈 자리가 없어서, 시와 산문 모두 에세이 장르로 수용되었다. 모든 사고와 제도와 도덕은, 이성을 통하여 신비의 옷을 벗고, 희극과 풍자로 변형되었다. 정치-사회제도와 교육과 종교 뒤에 숨어있는 권력의 욕망과, 도덕의 뒤에 숨겨진 예법의 허위와, 진리 뒤에 숨겨진 권력구조를 들춰내느라, 18세기 문학은 시와 산문 모두 인간들이 저지르는 어리석음을 폭로하는 풍자가 주요 장르였다.

18세기와 19세기의 텍스트의 차이가 있다면, 18세기 작가들은 텍스트가 주어지면 그 텍스트를 비판하는 방식으로 글을 썼고, 19세기 작가들은 설명이 필요한 텍스트를 썼다. 18세기 작가들은 설명 가능한 텍스트를 찾아 설명하는 글(possible text)을 썼고, 19세기 작가들은 설명할 수 없는 것에 대한 불가능의 텍스트(impossible text)를 썼다. 기존의 텍스트를 새롭게 읽어내는 방식으로 글을 쓴 것이 18세기라면, 19세기는 기존에 없는 텍스트를 찾아 독창적이고 창조적인 텍스트를 만들어내는 글쓰기를 하였다.

영문학예술사

지은이 : 김명복

초판 1 쇄발행 | 2017년 2월 25일

펴 낸 곳 | 세진무역
주　　소 | (02832) 서울시 성북구 동소문동 4가 278-2 백호빌딩 301호
전　　화 | 02-922-2111
팩　　스 | 02-922-2113
전자우편 | sejintrc@hanafos.com

가　　격 | 12,000원

ISBN 978-89-956507-8-3(93840)

본서의 무단전재나 복제를 금합니다.